中国连翘

李安平　崔浪军　主编

中国健康传媒集团
中国医药科技出版社

内 容 提 要

　　本书在总结连翘本草考证、生物学特性、化学成分的基础上，详细介绍了连翘种质资源特征、易混淆品特征、资源分布和适宜种植区规划，总结归纳出高品质连翘规范化栽培技术体系、现代加工技术体系、质量控制策略与方法、连翘综合利用情况。本书是对连翘资源研究、开发、利用方面工作的整理和总结，希望本书的出版能推动我国连翘产业的高质量发展。

图书在版编目（CIP）数据

中国连翘 / 李安平，崔浪军主编 . -- 北京：中国
医药科技出版社，2025. 4. -- ISBN 978-7-5214-5157-3

Ⅰ . F326.13

中国国家版本馆 CIP 数据核字第 2025JM2998 号

美术编辑　　陈君杞
版式设计　　也　在

出版　**中国健康传媒集团** | 中国医药科技出版社
地址　北京市海淀区文慧园北路甲 22 号
邮编　100082
电话　发行：010-62227427　邮购：010-62236938
网址　www.cmstp.com
规格　710 × 1000 mm $^1/_{16}$
印张　15 $^3/_4$
字数　315 千字
版次　2025 年 4 月第 1 版
印次　2025 年 4 月第 1 次印刷
印刷　北京印刷集团有限责任公司
经销　全国各地新华书店
书号　ISBN 978-7-5214-5157-3
定价　**98.00** 元

获取新书信息、投稿、为图书纠错，请扫码联系我们。

编委会

衷心感谢以下单位对本书出版给予的慷慨支持与宝贵帮助

山西振东道地药材开发有限公司

华润三九（枣庄）药业有限公司

广州采芝林药业有限公司

国药集团冯了性（佛山）药材饮片有限公司

北京同仁堂供应链管理有限责任公司

深圳华润三九医药贸易有限公司

津药达仁堂集团股份有限公司药材公司

四川省中药饮片有限责任公司

青峰医药集团有限公司

杭州华润老桐君药业有限公司

江西济民可信集团有限公司

浙江康恩贝中药有限公司

葵花药业集团股份有限公司

济川药业集团有限公司

上海凯宝药业股份有限公司

哈药集团中药二厂

哈尔滨中药四厂有限公司

鲁南制药集团股份有限公司

序

　　中药材作为中医药事业发展的基石，其品质优劣，直接关乎中医临床疗效的成败。因此，深入开展中药材生产质量相关的研究与实践，对于提升中医药的整体水平，具有举足轻重的意义。

　　连翘在我国有着悠久的应用历史，其药用价值在众多古籍中均有记载，是防控疫病等中医药方剂中的常用药材。随着时代的发展，人们对连翘的认识也在不断深入，从传统的药用功效到现代科学对其化学成分和药理作用的研究，连翘的价值正逐渐被更多人所了解。

　　本人有幸阅读了《中国连翘》这本书，书中对连翘这一药材做了较为全面的梳理和总结，从本草考证到生物学基础，从化学成分与活性研究到种质资源保护，从资源分布特征及适宜种植区规划到规范化栽培技术，从采收与加工技术到质量控制策略与方法，再到资源综合利用等。

　　对于中药研究领域的专业人士来说，本书是一本内容比较全面的参考书，它可以帮助我们更好地了解连翘的特性和药用价值。对于广大中医药爱好者来说，本书是一本很好的科普读物，它可以帮助我们更加深入地了解连翘的历史和文化，增强对中医药的认识和理解。

相信《中国连翘》的出版，能为连翘的研究与应用提供一份宝贵的资料，成为医者、学者及广大读者的良师益友。同时，也希望更多的科研工作者能够关注连翘的研究和开发，为我国中医药事业的发展做出更大的贡献。

中国中医科学院　　　　所长

中 药 研 究 所

2025 年 3 月

前 言

连翘［*Forsythia suspensa*（Thunb.）Vahl］为木犀科连翘属植物，主要分布于河北、山西、陕西、河南、湖北和四川等地，常见于海拔 250~2200m 的山谷和山沟疏林中。连翘生长速度快、根系发达，主要作为药用、园林观赏和水土保持植物。

历版《中华人民共和国药典》（简称《中国药典》）收录的药材连翘为植物连翘的干燥果实。秋季果实初熟尚带绿色时采收，除去杂质，蒸熟，晒干，习称"青翘"；果实熟透时采收，晒干，除去杂质，习称"老翘"。连翘味苦、微寒，归肺、心、小肠经，具有清热解毒、消肿散结、疏散风热的功效，主要用于痈疽、风热感冒等的治疗。连翘为我国大宗药材，2020 版《中国药典》中含有连翘的复方制剂多达 114 种。此外，连翘还被用于兽药、渔药、化工行业等。目前药材连翘主产于山西、陕西、河南、河北等地，主要以野生资源为主。近年来随着连翘用量的增加，人工栽培连翘的面积也逐渐加大。

前人围绕连翘规范化栽培、化学成分分离、加工及药理学活性的研究已做了大量的工作，为连翘产业的发展奠定了良好的基础。本专著是在山西振东健康产业集团有限公司多年的工作基础上，综合了前人工作整理而成。全书在总结连翘本草考证、生物学特性、化学成分的基础上，详细介绍了连翘种质资源特征、易混淆品特征、资源分布和适宜种植区规划，总结归纳出高品质连翘规范化栽培技术体系、现代加工技术体系、质量控制策略与方法以及连翘综合利用情况。本书是对我们在连翘资源研究、开发、利用方面的工作进行整理和总结，希望把我们的工作与体会提供给同行，共同推动我国连翘产业的高质量发展。

本书的工作得到了国家农业部优势产业集群项目、工信部中药材生产扶持项目、山西省卫健委中医药科研课题、山西省科技成果转化项目、山西省"一县一业"产业发展资金、长治市上党区特色优势项目、长治市上党区科技创新计划、陕西省技术创新引导专项（基金）先行区科创企业培育项目和陕西省中医药科研创新团队支持计划等项目的支持。在研究数据收集、书稿撰写过程中，得到诸多同行专家、学者的悉心指导。在此，谨向关心和帮助本书出版及相关工作的各单位和参与研究的所有科研人员致以诚挚谢意！

由于水平所限，书中难免存在不足，恳请广大读者批评指正。

编者

2025 年 1 月

目 录

第一章
连翘本草考证

大宗药材连翘是木犀科植物连翘［*Forsythia suspensa*（Thunb.）Vahl］的果实，商品有青、老翘之分。从有药用记载至今，连翘的基原、名称、药用部位、产地及功效等均发生了变化。通过查阅历代相关本草、医籍和方书等，本章系统梳理了连翘的本草变迁过程。

第一节　释名与基原考证

一、释名考证

连翘最早记载于《灵枢经》："败疵者，女子之病也……治之，锉翘草根各一升。"《神农本草经》载连翘有五个别名："一名异翘，一名兰华，一名折根，一名轵，一名三廉。"《名医别录》记载其名为"三廉，竹根"。《吴普本草》记载其名为"兰华"。《十三经注疏·尔雅注疏》云："一名连苕，又名连草，今本草无之。"兰、连声近，花、草通名尔。《药性论》云："连翘，使，一名旱连子。"《新修本草》注云："此物有两种，大翘、小翘。"《本草图经》亦记载："连翘，有大翘、小翘二种"。《本草纲目》将旱连子记为"旱莲子"，《滇南本草》以"苦连翘"收载。明代马莳《黄帝内经灵枢注证发微》云："翘，今之连翘也。"当前所使用的连翘为2020年版《中华人民共和国药典》（简称《中国药典》）规定的正品基原，即木犀科植物连翘 *F.suspensa* 的干燥果实（表1-1）。

表 1-1　连翘的名称考证

时间	出处	名称
东周战国时期	《灵枢经》	翘
汉代	《神农本草经》	异翘、兰华、折根、轵、三廉
汉末	《名医别录》	三廉、竹根
魏晋	《吴普本草》	兰华
两晋	《十三经注疏：尔雅注疏》	连苕、连草
唐	《药性论》	连翘、旱连子
唐	《新修本草》	大翘、小翘
宋	《本草图经》	大翘、小翘
明	《本草纲目》	旱莲子
明	《黄帝内经灵枢注证发微》	连翘
明	《滇南本草》	苦连翘
当代	《中国药典》	木犀科植物连翘 *Forsythia suspensa*

二、基原变迁

《神农本草经》记载的连翘的别名之一"三廉"，指果实有三棱，此描述与金丝桃属植物湖南连翘 *Hypericum ascyron* 的子房三室，果实成熟后呈三钝棱状相符。陶弘景《本草经草集》记载连翘："处处有，今用茎连花实也。"连翘的花和茎同用，说明入药部分为地上全草。

唐代《新修本草》云："此物有两种，大翘生下湿地，叶狭长如水苏，花黄可爱，着子似椿实未开者，作房翘出众草；其小翘生冈原之上，叶、花、实皆似大翘而细，山南人并用之，今京下唯用大翘子，不用茎、花也。"由此可见，小翘的植物特征与湖南连翘在叶、花、果上相似，推测小翘与湖南连翘为同属植物。

宋代《本草图经》云："有大、小翘两种。大翘，生下湿地或山岗上，叶青黄而狭长，如榆叶、水苏辈，茎赤色，高三四尺许，独茎，梢间开黄花可爱，秋结实似莲作房，翘出众草，以此得名。根黄如蒿根，八月采房阴干。南方生者，叶狭而小，茎短，才高一二尺，花亦黄，实房黄黑，内含黑子如粟粒，亦名旱莲，南人用花叶。"大翘高三四尺许，八月采房阴干，该描述与木犀科木本植物连翘相符合。南方生者，才高一二尺，应该为金丝桃属中的草本植物湖南连翘。

宋代《本草衍义》记载："连翘亦不至翘出众草，下湿地亦无，太山山谷间甚多。今止用其子，折之，其间片片相比如翘，应以此得名尔。"明代《救荒本草》描述连翘为："叶如榆叶大，面光，色青黄，边微细，锯齿……蒴中有子如雀舌样，极小，其子折之间片片相比如翘，以此得名。"这两篇记载的连翘种子和果实特征与木犀科连翘吻合，进一步印证了木犀科连翘释名之真正含义和出处。

明代《本草蒙筌》谓连翘"花细瓣深黄，实作房黄黑，因中片片相比，状如翘应故名……实类椿实，壳小坚，外完而无跗萼，剖则中解，气甚芳香"，此描述与木犀科连翘 *F.suspensa* 相符。

现如今，《中国药学大辞典》对连翘的形态进行了详细描述："属木犀科连翘之果实；连翘为落叶灌木……本品为表面暗褐色短小之实，类玉椿实……中含大如粟粒之种子，有香气。"历版《中国药典》皆将 *F.suspensa* 作为连翘正品基原。

经以上考证，宋代以前我国使用的连翘为金丝桃科湖南连翘，自宋代至今则以木犀科的连翘为正品，并逐渐成为全国药用连翘的主流品种，最终成为国家法定的正品。

三、药用部分

从《神农本草经》记载的连翘的 5 个别名，可以推测连翘是多部位入药。最早见于《伤寒论》，张仲景治伤寒郁热在里的"麻黄连轺赤小豆汤"，其中的连轺应为连翘根。陶弘景云："处处有，今用茎连花实也"，说明当时连翘入药部位为地上全草。《新修本草》曰："此物有两种，大翘小翘……山南人并用之，今京下唯用大翘子，不用茎花也"，说明当时以连翘果实入药。《本草图经》与《新修本草》的描述相似，均以果实入药。《本草衍义》明确指出："今止用其子，折之，其间片片相比如翘"，表明此时连翘药用部位就只用木犀科连翘果实。之后《本草品汇精要》《本草蒙筌》《本草纲目》《本草备要》和《本草求真》等认为连翘以果实入药，均为木犀科连翘。

第二节　道地与品质考证

一、产地考证

有关连翘产地的记载,《神农本草经》云:"连翘处处有",说明连翘生长的地域较宽广。唐代《新修本草》云:"生太山山谷,八月采,阴干",并通过描述"大翘生下湿地……小翘生冈原之上",记录了大翘和小翘的生境。宋代《本草图经》中详细记载了多个连翘产地:"连翘生泰山山谷(山东),今汴京(河南开封)及河中(山西运城永济市一带)、江宁府(江苏南京)、泽(山西晋城一带)、润(江苏镇江)、淄(山东淄博)、兖(山东兖州)、鼎(湖南常德)、岳(湖南岳阳)、利诸州(四川与陕西交界的广元市一带)、南康郡(江西省建昌一带)皆有之",和《神农本草经》一样展现出了连翘生长地域广。《本草衍义》曰:"亦不至翘出众草,下湿地亦无,太山山谷间甚多。"明代《本草品汇精要》记载连翘"道地,泽州",所述连翘之产地与《本草图经》一致,并认为"产自泽州"的为"道地"。从历代本草记载看,唐宋以前的连翘产地"多生下湿地及山谷间"。自宋至明、清后记载的连翘产地"下湿地亦无,太山山谷间甚多"则指出连翘产地多分布于河南、山西、山东、江苏、湖南、四川、江西等地,以山西产为道地,多野生,与当今连翘的主产地地区相吻合。《本草蒙筌》曰:"凡用采收,须择地土。生川蜀者,实类椿实……生江南者,实若菡苕。"清代《本草经》中注云:"多生于涧边,而庭园间亦种之。"近百年来,药材学方面的文献无不以山西太行山区域为连翘的道地产区和主产地,例如《药物出产辨》载:"连翘,产河南恒庆府,湖北紫荆关郧阳府、山东、山西等地均有出产。"《中药材手册》记载连翘:"主产于山西晋东山区阳城、沁源,河南伏牛山区辉县、嵩县,陕西黄龙山区宜川、黄龙等地。"《药材资料汇编》载:"山西东南部太行山区长治、平顺、壶关、高平、陵川、晋城……河南辉县、济源、林县,伏牛山区南召、栾川、卢氏。"(表1-2)

表 1-2　连翘的产地考证

朝代	出处	产地
汉代	《神农本草经》	"连翘处处有"
唐	《新修本草》	"大翘生下湿地……小翘生冈原之上" "生太山山谷，八月采，阴干"
宋	《本草图经》	"生泰山山谷，今汴京及河中、江宁府，泽、润、淄、兖、鼎、岳、利诸州，南康郡皆有之"
	《本草衍义》	"下湿地亦无，太山山谷间甚多"
明	《本草品汇精要》	"道地，泽州"
	《本草蒙筌》	"凡用采收，须择地土。生川蜀者，实类椿实……生江南者，实若蒴藋"
清	《本草经》	"多生于涧边，而庭园间亦种之"
现代	《药物出产辨》	"连翘，产河南恒庆府，湖北紫荆关郧阳府、山东、山西等地均有出产"
	《药材资料汇编》	"山西东南部太行山区长治、平顺、壶关、高平、陵川、晋城……河南辉县、济源、林县，伏牛山区南召、栾川、卢氏。以山西武乡、阳城、安泽所产为最多"

二、品质考证

　　明代《本草原始》中关于连翘的记载"连翘去蒂瓤任用。噙口者佳，开瓣者不堪用"主要描述了连翘的采摘和使用标准，以及连翘品质的判断依据。所谓"噙口者"，指连翘果实尚未完全开裂，仍处于紧闭或半开状态，这种状态的连翘被认为品质更佳，是因为其成熟度适中，药效成分更为丰富和稳定，在发汗、解毒方面效果较为突出。相反，如果连翘果实已经完全开裂，瓣散开，则被认为品质不佳，不适合使用。这可能是因为开裂的连翘果实中的药效成分已经流失或发生变化，导致药效降低或产生不良作用。《炮炙大法》《本草述钩元》及《药物出产辨》均认为"黑而闭口者良"，提示"闭口者连翘（即今青翘）"对一些病症的疗效要好于其他连翘，而"黑"强调这些青翘采摘时间不宜太早。此外，2020 版《中国药典》认为："青翘以色较绿、不开裂者为佳；老翘以色较黄、瓣大、壳厚者为佳。"

第三节 采收加工与功效考证

一、采收加工考证

连翘的采收加工是关键，它直接影响连翘的性状和品质。《名医别录》记载："八月采，阴干。"《本草述钩元》记载："秋时结实，内作房瓣，八月采房。"《本草图经》云："秋结实似莲作房，八月采房，阴干。"明代《本草品汇精要》曰："[时]《生》春生苗《采》八月取子壳。[收]阴干。[用]子壳[色]黄褐。"由以上信息可以确认，农历八月连翘果实基本成熟，可采收，阴干即可。

目前，根据采收时间将连翘果实分为青翘和老翘，两者功效略有差别。在2020年版《中国药典》中，将秋季果实初熟尚带绿色时采的连翘药材定义为青翘，将果实熟透时采收的连翘药材定义为老翘。青翘通过蒸煮能达到"杀酶保苷"的目的，通过晒干、烘干和炕烤干燥3种方式进行青翘干燥。

二、性味及功效考证

中药的性味归经与其功效密切相关，这一观点在中医理论中占据重要地位。关于中药的"性"即药性，是指药物所具有的能够纠正人体阴阳偏盛偏衰的作用倾向，是药物对机体产生作用的基本属性。然而，对于药性的认知，由于历代医家的经验、理解角度和临床实践的不同而存在分歧，导致历代本草记载不尽一致。

由《神农本草经》《本草经集注》《新修本草》可知，汉代至唐代记载的连翘性味侧重于"平"。明代之后诸多本草如《本草蒙筌》《本草品汇精要》《本草新编》记载其性为"寒"或"微寒"。2020版《中国药典》记载其性味为"苦，微寒"。

明代《本草蒙筌》记载连翘归手少阴经（心）、手足少阳经（三焦、胆）、阳明经（大肠、胃），《本草品汇精要》《本草备要》等诸多草本均类似。2020版《中国药典》载其入心、肺、小肠经（表1-3）。

《神农本草经》最早记载连翘为："治寒热，鼠瘘，瘰疬，痈肿，恶疮，瘿瘤，结热，蛊毒。"《名医别录》记载其有"去白虫"之效。唐代《药性论》记载其有"主利五淋，小便不通，除心家客热"功效。五代《日华子本草》谓连翘："通小肠，排胀，治疮疖，止痛，通月经。"宋代《本草衍义》认为其"治心经客热最胜"。《滇南本草》记载："性寒，味苦，除六经实热，泻火，发散诸风热，咽喉疼痛，内外乳蛾肿红，小儿疳腮，风火虫牙肿痛，清热明目。"可以看出，湖南连翘能清热、泻火、散结、消肿、止痛，但偏重于散结消肿，除六经实热，多用于治疗各种痈疽、恶肿、疮疖。

《本草纲目》记载："微苦、辛。乃少阴心经、厥阴包络气分主药也，诸痛、痒、疮、疡皆属心火，故为十二经疮家圣药，而兼治手足少阳，手阳明三经气分之热也。"《本草备要》云："轻、宣，散结，泻火，微寒升浮。"《本草求真》载："味苦，微寒，实为泻心要剂。"由此可以看出，明、清以后使用的木犀科连翘主要用于泻心客热，散郁滞结热，为疮家圣药，偏重于清心火、散上焦之热。《中国药典》载其具有清热解毒、消肿散结、疏散风热的功效（表1-3）。

表1-3 连翘性味及功效记载

年代	著作	记载
汉代	《神农本草经》	味苦，平。主寒热，鼠瘘，瘰疬，痈肿，恶疮，瘿瘤，结热，蛊毒
	《名医别录》	去白虫
南北朝梁代	《本草经集注》	味苦，平，无毒。治寒热，鼠瘘，瘰疬，痈肿，恶疮，瘿瘤，结热，蛊毒，去白虫
唐代	《新修本草》	味苦，平，无毒。治寒热，鼠瘘，瘰疬，痈肿，恶疮，瘿瘤，结热，蛊毒
	《药性论》	主利五淋，小便不通，除心家客热
五代	《日华子本草》	通小肠，排胀，治疮疖，止痛，通月经
宋代	《本草衍义》	治心经客热最胜
金	《医学启源》	泻心经客热，一也；去上焦诸热，二也；为疮疡须用，三也
明代	《滇南本草》	性寒，味苦，除六经实热，泻火、发散诸风热、咽喉疼痛、内外乳蛾肿红、小儿疳腮、风火虫牙肿痛、清热明目
	《本草蒙筌》	味苦，气平，微寒。气味俱薄，轻清而浮，升也，阳也，无毒。入少阴心，手足少阳、阳明经。蛊毒，去寸白虫蛔虫。疮科号圣丹，血证每为中使，通月水下五淋，义盖取其结者散之。故此能散诸经血凝气聚，必用而不可缺也。实人宜用，虚者勿投
	《本草纲目》	微苦、辛。乃少阴心经、厥阴包络气分主药也。诸痛、痒、疮、疡皆属心火，故为十二经疮家圣药，而兼治手足少阳，手阳明三经气分之热也
	《本草品汇精要》	味苦，性平微寒，气味俱轻，阴中阳也，臭香。入手足少阳经、手足阳明经、手少阴经。心经客热，瘰疬，恶疮

年代	著作	记载
清代	《本草备要》	微寒升浮，苦入心，故入手少阴厥阴气分而泻火，兼除手足少阳，手阳明经气分湿热。轻、宣，散结，泻火，微寒升浮
	《本草求真》	味苦，微寒，质轻而浮。实为泻心要剂
	《本草新编》	味苦，气平、微寒，性轻而浮，升也，阳也，无毒。入少阴心经、手足少阳、阳明经。泻心中客热、脾胃湿热殊效，去痈毒，寸白蛔虫，疮科攸赖。通月经，下五淋，散诸经血凝气聚
	《本草经解》	气平，味苦，无毒，气味俱降，阴也。入手太阴肺经、手少阴心经、手厥阴心包络经
	《本草从新》	味苦微寒，而性升浮。入手少阴、厥阴而泻火。兼除手足少阳，手阳明经湿热。散诸经血凝气聚，利水通经，杀虫止痛，消肿排脓，为十二经疮家圣药
	《本草分经》	苦，微寒，性升。入心、心包、三焦、大肠、胆经。然湿热不除，病症百出，是以痈毒五淋、寒热鼠瘘、瘰疬恶疮、热结蛊等症，书载皆能以治
当代	《中国药典》	苦，微寒。归肺、心、小肠经。清热解毒，消肿散结。用于痈疽，瘰疬，乳痈，丹毒，风热感冒，温病初起，温热入营，高热烦渴，神昏发斑，热淋尿闭

参考文献

［1］国家药典委员会. 中华人民共和国药典：一部［M］. 北京：中国医药科技出版社，2020：177-178.

［2］陈存仁. 中国药学大辞典：下册［M］. 上海：世界书局，1935：1248-1250.

［3］陈仁山，蒋淼，陈思敏，等. 药物出产辨（三）［J］. 中药与临床，2010（1）：3.

［4］中华人民共和国卫生部药政管理局. 中药材手册［M］. 北京：人民卫生出版社，1990.

［5］中国药学会上海分会，上海市药材公司. 药材资料汇编：上集［M］. 上海：科技卫生出版社，1959：59-60.

［6］陈仁山. 药物出产辨［M］. 广州：广州中医药专门学校，1930：44.

第二章
连翘生物学基础

连翘果实为我国大宗药材连翘。植株具有良好的观赏价值，也常用于园林绿化、小区花坛栽植，以及作为园景树使用。此外，连翘根系发达而致密，在水土保持方面效果明显。本章详细介绍连翘的形态学特征、生长习性、地理分布和生境特征。

第一节　连翘的形态学特征

连翘是一种灌木，属木犀科连翘属，可作为园林观赏植物或药用，为2020版《中国药典》收载品种。连翘属包含有 11 个种，我国有 6 个种。连翘在我国不同的区域又被叫作黄花条、连壳、青翘、落翘、黄奇丹等。

连翘植株基部丛生，最高可达 3~4m，主要分布于河北、山西、陕西、山东、安徽西部、河南、湖北和四川等地。它生长在山坡灌丛、林下或草丛中，常见于海拔 250~2200m 的山谷和山沟疏林中。除了华南地区外，我国其他大部分地区均有栽培，同时在日本也有栽培（图 2-1）。

图 2-1　连翘

一、叶片

连翘的叶片通常为单叶，偶尔在枝条上可见三裂或三出复叶。叶片形状多样，通常为卵形、宽卵形或椭圆状卵形，展现出丰富的形态变化。叶片尺寸范围较广，长度通常在2~10cm之间，宽度在1.5~5cm之间。叶片先端锐尖，基部形状为圆形、宽楔形或楔形，叶缘则具有锐锯齿或粗锯齿。由于上表皮的叶肉细胞含有较多的叶绿体，连翘叶片的上表面呈深绿色，下表面则为淡黄绿色。叶片表面光滑，无明显的表皮毛。叶柄长度适中，通常在0.8~1.5cm之间（图2-2）。

图2-2　连翘叶片

连翘叶片具有抗菌、保肝、调节非特异性免疫和保护心脏等多种药理作用。在我国河北、陕西等地，人们常将连翘叶制成茶，作为保健饮料饮用。

二、枝条

连翘的枝条开展或下垂，棕色、棕褐色或淡黄褐色，小枝土黄色或灰褐色，略呈四棱形，疏生皮孔，节间中空，节部具实心髓（图2-3）。

连翘的枝条柔软细长，通常呈蔓生状，展现出较强的生长适应性。这一特性使得连翘在园艺应用中具有出色的可塑性，能够适应多种修剪方式。枝条上散布着长椭圆形的白色皮孔，直径在1.0~1.5mm之间，增添了连翘的独特外观。老枝条一般呈灰黄色或灰褐色，而嫩枝条则常显紫红色。成熟枝条折断后，节部内充满白髓，节间则呈中空状态，这种结构特征使得枝条在折断时表现出较脆的特性。同时，连翘的表皮含有较多纤维素，使得枝条触感光滑。此外，连翘枝条表面光滑无毛，降低了在园艺应用中的打理和维护难度。

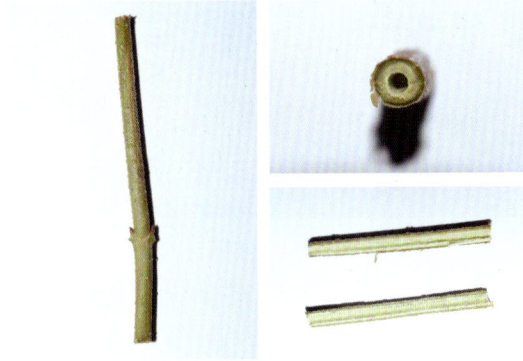

图 2-3　连翘茎

三、花

连翘花是完全花，结构精致完整，由花柄、花托、花萼、花冠、雄蕊群和雌蕊群六部分组成。连翘花呈辐射对称，通常单生或 2 至数朵簇生于叶腋，开放时间一般早于叶片。花梗长 5~6mm，花萼绿色，深 4 裂，裂片为长圆形或长椭圆形，与花冠管等长或稍长，长 6~7mm，先端钝或锐尖，边缘具睫毛。花冠为黄色，裂片倒卵状长圆形或长圆形，长 1.2~2.0cm，宽 6~10mm。连翘花具有 2 枚雄蕊，生长于花冠管基部，花药为 2 室，纵裂；子房 2 室，每室含多枚下垂胚珠；花柱细长，柱头 2 裂（图 2-4）。雄蕊、花药和雌蕊柱头不在同一高度，这种设计巧妙地避免了同花授粉，从而促进异花授粉，增加遗传多样性。根据雌雄蕊的位置不同，连翘分为长花柱连翘和短花柱连翘，雌蕊长5~7mm 时，雄蕊长度为 3~5mm；而在雄蕊长 6~7mm 的情况下，雌蕊长度约为3mm。连翘的开花时间因地区而异，但一般在阳历 2 至 5 月份。由于气温较低，北方地区的连翘花开放日期会相应推迟。

连翘有 7 种变异花型，分别为三裂二雄蕊花、三裂三雄蕊花、四裂三雄蕊花、四裂四雄蕊花、五裂二雄蕊花、五裂三雄蕊花和六裂三雄蕊花。其变异花型的特征表现为花冠裂片有三裂、四裂、五裂和六裂 4 种；雄蕊有 2 枚、3 枚和 4 枚 3 种。

图 2-4　连翘花

B 为短花柱花；C 为长花柱花；F、G 为花的解剖图

四、果实

连翘的果实一般呈卵形、卵球形、长球形或长椭圆形，表面具有 4 条纵向浅沟。果实基部光滑，而其他部分则长有黄褐色或锈色的小突起。果实长度为 1.2~2.5cm，宽度为 0.6~1.2cm，顶端有尖凸起，果梗长度通常为 0.7~1.5cm。果实的成熟期因地理位置而异，一般在 7~10 月（图 2-5）。

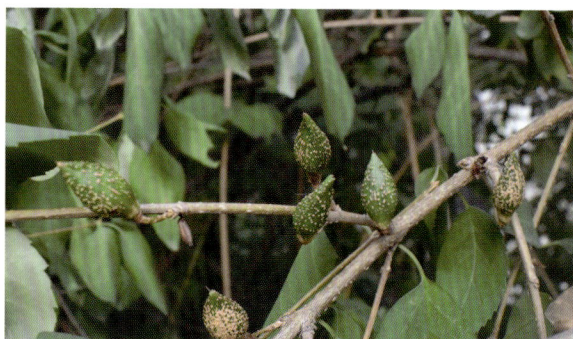

图 2-5　连翘果实

连翘的果实为蒴果，成熟时自然开裂，称为"青翘"或"老翘"。果实表面通常疏生皮孔，成熟时呈褐色，顶端喙状渐尖。蒴果内含多枚具有翅的种子，有助于种子的散播。连翘果实具有清热解毒、消肿散结的功效，是常用的中药材之一。通常在秋季果实成熟后进行采集，经过干燥处理以备药用。

五、种子

连翘的种子通常呈长条形或半月形，表面为黄褐色，带有明显的纹理或小圆形瘤状突起。在内部构造上，连翘的子房由两室组成，每室内含有多枚下垂的胚珠。这些胚珠在成熟后经过一系列发育过程，最终形成连翘的种子（图2-6）。在适宜条件下，连翘种子表现出良好的发芽能力。然而，种皮较坚硬，有时需要预处理以提高发芽率。此外，种子的贮存条件对其发芽率影响显著。研究表明，干燥器贮存能有效保持连翘种子的发芽力，为其长期保存提供了可靠的方法。

图 2-6　连翘种子

第二节　连翘地理分布和生境特征

一、地理分布

连翘生命力强，适应性良好，喜光照和温和潮湿的气候，耐寒冷和干旱，但不耐水涝。在栽植过程中，对土壤要求不高，能在中性、盐碱性和偏酸性土壤中正常生长，甚至在干旱的阳坡、石缝及基岩或紫色沙页岩的风化母质上也能生存。

连翘商品主要来源于野生资源，目前连翘主产区为：河南卢氏、灵宝、渑池、陕县、伊阳、沁阳、洛宁、辉县、修武、西峡、栾川、嵩县；山西陵川、沁水、安泽、晋城、沁源、古县、吉县、浮山县、隰县、平陆、黎城、屯留、平顺、长子、阳城、垣曲、安泽、左县、武乡、沁县、闻喜、夏县、绛县；陕西黄龙、洛南、宜川、宜君、商南、丹凤、韩城、黄龙、黄陵、商县、洛南、山阳；湖北郧县、老河口、应山；山东淄博、莱芜；河北井陉、武安、涉县、太行山区；甘肃临夏、陇南、定西、平凉、兰州；四川金堂、荣县、宜宾等地。其中，山西、河南产量最大。利用 MaxEnt 模型与地理信息系统（GIS）预测，2050 年后连翘产区会通过迁移到更高维度地区来应对气候变暖。

二、气候特征

连翘喜温暖、干燥和光照充足的环境，耐寒、耐旱，但忌水涝。它的萌发力强，对土壤要求不严，能在肥沃、贫瘠的土地以及悬崖、陡壁和石缝中生长。然而，在排水良好、富含腐殖质的沙壤土中生长最为良好。连翘喜光，在阳光充足的阳坡上生长良好，果实产量高；在阴湿处生长较差，产量低。

3 月气温回升时，连翘开始先叶开花，花期持续 5~9 天。随后，大约 20 天左右，幼果开始出现，叶蒂也随之形成。进入 5 月，随着气温进一步升高，连翘展叶并抽新枝，进入旺盛生长期。在此阶段，平均日照时间为 6.4h，有效辐射为 6.07kcal/cm^2，为连翘的生长提供了良好的光照条件。当平均日照时间达到 7.3h，有效辐射为 6.3kcal/cm^2 时，连翘的生长达到高峰，表现出强劲的生长势头。连翘果实的形成和发育与气温、光照等自然条件密切相关。

野生连翘药材通常生长在海拔 250~2200m 的半阴半阳山坡、林下、草丛、山谷和疏林中。在海拔 600~1300m 的区域，连翘能形成自然群落，而在 600m 以下或 1300m 以上，则易与其他乔木、灌木和草本植物混生。有调查显示，连翘可正常生长于海拔 250~2200m、平均气温 12.1~17.3℃、绝对最高温度为 36~39.4℃、绝对最低温度为 -4.8~14.5℃，以及年降水量 540~800mm 的地区。但连翘在阳光充足、土壤深厚肥沃、湿润的条件下生长最好（表 2-1）。

表 2-1　不同产地连翘的生态环境对比

产地	地形	海拔（m）	气候类型	年平均温度（℃）	年平均日照（h）	年降水量（mm）
山西长子	山地	800~1500	中温带半湿润大陆性气候	10.4	2565	600
山西陵川	丘陵	400~650	暖温带大陆性气候	7.9	2200	575
山西黎城	高原	1000~1560	北温带大陆性季风气候	10.4	2120	547
山西安泽	山地	1400~1500	暖温带过渡性气候	9.4	2000	622
山西屯留	山地	1200~1500	中温带半湿润性气候	10	2418	540
山西壶关	丘陵	450~600	温带大陆性季风气候	8.9	1980	574.5

产地	地形	海拔（m）	气候类型	年平均温度（℃）	年平均日照（h）	年降水量（mm）
山西平顺	山地	1100~1300	温带大陆性季风气候	9	2320	600
山西左权	山地	1100~1350	温带大陆性气候	7.4	2570	540
河南灵宝	山地	2000~2400	暖温带大陆半湿润性气候	14	1830	579~1120
河南卢氏木桐	丘陵	500~1200	北亚热带和暖温带过渡性气候	12.3	1800	636.4
河南卢氏潘河	山地	1500~2000	暖温带过渡性气候	12.3	1650	636.4
河南卢氏透山	山地	2000~2400	暖温带过渡性气候	13.5	1730	570
河南辉县	丘陵	200~500	暖温带大陆性季风气候	15	1770	589.1
河南林州	丘陵	400~500	暖温带半湿润大陆性气候	12.8	2251.6	678.1
河南驻马店	山地	1500~1700	亚热带向暖温带过渡性气候	12.5	1700	645
陕西丹凤	山地	800~900	凉亚热带向暖温带过渡性气候	13.8	2056	687
湖北郧县	丘陵	700~1200	亚热带湿润性季风气候	17	1920	550
湖北郧西	丘陵	700~1200	亚热带北界湿润性气候	15.4	1874	700~800
河北涉县	山地	1100~1300	北温带大陆性气候	13.5	1200	627

三、土壤特征

连翘适应性较强，对土壤和气候的要求不严格，同时连翘根系发达，虽主根不太显著，但其侧根都较粗而长，须根众多，广泛伸展于主根周围，大大增强了吸收和固土能力。土壤不仅是植物体内养分的主要来源，对代谢途径还具有调节作用，同时是生态系统的重要组成部分，对植被群落的组成与结构及生产力水平有着直接的影响。因此研究土壤养分状况及空间分布特征能为连翘的科学种植、施肥及生产提供技术支撑。

河北省井陉县连翘根系土壤呈中性和弱碱性，除速效磷与速效钾含量偏低外，其他营养物质含量丰富。其有机碳含量变化范围为 24.90~45.40g/kg，有机质含量为 42.92~77.41g/kg，土壤碱解氮含量范围在 220.50~482.07mg/kg，速效磷含量变化范围在 3.69~8.46mg/kg。因此，该地在今后连翘种植经营时，需要通过一些措施降低土壤 pH，并可以使用合理配比的肥料，来改善种植地土壤的酸碱性，提高土壤中速效磷及速效钾的含量。

河北省平山县的研究表明，采用生态种植模式的样地在土壤有机质、全氮、全磷、碱解氮、有效磷和速效钾含量方面均高于野生和露地栽培模式。此外，生态种植样地的土壤 pH 值低于其他两种种植模式，而野生样地的全钾含量高于生态种植和露地栽培样地。这表明，生态种植模式不仅提升了土壤有机质含量，还改善了土壤酸碱度，并增加了养分含量，使得当地土壤更适合连翘生长。因此，生态种植对于提高土壤养分、改善生态环境、促进连翘的规模化生产具有重要意义。

连翘根际土壤中的硝化细菌、氨化细菌、好气性纤维素分解菌、厌气性纤维素分解菌和厌气性固氮菌的数量变化趋势一致，随着种植年限的增加，这些细菌的数量显著增加，而放线菌的数量则下降。这表明，在连翘的生长过程中，重要的有益微生物类群随着生长年限的延长而增强。同时，某些真菌能够与连翘根系共生，通过菌丝吸收连翘根组织中的碳水化合物作为能量和营养，从而促进真菌与连翘的共同生长与发育。

连翘根际土壤中含有多种促生长特性的解有机磷细菌，如嗜麦芽寡养单胞菌（*Stenotrophomonas maltophilia*）、嗜根寡养单胞菌（*S.rhizophila*）、荧光假单胞菌（*Pseudomonas fluorescens*）、蜡状芽孢杆菌（*Bacillus cereus*）和密歇根克雷伯菌（*Klebsiella michiganensis*）。解磷细菌可通过产生生长素和嗜铁素等调节植物生长的物质来促进植物生长发育，因此，可通过开发连翘微生物肥料来保护野生资源，以及发展连翘产业。

四、地形特征

1. 海拔高度

连翘具有较强的环境适应能力，可以在低海拔到中高海拔的多种地形中生长。野生连翘的生长海拔范围大致在 250~2200m 之间，不过具体范围可能会因地区、气候和土壤条件的不同而有所变化。在海拔 800~1500m 的山地地区，连翘的生长最为密集和茂盛。人工种植连翘适宜的海拔范围在 200~1000m 之间，这一高度能够提供合适的气候、土壤和光照条件，从而保证其正常生长和发育。例如，陕西商洛地区的连翘种植海拔大约在 800m 左右，而灵宝地区的连翘种植海拔则在 300m 以上。

2. 坡向

坡向差异显著影响野生连翘的生长状况和结实性。虽然连翘能在阴坡和阳坡上生长，但阳坡、半阳坡以及半阴坡因光照充足、温度适中而促进了连翘的生长，表现为植株茂盛和花果繁密。相反，阴坡的高遮蔽度使得连翘生长较弱，枝叶虽繁茂，但开花结果较稀少。例如，中条山林区的调查显示，阳和半阳坡的野生连翘占其总分布面积的 73.82%。在山西陵川，野生连翘的结实量表现顺序为半阴坡＞半阳坡＞阳坡＞阴坡。陕西商洛地区的阳坡和半阳坡的单株结实率显著高于阴坡。河南肖圪塔的调查也表明，阳坡的连翘平均单株结实数量超过阴坡。此外，有调查指出阴坡连翘的丛高显著高于阳坡。

3. 伴生物种

连翘作为一种重要的植物，在不同的生态环境中有着不同的伴生物种。连翘与其伴生物种之间的竞争关系影响着连翘的生长发育（表 2-2）。

草本层伴生物种：披针叶苔草（*Carex lanceolata* Boott）、委陵菜（*Potentilla chinensis*）、菝葜（*Smilax china* L.）、五叶地锦 [*Parthenocissus quinquefolia*（L.）Planch.] 白莲蒿（*Artemisia stechmanniana* Besser）、卷柏 [*Selaginella tamariscina*（P. Beauv.）Spring]、艾（*Artemisia argyi* H. Lév. & Vaniot）、野棉花（*Anemone vitifolia* Buch.–Ham. ex DC.）、马鞭草（*Verbena officinalis* L.）、柳穿鱼 [*Linaria vulgaris* subsp. *chinensis*（Bunge ex Debeaux）D. Y. Hong]、路边青（*Geum aleppicum* Jacq.）、驴欺口（*Echinops davuricus* Trevir.）、猪毛蒿（*Artemisia scoparia* Waldst. & Kit.）、青蒿（*Artemisia caruifolia* Buch.–Ham. ex Roxb.）、藜（*Chenopodium album* L.）、细叶鸢尾（*Iris tenuifolia* Pall.）、铁线莲（*Clematis florida* Thunb.）、小果埔落回 [*Macleaya microcarpa*（Maxim.）Fedde]。

灌木层伴生物种：牛奶子（*Elaeagnus umbellata*）、黄栌木（*Cotinus coggygria* Scop.）、黄刺玫（*Rosa xanthina* Lindl.）、小叶鼠李（*Rhamnus parvifolia* Bunge）、杭子梢 [*Campylotropis macrocarpa*（Bunge）Rehder]、虎榛子（*Ostryopsis davidiana* Decne.）、荆条 [*Vitex negundo* var. *heterophylla*（Franch.）Rehd.]、野皂荚（*Gleditsia microphylla* D. A. Gordon ex Isely）。

乔木层伴生物种：卫矛 [*Euonymus alatus*（Thunb.）Sieb]、榛（*Corylus heterophylla* Fisch. ex Trautv.）、酸枣 [*Ziziphus jujuba* var. *spinosa*（Bunge）Hu ex H.F.Chow.]、辽东栎（*Quercus wutaishansea* Mary）、山楂（*Crataegus pinnatifida* Bunge）、榆树（*Ulmus pumila* L.）。

表 2-2　野生连翘群落分布的主要伴生植物种类

地点	经度	纬度	海拔（m）	坡度（°）	坡向	5m 内伴生种
运城垣曲	111°55'31.00"	35°18'21.61"	990	40	阴坡	卫矛、榛子、黄栌木、拔葜、五叶地锦
	111°55'31.00"	35°18'21.61"	997	50	阳坡	黄栌木、黄刺玫、小叶鼠李、白莲蒿、三裂绣线菊、拔针叶、苔草、杭子梢、委陵菜、柳芽鱼
阳城	112°6'44.29"	35°23'48.60"	1182	80	—	路边青、驴欺口、艾
	112°8'15.13"	35°22'28.68"	1193	—	东南坡	小叶鼠李、黄刺玫、马鞭草、委陵菜、白莲蒿、卷柏、艾
林州（家种）	113°46'20.67"	36°47'7.70"	363	—	—	猪毛蒿、青蒿、藜、艾、荇草、小飞莲
林州－黄华山	113°43'10.37"	36°5'30.89"	742	30	阳坡	榛子、细叶鸢尾、虎榛子、荆条、酸枣、辽东栎、铁线莲
	113°43'10.08"	36°5'31.31"	749	30	阳坡	榛子、细叶鸢尾、虎榛子、荆条、酸枣、辽东栎、铁线莲
	113°43'3.82"	36°5'31.98"	777	30	阳坡	榛子、细叶鸢尾、虎榛子、荆条、酸枣、辽东栎、铁线莲、悬钩子、小果蒲落回
	113°43'56.15"	36°5'25.80"	833	50	—	山楂
	113°41'38.16"	36°33'57.50"	—	—	—	榆树
涉县－大矿村	113°40'37.03"	36°27'46.44"	780	40	阳坡	野皂荚、黄刺玫、柴胡、油松
	113°40'26.64"	36°27'45.91"	823	—	—	柴胡、油松
	113°40'22.07"	36°27'45.93"	826	—	—	路边青、中华老柏、臌酱、驴欺口
	—	—	—	—	阴坡	悬钩子、委陵菜、拔针叶苔草、杭子梢、黄栌木、柳芽鱼、白莲蒿

地点	经度	纬度	海拔（m）	坡度（°）	坡向	5m内伴生种
	—	—	—	—	阳坡	铁扫帚、杠柳、龙芽草
	—	—	—	—	阴坡	黄栌木、白莲蒿
安泽	112°21′40.93″	—	20	—	阳坡	油松、栎树、黄栌木、小叶鼠李、绣线菊、黄刺玫、牛奶子、白莲蒿、柳穿鱼
	—	36°9′41.69″	28	—	—	西山委陵菜、披针叶苔草、野棉花、胡枝子、败酱、黄芩、三裂叶蛇葡萄
	—	—	—	—	阴坡	菟丝子、绣线菊、黄刺玫、牛奶子、路边青、栾树、槐树、栎树、龙芽草、披针叶苔草、中华老鹳、悬钩子、榆树、油松、白莲蒿、野棉花、杏叶沙参、茭菜、杨梅
太行山南端	—	—	1090~1330	—	—	三裂绣线菊、披针叶苔草
	—	—	1450	—	—	白刺花、披针叶苔草、铁杆蒿
	—	—	1340~1450	—	—	三裂绣线菊、披针叶苔草、白头翁
	—	—	1460~1480	—	—	油松、披针叶苔草
	—	—	1400~1470	—	—	黄刺玫、披针叶苔草

注：—没有相关内容。

第三节 连翘生长物候期和发育规律

一、生长物候期

连翘为多年生植物，一生要经过幼树期、初结果期、盛果期、衰老更新期4个时期。虽然每个时期的生长和结果情况不同，但其生长发育过程都有年循环同期现象，称之为物候期。

连翘的年生长期为270~320天，遇霜后停止生长。从开花到果实成熟需要140~160天。作为一种先花后叶的植物，连翘的花芽萌动早于叶芽。在3月至5月，花朵先于叶子开放，4月至5月新枝叶开始萌发生长。花开放后10~20天逐渐凋落，约20天后幼果开始形成。果实成熟期在9月至10月，连翘的物候期具有明显的季节性，花期主要集中在3月至4月，果期则在7月至9月。不同地域和季节的连翘生长发育周期存在显著差异。例如，在河北地区，连翘的花芽萌动期通常在2月上旬至下旬，花蕾期在3月上旬至中旬，花期可延续至4月中下旬。展叶期主要在4月中旬至下旬，叶幕形成、幼果出现及春梢生长等关键时期均集中在4月中旬至5月中旬。生理落果期通常在4月下旬至5月下旬，果实成熟期在8月中旬至10月下旬。连翘的落叶期主要集中在10月下旬至11月中旬，之后植株进入休眠期，持续至翌年1月中旬。

河南灵宝地区3月初花开始萌动，持续10天；从花开始开放到盛花期时间为5天；盛花期持续15天；3月末4月初进入谢花期，4月10日花期基本结束。连翘果实在4月10~20日膨大不明显，自4月20日后果实开始逐渐膨大，进入7月份果实基本停止膨大（表2-3）。

表2-3 2006—2008年灵宝连翘的物候期及日平均气温调查表

生长发育阶段	花芽萌动	膨大	开绽	现蕾	露黄	初花	盛花	落花	定果期	幼果速长	果实纵长期	果实变色期	裂果期
日平均气温（℃）	6	7	9	8	9	9	10	18	19	24	30	29	30
发育时间（d）	0	5~15	17	19	21	25	35	50	60	130	150	160	165

二、生长发育规律

1.幼苗生长发育

连翘在 4 月中旬播种。播种后，幼苗的茎呈棕色，子叶肉质，长椭圆形，长度 8~10mm，宽度 2~4mm。出苗后 10~15 天，幼苗开始长出新叶。真叶表面为绿色，背面为棕色，表面覆盖茸毛，边缘呈锯齿状。大约在出苗后 25 天，幼苗会长出第二对真叶，此时子叶逐渐脱落。春季播种的幼苗生长势头强劲，优势植株当年生长高度为 95~98cm，一般植株高度为 30~35cm。这一生长特性显示了连翘种子繁殖的强大生命力和生长潜力。

2.枝条生长发育

连翘具有极强的萌生力，这使其能够迅速增加分株数量并扩大分布范围，从而成为灌木丛的重要骨架。由萌生枝生长出的短枝在翌年便可开花结果，并且这些短枝上还能继续长出新短枝，后者同样是开花结果的主体。连翘的干枝基部和中上部均能发出长度超过 1cm 的萌生枝。一般而言，阴坡的萌生枝长度通常长于阳坡和半阳坡的萌生枝。然而，无论是萌生枝还是短枝，其连年生长势均不强，这可能与连翘的生长习性和所处环境条件有关。随着萌生枝年龄的增加，每年发出的短枝生长量逐渐减少，短枝数量也呈下降趋势。此外，这些短枝的生长方向会由斜向渐渐转为水平生长。

连翘种子经过大约 10 天的催芽处理后即可播种，播种后 15 天左右即可出苗。此后，连翘持续生长，主要集中在根系和枝条的发育，枝条和叶片迅速生长，形成茂盛的树冠。同时，连翘开始长出花芽，为后续的开花和结果奠定了基础。

连翘的短枝生长主要集中在 3 月至 7 月。3 月是短枝的萌发期，标志着新一年生长周期的开始。在海拔 800~820m 的区域，短枝快速生长期主要集中在 3 月末至 4 月初。随后，从 4 月至 5 月中旬，短枝进入平稳生长期，生长速度相对稳定，并在 5 月末基本停止。在海拔 820~840m 的区域，短花柱类型的短枝在 4 月后生长几乎停止，而长花柱类型的短枝生长则持续到 5 月。当海拔为 840~860m 时，长花柱类型的短枝经历两个快速生长期，分别在 3 月末至 4 月初和 4 月末至 5 月初。之后，它们从 5 月至 6 月进入平稳生长期，6 月以后生长基本停止。在海拔 860~880m 的区域，长花柱类型的短枝快速生长期主要在 3 月至 4 月，而短花柱类型的短枝在 4 月初经历快速生长，两者在 4 月至 5 月进入平稳生长期，并在 5 月后生长基本停止。最后，在海拔 880~900m 的区域，短枝的快速生长期主要在 3 月至 4 月。长花柱类型的短枝在此期间持续快速生长，短花柱类型的短枝则在 3 月至 4 月初经历快速生长。到了 5 月中旬，无论是哪种类型的短枝，其生长均基本停止。

连翘枝构件的分布具有明显的规律。在垂直于地面方向上，连翘枝条主要分布在 60~160cm，在平行于地面的方向上，枝条主要分布在树冠的中层。不同主枝构件对应果实产量不同，1 主枝连翘和 5 主枝连翘表现出不同的优越性，分别适宜精细化管理及粗放式管理。

3. 叶片生长发育

连翘叶的生长发育状况直接影响其产量，因此其生长过程备受关注。连翘叶的体积生长主要集中在 3 月至 5 月，到 3 月下旬，大部分叶片已展开，呈现出旺盛的生长态势。虽然不同海拔对连翘叶体积的快速生长期影响不显著，但仍存在细微差异。在海拔 800~820m 的区域，连翘叶的体积从 3 月下旬至 5 月初迅速增长。到 5 月初，叶片的纵径仍在快速生长，而横径已进入平稳生长期。海拔升至 820~840m 时，叶的生长趋势类似，但到了 5 月初便进入平稳生长期，5 月末进入生长末期。此区域内，短花柱类型叶的纵径生长速度快于长花柱类型。当海拔达到 840~860m 时，连翘叶的快速增长期稍有延迟，主要在 4 月至 5 月初。到 5 月初，叶的横径进入平稳生长期，而 5 月末进入生长末期，但纵径仍在继续生长，且短花柱类型的生长速度较快。在海拔 860~880m 的区域，叶的快速增长期为 4 月初至 4 月末。4 月下旬，叶的横径进入生长末期，纵径则进入平稳生长期，至 5 月下旬叶片进入生长末期。最后，在海拔 880~900m 的区域，连翘叶的快速增长期与前一海拔区域相似，也是 4 月初至 4 月末。4 月下旬时，叶的横径进入生长末期，纵径进入平稳生长期，至 5 月下旬叶片同样进入生长末期。不过，在这一海拔区域，长花柱类型的叶纵径和横径生长速度相对较快。

连翘叶片的生长发育状况直接关系到植株的光合效率。在晴朗且无风的条件下，连翘的光合速率（Pn）日变化呈现出一个明显的单峰曲线。这一曲线的峰值出现在中午 12 时，达到了 $13.27\mu molCO_2/$（m·s），显示了连翘在此时具有最强的光合能力。与此同时，连翘的蒸腾速率（Tr）日变化也呈现出类似的单峰曲线。其峰值同样出现在 12 时，达到了 $3.38\mu molH_2O/$（m·s），这表明连翘在此时的水分蒸腾也最为旺盛。气孔导度、蒸腾速率和胞间 CO_2 浓度等生理因子是影响连翘叶片净光合速率日变化的主要因素，这些生理因子的变化直接影响着连翘叶片的光合效率和物质代谢。光合有效辐射和相对湿度等环境因素也对连翘叶片的净光合速率日变化产生着重要影响，这些生态因子的变化会间接影响连翘叶片的生长发育和光合效率，进而对连翘的整体生长和产量产生影响。

4. 花生长发育

连翘的花期既长又集中，为其繁殖和授粉提供了良好条件。完成花芽分化后，连翘进入休眠期，为次年的开花积蓄能量。次年3月初，气温回升，花芽开始感知变化，随之萌动和膨大。此时，花芽结构变得松散，外层鳞片缓慢脱落，干枯的鳞片逐渐显现出绿色，且表面覆盖有绒毛，为花芽的进一步发育提供保护。约5天后，花芽外部的干枯鳞片基本脱落，绿色的萼片显现，花梗在基部出现，标志着花芽进入新阶段。之后，花芽显露出蕾和花冠，准备开花。露冠后3~5天，花朵陆续开放，1~2天内基本完全盛开，展现出连翘的美丽与生机。太行山区的连翘花期具有独特特点：初花期和盛花期持续2天，相对较短；末花期则较长，为15~19天；谢花期约为7天。短花柱连翘的整个花期为32天，长花柱连翘的花期为27天，显示出不同花柱类型在花期上的差异。在河南灵宝地区，连翘的花期同样独特：初花期到盛花期需5天，3月中旬花开得最为旺盛，盛花期持续15天；随后，3月末至4月初进入谢花期，约为7天左右；到4月10日，花期基本结束，连翘便完成了一年一度的繁殖周期。

连翘的开花时间受到海拔高度的显著影响，不同海拔区域的连翘开花时间存在明显差异。在河南三门峡地区，海拔600~700m的向阳山坡上，连翘的开花时间比海拔800~900m的地区早至少4天，而海拔1000~1100m的连翘则晚约3天。此外，同一座山上，坡顶的连翘开花时间也晚于坡底。例如，官坡北面南坡沿河边的连翘开花时间早于坡顶的连翘。统计数据显示，海拔每升高100m，平均气温下降约0.45℃，这可能是导致不同海拔高度连翘开花时间差异的主要原因。

除了海拔高度，坡向也是影响连翘开花的重要因素之一。在河南灵宝地区，调查发现，阳坡和阴坡的连翘花期存在显著差异。连翘整个花期持续约40天，但阴坡的花期比阳坡晚5~6天。这主要是由于阳坡每日的光照时间比阴坡长3h以上，导致阴坡的日积温比阳坡低5℃左右，从而使得阴坡的花期相对延长。

5. 果实生长发育

（1）连翘结果特性：连翘是一种较早开始结果的植物。通过种子繁殖的实生苗在出苗后经过4~5年的生长便可开始结果。幼果在大约20天后出现，果实通常在9月至10月成熟。一般由萌生营养枝上的短枝形成结果枝，这些短枝长度在20~40cm之间不等。每个萌生枝上形成的结果枝数量通常在2~9个，一起组成结果枝串，从而为连翘提供丰富的果实产量。连翘的果实产量与结果短枝的数量及其生长长度密切相关。在萌生枝上，结果短枝的数量可达15~17个，每个结果短枝上的果实数量一般在2~19个之间。有些果实丰富的小果枝上甚至能出现25~30个果实，而稀疏的果枝可能只会结1~2个果实，甚至无果。这种差异使得连翘的果实产量在不同植株和枝条之间呈现出丰富的多样性。

连翘的结实率受到多种因素的影响，其中花密度是一个重要考量因素。一般来说，花密度越大，连翘的坐果率越高，这意味着更多的花朵能够成功转化为果实。然而，当花密度过大时，植株的营养条件可能无法满足需要，导致落花落果现象，从而影响最终的结实率。此外，海拔高度也显著影响连翘的结实率。在800~900m的海拔范围内，随着海拔的升高，坐果率呈现下降趋势。具体而言，800~860m是连翘生长较好的海拔范围，800~820m为最佳生长海拔。海拔超过860m时，坐果率会明显下降。除了花密度和海拔，这些结实率还与区域内连翘花柱类型的比例、株龄、坡向、周边环境等因素相关。这些因素共同作用于连翘的生长和发育，影响其最终的结实效果。因此，实际生产中需综合考虑这些因素，为连翘提供适宜的生长环境，以提升其结实率。

（2）果实生长特性：连翘的结果期通常紧随花期，大致在7月至9月。这一时期，连翘的果实经历了从形成到成熟的过程，为后续收获奠定基础。光照条件对连翘的果实结果具有显著影响。对于成龄连翘树来说，全天直射光照时间在7h以上的部位，果实结果相对集中，说明充足的光照促进了果实的形成。相反，对于全天直射光照时间在3h以下的部位，果实结实则很少，表明光照不足会限制果实的形成与发育。以河南灵宝地区为例，连翘果实的膨大过程也呈现出规律性。在4月10日至20日期间，果实的膨大并不明显，但自4月20日后，果实开始逐渐膨大，这一趋势持续至7月，此时果实基本停止膨大，进入成熟稳定阶段。这一观察结果进一步证实了光照和时间因素对连翘果实发育的重要性。

药用连翘的果实采摘具有明确的时令性，通常有两个主要采摘期。第一次采摘是在连翘果实达到成熟期但外皮仍保持绿色时，这时的果实可以直接在阳光下晒干，或经过蒸煮后再晒干，通常称为青翘。第二次采摘则是在果实完全成熟、外皮变为黄灰色或黄褐色时进行，此时应确保果实的裂口较小或尚未开裂，采摘后的果实同样需要在阳光下晒干或晾干，通常称为黄翘或老翘。需要注意的是，若在果实已脱落或完全开裂的情况下采摘，虽然也被称为老翘，但药效已显著降低，因此这种方法现已不常使用。无论是青翘还是老翘，采摘和处理的及时性至关重要，不当的采摘或处理会导致药材质量和药效的显著降低。因此，在连翘的采摘与处理过程中，必须严格遵守时令和操作规范，以确保药材的品质和药效。

参考文献

［1］国家药典委员会．中华人民共和国药典［M］．北京：中国医药科技出版社，2020.

［2］肖培根，杨世林．连翘［M］．北京：中国中医药出版社，2001.

［3］周修任．连翘优质栽培与加工［M］．北京：中国科学技术出版社，2017.

［4］任士福．连翘优质高效生产技术［M］．石家庄：河北科学技术出版社，2016.

［5］吴婷．山西连翘药材道地性和品质评价研究［D］．山西中医学院，2015.

［6］中国植物志编辑委员会．中国植物志［M］．北京：科学出版社，2004.

［7］薛愧玲，袁王俊．连翘叶的药理研究综述［J］．时珍国医国药，2009，20（5）：1149-1150.

［8］关青，郝建平，董晓莉，等．连翘花及其变异类型的形态学研究［J］．安徽农业科学，2013，41（28）：11337-11339.

［9］胡万波．北方地区连翘育苗及抗旱造林技术［J］．安徽农学通报，2022，28（8）：44-45+59.

［10］安维杨．河南省野生连翘生境及其与植物生长发育的关系［J］．中药研究与信息，2004（4）：30-34+44.

［11］李书敏，李钦，袁王俊．连翘种子质量检验方法和分级标准研究［J］．中药材，2019，42（9）：1995-1998.

［12］赵艳，李安平，孙斌，等．连翘种子质量标准研究［J］．园艺与种苗，2014（4）：29-33.

［13］张翠萍．连翘育苗及栽培技术［J］．山西林业，2022（S2）：72-73.

［14］杨允，王园，王晓婷，等．不同产地连翘质量的研究现状分析［J］．西北药学杂志，2024，39（3）：1-9.

［15］李世全．连翘翩翩飞舞——来自产区的调查［J］．中国现代中药，2007（7）：45.

［16］刘珊．连翘栽培管理技术要点分析［J］．种子科技，2024，42（6）：73-75.

［17］Wang E，Lu Z，Rohani E，et al. *Forsythia suspensa*：Current and future

distribution of in China under climate change adopting the MaxEnt model ［J］.
Frontiersin Plant Science，2024（15）：1394799.

［18］张鹏飞．连翘高产栽培技术［J］．种子科技，2021，39（24）：25-26.

［19］房信胜．山东连翘药物资源评价及活性成分提取技术研究［D］．山东农业大学，2015.

［20］渠晓霞，毕润成．连翘种群生物学特征与种质资源研究［J］．山西师范大学学报（自然科学版），2004（3）：76-80.

［21］陈虹宇．3个种源地连翘在石家庄山区的适应性评价［D］．河北农业大学，2023.

［22］郭丁丁，张潞，朱秀峰．中药连翘种质资源调查报告［J］．时珍国医国药，2012，23（10）：2601-2603.

［23］陈虹宇，陈允腾，黄炳旭，等．不同海拔连翘根系土壤理化性质的变化［J］．北方园艺，2023（13）：69-76.

［24］张姣，张晓虎，阎佩云．洛南县连翘种植区土壤养分状况及空间分布特征初步研究［J］．中国农学通报，2020，36（10）：95-101.

［25］马龙跃，任子蓓，陌子熙，等．不同种植模式对连翘根系土壤理化性质的影响［J］．河北林业科技，2023（3）：27-31.

［26］魏志华，程茂高，介晓磊，等．连翘根际微生物区系和土壤酶活性变化的研究［J］．北方园艺，2010（6）：12-14.

［27］吴伟，张鹏飞，张桂萍，等．连翘根际高效解有机磷细菌的筛选鉴定及促生长特性研究［J］．西南林业大学学报（自然科学），2018，38（3）：93-100.

［28］王海莉．不同环境条件对连翘生长发育过程的影响［J］．中医学报，2014，29（11）：1630-1631+1634.

［29］任宏力．影响商洛连翘生长的生态因子［J］．农业科技与信息，2016（13）：86+88.

［30］陈学武．山西省陵川县野生连翘种群生态分布研究［J］．山西林业科技，2023，52（4）：19-22.

［31］张建军．生态因子及抚育对野生连翘生长和产量的影响［J］．山西农业大学学报（自然科学版），2013，33（1）：10-15.

［32］汤正辉，祝亚军，谭运德，等．河南省连翘灌丛群落特征及物种多样性研究［J］．中南林业科技大学学报，2013，33（4）：28-33+42.

［33］张玲．连翘的数量生态学研究［D］．山西师范大学，2012.

［34］郭佳佳，张雷廷，车建芳，等．太行山南段连翘群落结构及其影响因子研究［J］．生态学报，2021，41（21）：8589-8601.

［35］罗晓铮，董诚明，纪宝玉．连翘开花结实习性与物候期的观测［J］．河南农

业科学，2009（5）：104-107.

［36］Jordan RT，Burkhart EP，Kaye M，et al. Allicin and total phenolic content in ramps（*Allium tricoccum* Ait.）in relation to phenologicalstage，morphologicaltraits，and harvestlocation［J］. Biochemical Systematics and Ecology，2024（115）：104846.

［37］安维. 连翘不同花柱类型授粉试验和开花相关影响因素研究［J］. 河南中医学院学报，2009，24（3）：27-29+32.

［38］刘劲. 连翘天然林抚育成效评价研究［J］. 山西林业科技，2021，50（1）：8-11.

［39］张保曙，徐晓阳，赵侠，等. 连翘1年生优质壮苗培育技术［J］. 河南林业科技，2023，43（3）：61-64.

［40］张军，田玲，张晓虎. 气候变化对洛南县连翘生长发育的影响［J］. 商洛学院学报，2021，35（6）：70-73.

［41］谢清华，郭小燕. 连翘特性及盆景制作技术［J］. 河南农业，2020（1）：25.

［42］李佳衡，张言吉，毛欣欣，等. 生态种植连翘种群构件可塑性及分布格局［J］. 生态学杂志，1-10.

［43］李永，王帆，王淑晨，等. 低温胁迫对连翘幼苗叶片生理特性的影响［J］. 植物科学学报，2023，41（1）：102-111.

［44］王建华，李立颖. 连翘叶片光合速率日变化特征的研究［J］. 林业建设，2018（1）：34-38.

［45］陈虹宇，任子蓓，黄炳旭，等. 不同地域连翘的光合特性研究［J］. 林业与生态科学，2023，38（2）：218-226.

［46］乔永刚，曹亚萍，贾孟君，等. 连翘异型花柱植株花芽生长发育与传粉习性研究［J］. 园艺学报，2020，47（4）：699-707.

［47］张为江，刘文杰，彭凤鸣，等提高连翘结果率的措施［J］. 中药材，1985（6）：10-11.

［48］牛群. 连翘果实的采收期研究［J］. 河北林业科技，2021（4）：24-27.

［49］安维，杨胜亚. 河南省野生连翘生境及其与植物生长发育的关系［J］. 中药研究与信息，2004（4）：30-34+44.

［50］赵海钦. 中条山林区连翘天然资源调查与利用［D］. 山西农业大学，2022.

［51］陈学武. 山西省陵川县野生连翘种群生态分布研究［J］. 山西林业科技，2023，52（4）：19-22.

［52］任宏力，李惠民，周曙东，等. 商洛连翘群落生物多样性调查报告［J］. 陕西农业科学，2015，61（6）：78-80.

［53］王进明，王瑞娜，范圣此. 野生连翘资源调查与分析［J］. 安徽农业科学，

2012, 40（15）：8483-8484+8594.

［54］罗晓铮，董诚明，纪宝玉. 连翘开花结实习性与物候期的观测［J］. 河南农业科学，2009（5）：104-107.

第三章
连翘化学成分与活性

连翘含有多种化合物，如苯乙醇苷类和木脂素类化合物、挥发油等。苯乙醇苷类和木脂素类化合物（如连翘酯苷 A、连翘苷）具有抗炎、抗氧化、抗肿瘤以及抗病毒等多种生物活性，挥发油具有抗菌、抗病毒的作用，黄酮类化合物对心血管疾病有一定的预防和治疗作用，多糖类化合物则对免疫调节具有重要作用。本章对连翘中主要活性成分的化学成分和生物活性进行阐述，为连翘的临床应用和开发提供资料。

第一节　连翘化学成分

连翘的主要化学成分为苯乙醇苷类和木脂素类，除此之外还有多种黄酮类、酚酸等有机酸类、萜类及挥发油类等成分。

一、木脂素类

木脂素是自然界广泛存在的一类植物雌激素，从木质部和树脂中发现较早，且分布较多，故得名木脂素，常见于夹竹桃科、爵床科、马兜铃科等植物中，广泛分布于植物的根、根状茎、茎、叶、花、果实、种子，以及木质部和树脂中，甚至在人和动物的尿液中也有发现。木脂素是由苯丙素单位（$C_6 \sim C_3$）聚合而成的一大类化合物，如图 3-1 所示，多以二聚体的形式存在，少数为三聚体和四聚体，具有多样的结构和广泛的生物活性。

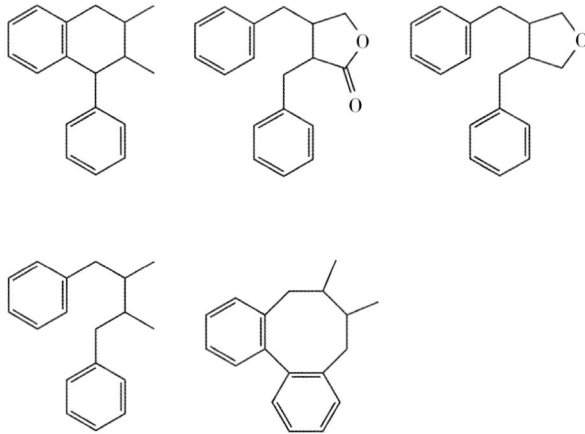

图 3-1　常见的木脂素骨架基本结构

连翘中的木脂素类成分多为双环氧木脂素及内酯，常见的有连翘苷（phillyrin）、连翘脂素（phillygenin）、牛蒡子苷元（arctigenin）、牛蒡子苷（arctiin）等（图 3-2）。木脂素类化合物可以通过抑制炎症相关信号通路，如 NF-κB 信号通路，发挥抗炎效果。其还对多种细菌具有抑制作用，能够影响细菌的代谢酶，改变细胞膜的通透性，从而达到抑菌的目的。不仅如此，木脂素类化合物可改善记忆损伤模型小鼠的记忆能力，具有潜在的神经系统保护作用。表 3-1 为目前连翘中已报道的木脂素类化合物。

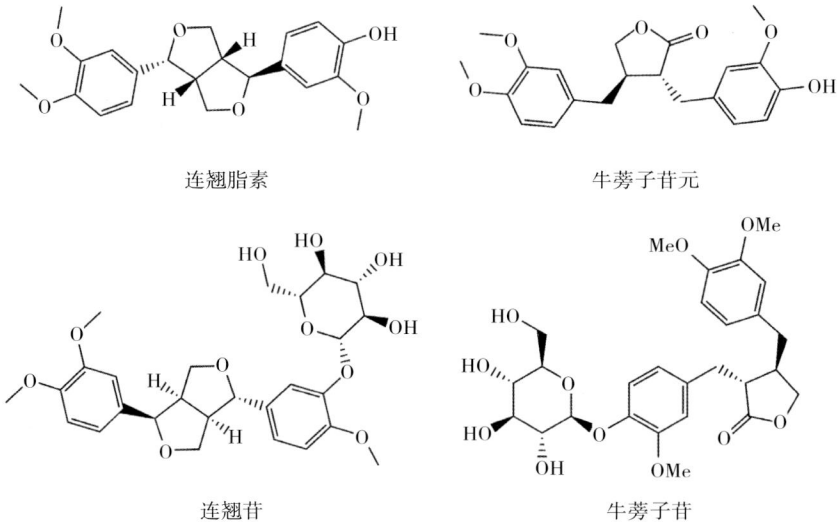

连翘脂素　　　　　　　　　　　　　　牛蒡子苷元

连翘苷　　　　　　　　　　　　　　牛蒡子苷

图 3-2　连翘中的常见木脂素类化合物

表 3-1 连翘中的木脂素类化合物

化合物名称	分子式	相对分子质量
连翘脂素	$C_{21}H_{24}O_6$	372.41
(+)– 松脂醇	$C_{20}H_{22}O_6$	358.39
连翘苷	$C_{27}H_{34}O_{11}$	534.56
(+)– 松脂素单甲基醚 –4-O-β-D- 葡萄糖苷	$C_{27}H_{34}O_{11}$	534.56
(+)–1– 四氢呋喃木脂素	$C_{20}H_{22}O_7$	374.39
(+)–1– 羟基 – 松脂素 –4′-O-β-D- 吡喃葡萄糖苷	$C_{26}H_{32}O_{12}$	536.28
(+)–1– 羟基 – 松脂素 –4″-O-β-D- 吡喃葡萄糖苷	$C_{26}H_{32}O_{12}$	536.28
8– 羟基松脂素	$C_{20}H_{22}O_7$	374.39
松脂醇 –4-O-β-D- 吡喃葡萄糖苷	$C_{26}H_{32}O_{11}$	520.53
(+)– 表松脂素	$C_{20}H_{22}O_6$	358.39
8– 羟基松脂醇	$C_{20}H_{22}O_7$	374.39
(+)–8– 羟基表松脂素 –4-O-β-D- 吡喃葡萄糖苷	$C_{26}H_{32}O_{12}$	536.53
(+)– 表松脂素 –4-O-β-D- 葡萄糖苷	$C_{26}H_{32}O_{11}$	520.53
(+)– 表松脂素 –4′-O-β-D- 葡萄糖苷	$C_{26}H_{32}O_{11}$	520.53
forsythialanside E	$C_{26}H_{32}O_{12}$	536.53
4-O- 去甲基连翘脂素	$C_{13}H_{14}O_5$	250.25
forsythiayanoside A	$C_{27}H_{34}O_{12}$	550.56
forsythialan A	$C_{20}H_{22}O_7$	374.39
forsythialan B	$C_{21}H_{24}O_7$	388.42
牛蒡子苷元	$C_{21}H_{24}O_6$	372.42
牛蒡子苷	$C_{27}H_{34}O_{11}$	534.56
(–)– 罗汉松脂素	$C_{20}H_{22}O_6$	358.39
甲基牛蒡酚	$C_{22}H_{26}O_6$	386.44
(+)– 落叶松脂素	$C_{20}H_{24}O_6$	360.41
橄榄脂素	$C_{20}H_{24}O_7$	376.41
落叶松脂醇 –4-O-β-D- 葡萄糖苷	$C_{26}H_{34}O_{11}$	522.55
落叶松脂醇 –4′-O-β-D- 葡萄糖苷	$C_{26}H_{34}O_{11}$	522.55
forsythialanside A	$C_{27}H_{34}O_{12}$	550.56
苯丁酸	$C_{21}H_{26}O_7$	390.43
forsythiayanoside B	$C_{27}H_{36}O_{12}$	552.57

化合物名称	分子式	相对分子质量
(–)–罗汉松脂苷	$C_{26}H_{32}O_{11}$	520.50
异橄榄脂素	$C_{20}H_{24}O_7$	376.41
异落叶松脂素	$C_{21}H_{26}O_5$	358.43
(–)–裂环异落叶松脂素	$C_{20}H_{26}O_6$	362.42
双环氧连翘内酯	$C_{14}H_{16}O_5$	264.28
rel-(7*R*,8'*R*,8*S*)-forsythialan C	$C_{20}H_{22}O_6$	358.39
rel-(7*R*,8'*R*,8*R*)-forsythialan C	$C_{20}H_{22}O_6$	358.39
forsythialan E	$C_{21}H_{24}O_7$	388.42
forsythialan F	$C_{14}H_{16}O_6$	280.28
wikstronoside B	$C_{26}H_{32}O_{11}$	520.53
forsysesquinorlignan	$C_{24}H_{28}O_{10}$	476.48
松脂素单甲醚	$C_{21}H_{24}O_6$	372.42
表松脂素 –4–*O*–葡萄糖苷	$C_{26}H_{32}O_{11}$	520.19
表松脂素	$C_{20}H_{22}O_6$	358.14
罗汉松脂素	$C_{26}H_{32}O_{11}$	520.19
松脂素 –4–*O*–葡萄糖苷	$C_{26}H_{32}O_{11}$	520.19
松脂素	$C_{20}H_{22}O_6$	358.14
1–羟基松脂醇	$C_{20}H_{22}O_7$	374.14
8–羟基松脂醇	$C_{20}H_{22}O_7$	374.14
8–羟基松脂醇 –4–*O*–葡萄糖苷	$C_{26}H_{32}O_{12}$	536.19
forsythialan C	$C_{20}H_{22}O6$	358.14
四氢呋喃木脂素	$C_{20}H_{22}O_7$	374.14

二、苯乙醇苷类

连翘中的苯乙醇苷类是一类重要的化学成分，具有多样的结构和显著的生物活性，其基本骨架通常由苯乙醇与糖基结合而成，如图 3–3 所示，该结构是连翘属植物的主要标志性成分之一。从连翘中分离得到的苯乙醇苷类化合物已有 30 余种，这些化合物在连翘的不同部位，如叶、果实、茎等均有发现。

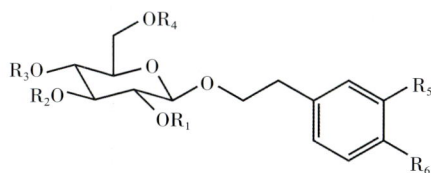

图 3-3　苯乙醇苷类化合物骨架结构

　　苯乙醇苷类成分不仅含量丰富、种类多样，而且具有多种生物活性，包括抗菌、抗炎、抗肿瘤等，这些活性使得苯乙醇苷类成分被认为是连翘中的主要活性成分（图 3-4）。例如，连翘酯苷 A 是 2020 版《中国药典》连翘含量测定的指标性成分，具有显著的抑菌效果，对多种细菌具有抑制作用。此外，连翘酯苷 A 还可通过抑制 NF-κB 和 Nrf 2/HO-1 信号通路的激活，抑制脂多糖诱导的炎症反应。

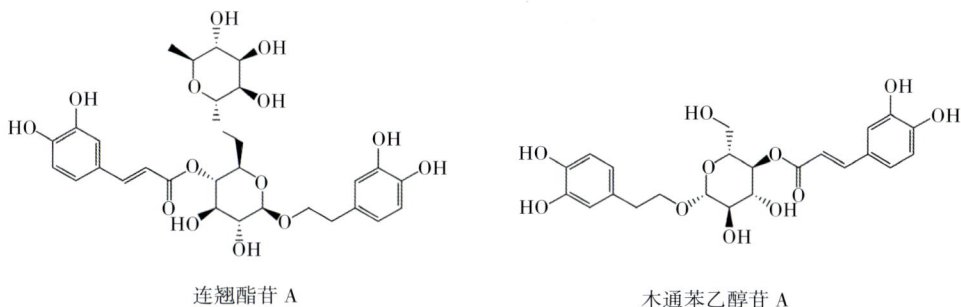

连翘酯苷 A　　　　　　　　　　　　　木通苯乙醇苷 A

图 3-4　连翘中的苯乙醇苷类化合物

　　值得注意的是，连翘中的苯乙醇苷类成分不仅在药理作用上具有重要意义，在质量控制方面也发挥着关键作用。例如，连翘酯苷 A 的含量测定被用于评估连翘药材的质量。此外，连翘中的苯乙醇苷类成分仍待进一步深入研究，以阐明其具体的生物活性机制，并为新药物的开发提供潜在的候选分子。表 3-2 为当前已报道的连翘中所含的苯乙醇苷类化合物。

表 3-2　连翘中的苯乙醇苷类化合物

化合物名称	分子式	相对分子质量
连翘酯苷 A	$C_{29}H_{36}O_{15}$	624.59
连翘酯苷 B	$C_{34}H_{44}O_{19}$	756.71
连翘酯苷 C	$C_{29}H_{36}O_{16}$	640.59
连翘酯苷 D	$C_{20}H_{30}O_{13}$	478.45
连翘酯苷 E	$C_{20}H_{30}O_{12}$	462.45

化合物名称	分子式	相对分子质量
连翘酯苷 F	$C_{34}H_{44}O_{19}$	756.71
连翘酯苷 G	$C_{35}H_{46}O_{19}$	770.73
连翘酯苷 H	$C_{29}H_{36}O_{15}$	624.59
连翘酯苷 I	$C_{29}H_{36}O_{15}$	624.59
连翘酯苷 J	$C_{28}H34O_{15}$	610.57
毛柳苷	$C_{14}H_{20}O_7$	300.31
3,4- 二羟基苯醇 -8-O-β-D- 吡喃葡萄糖苷	$C_{14}H_{20}O_8$	316.31
forsythiayanoside C	$C_{15}H_{22}O_8$	330.33
木通苯乙醇苷 A	$C_{23}H_{26}O_{11}$	478.45
木通苯乙醇苷 B	$C_{23}H_{26}O_{11}$	478.45
连翘新苷 A	$C_{29}H_{36}O_{15}$	624.59
连翘新苷 B	$C_{29}H_{34}O_{15}$	622.58
车前草苷 A	$C_{23}H_{26}O_{11}$	478.45
suspensaside B	$C_{29}H_{36}O_{16}$	640.59
suspensaside A	$C_{29}H_{34}O_{15}$	622.59
forsyoxasides A	$C_{29}H_{34}O_{15}$	622.58
forsyoxasides B	$C_{29}H_{34}O_{15}$	622.58
forsyoxasides C	$C_{29}H_{34}O_{14}$	606.58
forsyoxasides D	$C_{28}H_{32}O_{15}$	608.55
forsyoxasides E	$C_{28}H_{32}O_{15}$	608.55
forsyoxasides F	$C_{23}H_{24}O_{11}$	476.43
suspensaside C	$C_{20}H_{28}O_{12}$	460.43
1′, 2′-[β(3, 4- 二羟基苯基)-α, β- 二氧代乙醇]-6′-O- 咖啡酰基 -O-β-D- 葡萄糖吡喃糖苷	$C_{23}H_{24}O_{11}$	476.43
连翘环己醇苷 H	$C_{29}H_{36}O_{15}$	624.21
云杉苷	$C_{14}H_{18}O_7$	298.11

三、黄酮类

连翘果实、叶、花、籽均含有黄酮类化合物，其中叶的化学成分与果实相似，部分活性成分含量甚至高于果实。黄酮类化合物具有显著的抗氧化和抗炎作用，能有效清除自由基，抑制炎症反应。

从连翘中分离得到的黄酮类化合物中，除橙皮苷为二氢黄酮外，其他 11 个均具有相同的基本骨架，如图 3-5 所示。目前黄酮类化合物的结构修饰主要集中在 C 环 2、3 位，A 环 5、6、7、8 位，B 环 2′、3′、4′ 位，各种不同类型的取代基如卤素、烷（氧）基、芳基、吡啶基、氨基、羧基、磺酸基、磷酸基等，以及其他各种官能团均被引入，以此来丰富其种类和改善其化学性质。

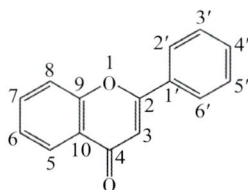

图 3-5　黄酮类化合物骨架结构

目前，已有多项研究对连翘中黄酮及芦丁含量进行测定。不同时期连翘叶和果实中芦丁含量为 7 月叶（0.91%）＞老叶（0.35%）＞果实（0.27%）；王燕等人对不同采摘期连翘叶总黄酮含量进行研究，发现 3 月采摘的刚萌发幼叶总黄酮量最高；以 55% 的乙醇作为提取溶剂，料液比为 1∶10 提取，测得连翘叶总黄酮提取率达 10.79%；采用优化酶辅助超声波法测定的连翘叶总黄酮含量为（26.53±0.68）%；利用液质联用技术能鉴定出连翘中 5 个黄酮类化合物，表 3-3 中列举了当前报道的连翘中所含的黄酮类化合物。

表 3-3　连翘中的黄酮类化合物

化合物名称	分子式	相对分子质量
槲皮素	$C_{15}H_{10}O_7$	302.24
异槲皮素	$C_{21}H_{20}O_{12}$	464.38
芦丁	$C_{27}H_{30}O_{16}$	610.50
山柰酚	$C_{15}H_{10}O_6$	286.24
异鼠李素	$C_{16}H_{12}O_7$	316.27
木犀草素	$C_{15}H_{10}O_6$	286.24

化合物名称	分子式	相对分子质量
紫云英苷	$C_{21}H_{20}O_{11}$	448.38
木犀草苷	$C_{21}H_{20}O_{11}$	448.38
橙皮苷	$C_{28}H_{34}O_{15}$	610.57
金丝桃苷	$C_{21}H_{20}O_{12}$	464.38
黄芪苷	$C_{21}H_{20}O_{11}$	448.10
山奈酚	$C_{15}H_{10}O_6$	286.05
汉黄芩苷	$C_{22}H_{22}O_{10}$	446.12
木犀草素 –7–O– 葡萄糖苷	$C_{21}H_{20}O_{11}$	448.10
车前草苷 A	$C_{23}H_{26}O_{11}$	478.15
塔拉黄酮	$C_{14}H_{12}O_6$	276.06
异野樱素	$C_{22}H_{24}O_{10}$	448.14
槲皮苷	$C_{21}H_{20}O_{11}$	448.10
滨蓟黄苷	$C_{23}H_{24}O_{11}$	476.13
3′,4′,5,7– 四羟基黄酮	$C_{15}H_{10}O_6$	286.05
球松素	$C_{16}H_{14}O_4$	270.09
槲皮素 –3–O–α–L– 鼠李吡喃糖苷	$C_{21}H_{20}O_{11}$	448.10
甘草黄酮 A	$C_{20}H_{20}O_5$	340.13
原儿茶醛	$C_7H_6O_3$	138.03

四、萜类等挥发油类

连翘中的挥发油类成分主要包括萜类化合物、醛类、酮类等，这些化合物具有抗菌、抗炎、抗病毒等作用，对连翘的药理作用也有一定的贡献。连翘籽是连翘果实中挥发油的主要来源，其化学成分组成与果实中挥发性成分基本一致。连翘果实、花、叶、籽等不同部位的挥发油成分具有一定的相似性，但也存在差异，为连翘的综合开发利用提供了新思路。

萜类化合物是由甲戊二羟酸衍生、分子骨架以异戊二烯单元（C5 单元）为基本结构单元的化合物及其衍生物。根据组成骨架的数目可将萜类分为单萜、倍半萜、二萜、三萜等，连翘中的萜类及挥发油成分丰富（图 3-6~ 图 3-10，表 3-4）。

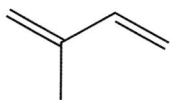

图 3-6　异戊二烯

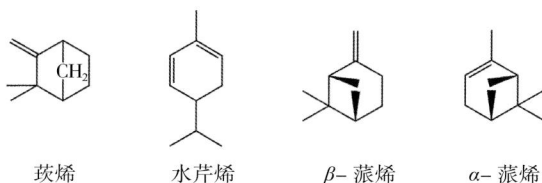

　　茨烯　　　　　水芹烯　　　　β- 蒎烯　　　　α- 蒎烯

图 3-7　单萜类化合物

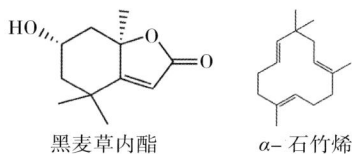

　　黑麦草内酯　　　　α- 石竹烯

图 3-8　倍半萜类化合物

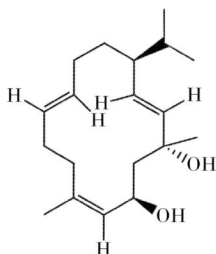

β- 西柏三烯醇

图 3-9　二萜化合物

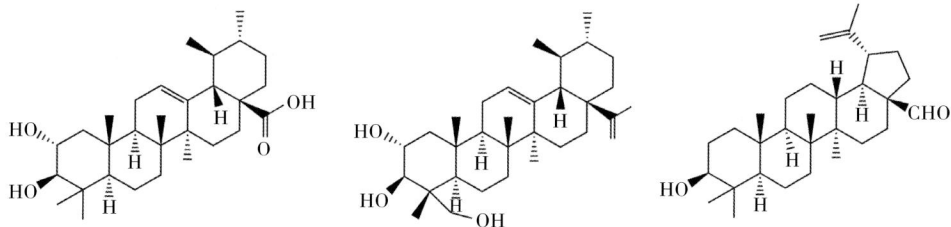

　　科罗索酸　　　　　　积雪草酸　　　　　　白桦脂醛

图 3-10　三萜类化合物

表 3-4　连翘中的萜类等挥发油类化合物

化合物名称	分子式	相对分子质量
α- 蒎烯	$C_{10}H_{16}$	136.24
β- 蒎烯	$C_{10}H_{16}$	136.24
α- 水芹烯	$C_{10}H_{16}$	136.24
β- 水芹烯	$C_{10}H_{16}$	136.24
α- 松油烯	$C_{10}H_{16}$	136.24
γ- 松油烯	$C_{10}H_{16}$	136.24
莰烯	$C_{10}H_{16}$	136.24
香桧烯	$C_{10}H_{16}$	136.24
柠檬烯	$C_{10}H_{16}$	136.24
α- 侧柏烯	$C_{10}H_{16}$	136.24
β- 月桂烯	$C_{10}H_{16}$	136.24
β- 罗勒烯	$C_{10}H_{16}$	136.24
3- 蒈烯	$C_{10}H_{16}$	136.24
对聚伞花烯	$C_{10}H_{14}$	134.22
香叶酸	$C_{10}H_{16}O_2$	168.24
崖柏酮	$C_{10}H_{16}O$	152.24
α- 松油醇	$C_{10}H_{18}O$	154.25
松油烯 -4- 醇	$C_{10}H_{18}O$	154.25
芳樟醇	$C_{10}H_{18}O$	154.25
(-)- 桃金娘烯醛	$C_{10}H_{14}O$	150.22
对伞花烯 -8- 醇	$C_{10}H_{14}O$	150.22
反式 - 香叶醇	$C_{10}H_{16}O$	152.24
樟脑	$C_{10}H_{16}O$	152.24
紫苏醛	$C_{10}H_{14}O$	150.22
香叶醇	$C_{10}H_{18}O$	154.25
夹卡兰酮乙酯	$C_{10}H_{12}O_4$	196.20
去氢吐叶醇	$C_{13}H_{18}O_3$	222.28
乳香醇 C	$C_{10}H_{18}O_2$	170.25
古巴烯	$C_{15}H_{24}$	204.36

化合物名称	分子式	相对分子质量
荜澄茄油烯	$C_{15}H_{24}$	204.36
α-杜松醇	$C_{15}H_{26}O$	222.37
大根香叶烯	$C_{15}H_{24}$	204.36
异香橙烯环氧化物	$C_{15}H_{24}O$	220.36
五福花苷酸	$C_{16}H_{24}O_{10}$	376.36
4,8,13-杜瓦三烯-1,3-二醇	$C_{20}H_{34}O_2$	306.49
雄甾烷醇酮	$C_{20}H_{32}O_2$	304.47
石松酸	$C_{20}H_{32}O_3$	320.47
18-hydroxy-7-oxolabda-8(9),13E-dien-15-oic acid	$C_{20}H_{32}O_4$	336.47
forsypensins A	$C_{20}H_{32}O_4$	336.47
forsypensins B	$C_{20}H_{32}O_4$	336.47
forsypensins C	$C_{20}H_{30}O_5$	350.46
forsypensins D	$C_{20}H_{32}O_4$	336.47
forsypensins E	$C_{20}H_{28}O_5$	348.44
赖百当-8(17),13E-二烯-15,18-二酸 15-甲酯	$C_{21}H_{32}O_4$	348.48
forsythidin A	$C_{20}H_{28}O_4$	332.44
单冠菊酸	$C_{20}H_{28}O_4$	332.44
脱氢松叶酸	$C_{20}H_{30}O_4$	334.46
3β-hydroxy-12,13Z-biforment	$C_{20}H_{34}O$	290.49
19-hydroxylabda-8(17),13Z-dien-15-oic acid	$C_{20}H_{32}O_3$	320.47
18-hydroxylabda-8(17),13E-dien-15-oic acid	$C_{20}H_{32}O_3$	320.47
19-formyllabda-8(17),13E-dien-15-oic acid	$C_{21}H_{32}O_4$	348.48
19-formyllabda-8(17),13Z-dien-15-oic acid	$C_{21}H_{32}O_4$	348.48
赖百当-8(17),13Z-二烯-15,18-二酸	$C_{20}H_{30}O_4$	334.46
熊果酸	$C_{30}H_{48}O_3$	456.71
2α,23-羟基熊果酸	$C_{30}H_{48}O_5$	488.71
齐墩果酸	$C_{30}H_{48}O_3$	456.71
白桦酸	$C_{30}H_{48}O_3$	456.71
枳椇酸	$C_{30}H_{48}O_5$	488.71

化合物名称	分子式	相对分子质量
3β–acetyl–20,25–epoxydammarane–24α–ol	$C_{32}H_{54}O_4$	502.78
3β–acetyl–20,25–epoxydammarane–24β–ol	$C_{32}H_{54}O_4$	502.78
麦珠子酸	$C_{30}H_{48}O_4$	472.71
白桦脂醇	$C_{30}H_{50}O_2$	442.73
松油醇	$C_{20}H_{22}O_6$	358.14
科罗索酸	$C_{30}H_{48}O_4$	472.36
柠檬醛	$C_{10}H_{16}O$	152.12
乙酸降香醇酯	$C_{32}H_{52}O_2$	468.40
积雪草酸	$C_{30}H_{48}O_5$	488.35
23–羟基白桦酸	$C_{30}H_{48}O_4$	472.36
白桦脂酸	$C_{30}H_{48}O_3$	456.36
α–萜品烯	$C_{10}H_{16}$	136.13
γ–萜品烯	$C_{10}H_{16}$	136.13
桧烯	$C_{10}H_{16}$	136.13
月桂烯	$C_{10}H_{16}$	136.13
花侧柏烯	$C_{15}H_{22}$	202.17
β–西柏三烯醇	$C_{20}H_{34}O_2$	306.26
羽扇豆醇乙酯	$C_{32}H_{52}O_2$	468.40
α–石竹烯	$C_{15}H_{24}$	204.19
单吲哚 D	$C_{21}H_{24}N_2S$	336.17
黑麦草内酯	$C_{11}H_{16}O_3$	196.11
isonerylgeraniol–18–oic acid	$C_{20}H_{32}O_3$	320.24
白桦脂醛	$C_{30}H_{46}O_2$	438.35
羽扇豆醇	$C_{30}H_{50}O$	426.39
紫苏醇	$C_{10}H_{16}O$	152.12
大戟二烯醇	$C_{30}H_{50}O$	426.39
白桦脂醇	$C_{30}H_{50}O_2$	442.38
杨梅二醇	$C_{30}H_{50}O_2$	442.38

五、酚酸等有机酸类

连翘中含有多种有机酸，除了罗汉松脂苷、3,4-二甲氧基肉桂酸、阿魏酸、咖啡酸、芥子酸等酚酸外，还富含麦珠子酸、连翘酸和花生四烯酸等有机酸（图3-11）。

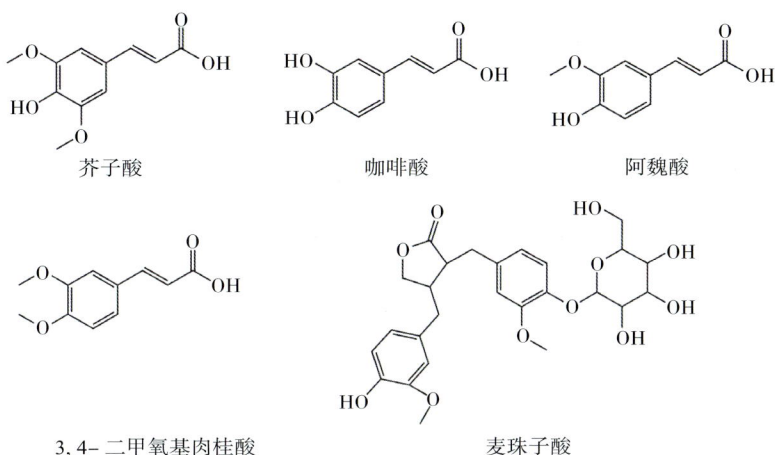

芥子酸　　　　　咖啡酸　　　　　阿魏酸

3,4-二甲氧基肉桂酸　　　　　麦珠子酸

图 3-11　连翘中的酚酸类化合物

连翘中的酚酸类化合物，可以通过大孔吸附树脂、Sephadex LH-20、反相高效液相色谱等色谱技术来分离（表3-5）。连翘中的酚酸类化合物可通过清除自由基维持人体内自由基代谢平衡，具有潜在的抗氧化作用；也能够降低炎症因子的表达，如降低角叉菜胶诱导的炎症模型小鼠血清中肿瘤坏死因子-α（TNF-α）和白细胞介素-6（IL-6）的含量，显示其抗炎活性；还能够抑制癌细胞的复制和促进癌细胞凋亡，具有一定的抗肿瘤效果。

表 3-5　连翘中的酚酸类化合物

化合物名称	分子式	相对分子质量
咖啡酸	$C_9H_8O_4$	180.16
反式香豆酸	$C_9H_8O_3$	164.16
阿魏酸	$C_{10}H_{10}O_4$	194.18
丁香酸	$C_9H_{10}O_5$	198.17
没食子酸	$C_7H_6O_5$	170.12
香草酸	$C_8H_8O_4$	168.15

化合物名称	分子式	相对分子质量
原儿茶酸	$C_7H_6O_4$	154.12
对羟基苯甲酸	$C_7H_6O_3$	138.12
对羟基苯甲醇	$C_7H_8O_2$	124.14
对羟基苯甲醛	$C_7H_6O_2$	122.12
原儿茶醛	$C_7H_6O_3$	138.12
对羟基苯乙醇	$C_8H_{10}O_2$	138.16
对甲氧基苯乙醛	$C_9H_{10}O_2$	150.18
对羟基苯乙酸	$C_8H_8O_3$	152.15
单宁酸	$C_{27}H_{22}O_{18}$	634.46
绿原酸	$C_{16}H_{18}O_9$	354.31
环己甲酸	$C_7H_{12}O_6$	192.06
3-羟基-4-甲氧基苯甲酸	$C_8H_8O_4$	168.04
硬脂酸	$C_{18}H_{36}O_2$	284.27
β-香树脂醇乙酸酯	$C_{32}H_{52}O_2$	468.40
十六烷酸	$C_{16}H_{32}O_2$	256.24
2α,23-羟基熊果酸	$C_{30}H_{48}O_5$	488.35
枳椇酸	$C_{30}H_{48}O_5$	488.35
麦珠子酸	$C_{30}H_{48}O_4$	472.36
亚油酸	$C_{18}H_{32}O_2$	280.24
软脂酸	$C_{16}H_{32}O_2$	256.24
4-胍基丁酸	$C_5H_{11}N_3O_2$	145.09
美格鲁托	$C_6H_{10}O_5$	162.05
奎尼酸	$C_7H_{12}O_6$	192.06
苹果酸	$C_4H_6O_5$	134.02
辛二酸	$C_8H_{14}O_4$	174.09
芥子酸	$C_{11}H_{12}O_5$	224.07
邻羟基苯乙酸	$C_8H_8O_3$	152.05
5-苯基-2,4-戊二烯酸	$C_{11}H_{10}O_2$	174.07
王浆酸	$C_{10}H_{18}O_3$	186.13
棘壳孢酸 C	$C_{13}H_{16}O_4$	236.10

化合物名称	分子式	相对分子质量
阿司匹林	$C_9H_8O_4$	180.04
3- 苯丙酸	$C_9H_{10}O_2$	150.07
E-5-(1,2,4a,5- 四甲基 -7- 氧代 -3,4,8,8a- 四氢 -2H- 萘 -1- 基)-3- 甲基戊 -2- 烯酸	$C_{20}H_{30}O_3$	318.22
5-[5- (乙酰氧基甲基)-1,2,4a- 三甲基 -7- 氧代 -3,4,8,8a- 四氢 -2H- 萘 -1- 基]-3- 甲基戊酸	$C_{22}H_{34}O_5$	378.24
5-[(8a*S*)-2,5,5,8a-tetramethyl-3- 氧代 -4a,6,7,8- 四氢 -4H- 萘 -1- 基]-3- 甲基戊酸	$C_{20}H_{32}O_3$	320.24
14- 甲基十五烷酸	$C_{16}H_{32}O_2$	256.24
花生四烯酸	$C_{20}H_{32}O_2$	304.24
α- 亚麻酸	$C_{18}H_{30}O_2$	278.22
γ- 亚麻酸	$C_{18}H_{30}O_2$	278.22
贝壳杉烯酸	$C_{20}H_{30}O_2$	302.22
反式油酸	$C_{18}H_{34}O_2$	282.26
邻羧基苯甲醛	$C_8H_6O_3$	150.03
胶草酸	$C_{20}H_{32}O_3$	320.24
冠突酸	$C_{18}H_{32}O_3$	296.24
斑鸠菊酸	$C_{18}H_{32}O_3$	296.24
白细胞毒素二醇	$C_{18}H_{34}O_4$	314.25
4- 羟基苯甲酸	$C_7H_6O_3$	138.03
4- 苯基丁酸	$C_{21}H_{26}O_7$	390.17
琥珀酸	$C_4H_6O_4$	118.03

第二节　连翘不同部位的化学成分

目前已经发现239种连翘中的化合物，包括46种木脂素、31种苯乙醇苷、11种黄酮类化合物、80种萜类化合物、22种萜烯类化合物、6种生物碱、4种类固醇类化合物以及39种其他化合物。

一、木脂素类成分

木脂素是连翘的药用成分之一，具有抗炎、抗氧化、抗癌、抗病毒、抗过敏等作用。目前的研究共从连翘中分离出 46 种木脂素，它们被分成 6 组，包括呋喃木脂素、二苄基丁烷、二苄基丁内酯、四氢呋喃、新木脂素和芳基萘烷。其中，两种二苄基丁内酯来自连翘的花，其余来自果实。

1977 年分离出了三种呋喃木脂素，包括 (+)– 品基松香醇、(+)– 菲松香醇和菲林（杨梅素），同年又分离出了 (+)– 品基松香醇单甲醚 –β–D– 葡萄糖苷。2006 年分离并鉴定出 6 种呋喃木脂素，包括 (+)– 埃皮品基松香醇、(+)-1– 羟基 –6– 埃皮品基松香醇、(+)-1– 羟基 –6– 埃皮品基松香醇 –4″–O–β–D– 葡萄糖吡喃糖苷、(+)-1– 羟基松香醇、(+)-1– 羟基松香醇 –4′–O–β–D– 葡萄糖苷和 (+)-1– 羟基松香醇 –4″–O–β–D– 葡萄糖苷。2008 年，发现了 7′– 埃皮 –8– 羟基品基松香醇，2010 年发现了松香醇。2014 年，从青翘中分离出了 6 种呋喃木脂素，包括 (+)-8– 羟基埃皮品基松香醇 –4–O–β–D– 葡萄糖吡喃糖苷、(+)– 埃皮品基松香醇 –4′–O–β–D– 葡萄糖吡喃糖苷、(+)– 埃皮品基松香醇 –4–O–β–D– 葡萄糖吡喃糖苷、菲松香醇苷 E、8– 羟基松香醇和松香醇 –4–O–β–D– 葡萄糖苷。2017 年，在青翘中分离出了 4–O– 去甲基松香醇苷。

1981 年，研究团队在连翘中找到了一种二苄基丁烷类木脂素——苯丁酸，同年又从连翘的花中分离和鉴定了乙烯醇和 (–)– 二甲基木烯生育醇。2011 年发现了风毛菊苷和 (–)– 木烯生育醇苷。

近年来，从关于连翘中化学成分的报道中共发现了 12 种四氢呋喃。早年间，分离出 4 种四氢呋喃，包括橄榄树脂素、(+)– 勒灯木香醇、茉莉木香醇 A 和茉莉木香醇 B，其中茉莉木香苷 A 和茉莉木香苷 B 从青翘分离出。2014 年报道了 4 种四氢呋喃，包括菲松香苷 A、菲松香苷 B、勒灯木香醇 –4′–O–β–D– 葡萄糖苷和勒灯木香醇 –4–O–β–D– 葡萄糖苷。2017 年，在连翘中分离了 rel-(7R,8′R,8S) – 茉莉木香醇 C 和 rel-(7R,8′R,8R)– 茉莉木香醇 C。

2008 和 2014 年共分离和鉴定了 6 种新木脂素，包括雪松素、浆果藤葡萄苷、二氢脱氢二聚芬醇 –4–O–β–D– 葡萄糖苷、茉莉木香苷 C、茉莉木香苷 D 和羚羊角苷 E4。其中，浆果藤葡萄苷来自青翘，其余来自老翘。

此外，在目前的研究中也证实了连翘中存在 4 种芳基萘烷，包括从青翘分离出的异拉西木香醇，从老翘发现的异拉西木香醇 –4–O–β–D– 葡萄糖吡喃糖苷和 (+)– 异橄榄树脂素等。

二、苯乙醇苷类成分

目前，共从连翘中分离和鉴定了 31 种苯乙醇苷类化合物。其中，连翘苷A 和连翘苷 D 最早于 1982 年在连翘果实中鉴定并确认。1984 年，发现连翘苷 E。1998 年，3 种连翘苷，包括连翘苷 I、凋亡草苷 A 和 3,4- 二羟基苯乙醇 -8-O-β-D- 葡萄糖苷也被确认存在。悬钩子苷 A 和悬钩子苷 B 首次于 1999 年从青翘中分离。2006 年，Guo 报道了 R- 连翘苷 J、S- 连翘苷 J、R- 悬钩子苷、S-悬钩子苷和 S- 悬钩子苷甲醚等 5 种连翘苷的分离和鉴定。随后又证实了连翘中存在多种连翘苷，其中连翘苷 B 来源于青翘，连翘苷 F、连翘苷 G、连翘苷H 来自老翘。近年来，连翘中更多的成分也被发现，包括菲信苷 K、车前草苷A、车前草苷 B、悬钩子苷 C、延壳信苷 C、凋亡草苷 C 和连翘苷 C。

三、黄酮类成分

目前，在连翘中分离并鉴定出 11 种黄酮类化合物。1977 年，芦丁首次从连翘中被发现，之后在连翘的花中也发现了该物质。2003 年，证实了芦荟苷 -7-O- 葡萄糖苷存在于连翘中。2010 年，在连翘中分离出橙皮苷和山柰酚 -3- 葡萄糖苷。2014 年，首次从连翘中分离了槲皮素和山柰酚，也有研究证实异鼠李糖苷存在于连翘中。2015 年，发现了 4 种黄酮类衍生物柳橙酮苷存在于连翘中。

四、萜类成分

迄今为止，在连翘中分离并鉴定出 80 种萜类化合物。目前已分离了 39 种三萜类化合物、19 种二萜类化合物和 22 种单萜类化合物。三萜类化合物中包括 30 种五环三萜类化合物和 9 种四环三萜类化合物。五环三萜类化合物被分为 12 种熊果酸类、11 种齐墩果酸类、6 种卢皮烯类和 1 种五环三萜类化合物。四环三萜类化合物包括 8 种龙脑烷类和 1 种甲基羊毛甾烷类化合物。22 种单萜类化合物被分类为 15 种单萜烃和 7 种含氧单萜类化合物。在这些萜类化合物中，部分五环三萜类化合物是从连翘的叶中分离得到的，其余化合物则是从果实中分离得到的。

熊果酸是首次从连翘中分离出来的熊果酸类化合物。悬钩子皂苷 A 于

2001 年被 Rouf 分离出。2α,23– 羟基熊果酸于 2008 年从老翘中发现。2015 年，从连翘的叶中分离出了 4 种熊果酸类成分，它们分别是苦莓苷 F1、四角皂苷Ⅳ、去羟加利果酸和科罗索酸。

1977 年，首次从连翘中分离出齐墩果酸。2014 年，从连翘中分离了 3β–乙酰氧基 –20α– 羟基熊果酸 –28– 酸和 3β– 乙酰基齐墩果酸。在 2015 年报道了从连翘的叶中分离出阿江榄仁苷Ⅰ和阿江榄仁苷Ⅱ。同年，确认连翘的叶中存在 3β– 乙酰氧基 –11– 烯基 – 齐墩 –28,13– 酮、3β– 羟基 –11– 酮 – 齐墩 –12–烯 –28– 酸和悬钩子皂苷 C。此外，在连翘中还发现了 6 种鲁冰花萜类化合物，从老翘中分离出了 2α– 羟基苦杏酸，另外 3 种鲁冰花萜类化合物于 2015 年从连翘的叶中发现，包括枳椇酸、麦珠子酸和苦杏酸。

五、萜烯类成分

连翘中发现了 22 种萜烯类化合物。它们被分为 15 种单萜烯碳氢化合物和 7 种含氧单萜烯类化合物。单萜烯碳氢化合物存在于连翘的挥发油中，包括α– 沙持烯、α– 蒎烯、蔷薇烯、三萜烯、β– 蒎烯、α– 菲兰德烯、α– 松油烃、柠檬烯、β– 菲兰德烯、γ– 松油烃、特品烯、β– 蒽烯、β– 欧西米烯。另外 2种单萜烯碳氢化合物为 (+)– 卡烯和 α– 欧西米烯，是 2014 年发现的。

六、生物碱类成分

从连翘中分离出来 6 种生物碱。其中，悬垂碱 A、(–)–7′–O– 甲基乌头碱、(–)– 乌头碱和 (–)– 比库碱这 4 种化合物来源于青翘；辛烷醇 –1H、5H– 二吡咯［1,2–a:1′,2′–d］吡嗪分离于连翘的种子。

七、类固醇类化合物成分

连翘中发现了 4 种类固醇类化合物，其中（6′–O– 棕榈酰基）– 谷固醇 –3–O–β–D– 葡萄糖苷是从连翘中分离出来的，β– 瑞香甾醇和 β– 谷固醇是从老翘中分离出来的，甾体 –4– 烯 –3– 酮是从连翘的叶子中分离出来的。

八、其他化合物成分

从连翘中还分离鉴定出 39 种其他化合物。6 种化合物来自青翘，其余都发现于老翘。其中，4- 咖啡酰槲皮素糖苷于 1984 年在老翘中被分离出。1998 年，在老翘中分离了对羟基苯乙酸、咖啡酸、香草酸、琥珀酸和悬钩子酸，同时也分离和鉴定了棕榈酸。硬脂酸于 1999 年在老翘中发现。4- 甲氧基咖啡酸于 2009 年从老翘中被分离。绿原酸于 2010 年从老翘中发现。在 2014 年老翘中还发现了延胡索素和连翘苷 L。在 2015 年报道了从连翘的叶子中分离和鉴定了 E- 咖啡酸甲酯、原儿茶酸和 1-O- 香豆酰 -β-D- 葡萄糖苷。

总的来说，老翘、青翘以及叶片在化学成分上存在着差异，这为它们在不同领域的应用提供了科学依据和合理支撑。对于医药、保健品等行业而言，深入研究和充分利用这些差异将有助于更好地发挥连翘这一植物资源的独特价值和潜力。

第三节　连翘生物活性

连翘，在传统文献中被描述为味苦，性微寒，入肺、心、小肠经，具有清热解毒、消肿散结、疏散风热等功效。现代药理研究也表明，连翘具有抗炎、抑菌、抗病毒等多种生物活性，使得连翘可用于痈疽、瘰疬、风热感冒、温病初起、高热烦渴、神昏发斑、热淋涩痛等多种疾病。目前，已从连翘中分离并鉴定出逾 230 种化合物，其中有 211 种源自果实，这些成分表现出抗炎、抗氧化、抗菌、抗病毒、抗癌、抗过敏等多重作用。尽管有文献报道有些化合物如连翘苷稍显毒性，但尚未有关于连翘果本身的毒性报告。

一、抗炎

连翘因其抗炎活性而具有清热功能。炎症反应是对感染、过敏或化学刺激的生理回应，在慢性疾病如皮肤病、过敏和癌症中扮演重要角色。连翘作为一种拥有强大抗炎特性的中药，广泛用于慢性和急性炎症治疗。在 81 种中药的抗炎测试中，连翘提取物（70% 乙醇）位列前五，其中包括挥发油、黄酮类、二萜类化合物、连翘苷和连翘酯苷 A 等抗炎因子。通常情况下，连翘提取物通过抑制 NF-κB 等主要转录因子、TNF-α 等促炎因子、细胞间黏附分子，以及 iNOS 和 COX2 等促炎介质的表达发挥抗炎作用。

从连翘中提取的二萜类化合物被发现能抑制巨噬细胞释放的 NO，展现出强力的抗炎作用。黄酮类化合物也是连翘抗炎的主要因素之一，包括芦丁、山奈酚、紫云英苷等。已有研究发现，总黄酮含量越高，其活性越强。其抗炎作用机制是，连翘提取物通过促进 M2 型巨噬细胞表达并抑制细胞凋亡，抑制 LPS 诱导的 RAW264.7 细胞炎症反应。连翘苷是传统中药连翘的果实提取物，现代研究表明其具有抗菌、抗病毒、抗氧化、抗炎的生理作用，可降低 p38MAPK 磷酸化，抑制牙周炎症及破骨细胞活化，还可抑制 NF-κB 信号活化，减轻骨关节炎大鼠软组织损伤和基质降解。连翘酯苷 A 也可通过抑制 PI3K/Akt 信号通路、激活 Nrf2/HO-1 信号通路发挥其对 LPS 诱导的 RAW264.7 细胞炎症和氧化反应的保护作用。因此，连翘酯苷 A 可能具有治疗由巨噬细胞过度活化引起的炎性和氧化性疾病的潜力。

Prieto 等人揭示了连翘乙醇提取物对慢性炎症的抑制作用。Kim 等人检测了连翘水提取物在体内和体外对肥大细胞介导的过敏炎症的抗炎活性。例如，在体内受到化合物 48/80 刺激的小鼠中，提取物（100mg/kg）能缓解血管通透性和水肿；在体外大鼠腹膜肥大细胞中，它的（0.01mg/ml、0.1mg/ml 和 1.0mg/ml）剂量依赖性地减少了由化合物 48/80 诱导的组胺形成（抑制率分别为 20.74%、50.25% 和 72.05%）。Ozaki 等人评估了连翘 70% 甲醇提取物和 n-己烷分馏物在小鼠体内的抗炎作用，发现其能抑制体内乙酸引起的血管通透性和蠕动症状、体内卡拉胶刺激的爪水肿、棉球刺激的肉芽肿生成。在 12-O-十四碳酸酯（TPA）急性耳水肿试验中，该植物的 50% 乙醇提取物（每只耳0.5mg）在体内抑制了 TPA 诱导的急性水肿 88%。

综上所述，连翘提取物能够抑制炎症介质的释放，如调节炎症因子的产生和调节炎性相关通路，从而减少炎症反应。此外临床试验也支持连翘在治疗炎症相关疾病中的应用潜力。连翘作为抗炎药物的研究显示出其显著的潜力和广阔的应用前景。

二、抑菌

连翘具有抑菌的生物活性，其抑菌活性有助于其解毒作用。连翘是一种广谱抗菌药物，主要用于治疗上呼吸道感染和急性肾炎。Kuang 等的研究结果表明，咖啡酚类苯乙醇苷 – 连翘苷和异连翘苷是连翘的主要抗菌成分。近年来，研究集中于探究连翘中起抑菌作用的化学成分和不同产地连翘抑菌能力。姜涛等研究报道连翘中的咖啡酸、连翘酯苷 A、连翘苷和连翘脂素与金黄色葡萄球抑菌活性之间存在密切的关联性。连翘苷和异连翘苷对大肠埃希菌、铜绿假单胞菌和金黄色葡萄球菌均有体外抑制作用。连翘草苷 B 和连翘合苷 H 对体外常见的 4 种细菌，包括百日咳杆菌（*B. vulgare*）、芽孢杆菌（*A. bacillus*）、肺炎支原体（*M. pneumonia*）和志贺氏杆菌（*B. dysenteriae*）均有较强的抑制作用。姜醒等分离了连翘中的三种苯乙醇苷类化学成分，均具有抑制金黄色葡萄球菌生长的作用。不同产地的连翘中，属山西产的道地连翘抑菌活性最优。还有研究发现，连翘除了对金黄色葡萄球菌有抑制作用之外，也可有效抑制链格孢菌的生长，还可以用于冬枣的保鲜。

综上，连翘提取物含有的多种活性成分，对多种细菌表现出显著的抑制效果，能有效抑制细菌的生长，显示出其在抗菌药物开发和食品工业应用中的重要潜力。说明连翘不仅在传统草药应用中显示出抑菌效果，在现代科学研究中也得到了充分验证，为其作为抗菌药物或抗菌剂的开发提供了理论依据和实验基础。

三、抗病毒

《本草纲目》《神农本草经》《证类本草》中均有记载，连翘具有清热解毒、消肿散结和疏散风热等功效。大量研究发现，连翘及其有效成分对多种病毒性疾病具有较好的治疗作用，如抗流感病毒、抗冠状病毒、抗疱疹病毒、抗呼吸道合胞病毒等。

连翘提取物中主要生物活性成分连翘苷具有较强的抗菌作用。郭健敏等研究发现连翘苷可以通过减少炎症因子发挥抗呼吸道病毒的作用，明显改善肺组织病变。还有研究表明，连翘苷可改善由甲型流感病毒引发的小鼠急性肺损伤，降低炎性因子表达，表现出良好的抗病毒活性。

连翘酯苷 A 有很强的抗传染性支气管炎病毒活性，可能与连翘酯苷 A 激活细胞内受体和抗病毒基因有关。

连翘的抗病毒活性也有助于其解毒效果。连续 3 日连翘苷 20mg/（kg·d）治疗能显著延长受 H1N1 刺激小鼠的平均存活时间，减轻肺组织损伤并降低肺指数（肺重 / 小鼠重）；此外，还减少了病毒滴度、IL-6 和流感血凝素的产生。在其他研究中也发现，连翘苷抑制了体外 IBV 的传染性。张彤等评估了连翘对

RSV 的抗病毒作用，它们的 EC50 和 MIC 值分别为 0.010mg/ml 和 0.042mg/ml。在体外 H1N1 感染的 A549 细胞中，Ko 等测试了 95% 乙醇、50% 乙醇和水提取物对调节活化正常 T 细胞表达和分泌（RANTES）和巨噬细胞趋化蛋白 -1（MCP-1）的干预作用。这 3 种提取物在体外抑制了 RANTES 的产生，95% 乙醇提取物在高剂量（0.2mg/ml）下减少了 MCP-1 的分泌，但在低剂量（0.02mg/ml）下增加了分泌。连翘的 95% 乙醇提取物也在 H1N1 感染的 A549 细胞中抑制了 RANTES 的释放（IC50=0.048mg/ml）。

以上研究显示，连翘提取物对多种病毒均展现出不同程度的抑制效果，显示出其在多种疾病，尤其是呼吸道疾病防治中的潜力，但具体机制仍需进一步研究阐明。总体而言，连翘作为抗病毒药物的研究展示了其可能成为未来抗病毒治疗的一部分，为开发新型药物或治疗策略提供了有益的启示。

四、抗氧化

连翘的抗氧化作用有助于其清热效果。氧自由基激活核因子（NF-κB 或 AP-1），核因子促进细胞因子的产生，然后内皮细胞被激活，导致炎症介质和黏附分子的合成。

有研究比较了连翘不同部位的抗氧化活性，结果为：果实＞种子＞花＞皮＝叶＞根＞果壳＞枝。木脂素可保护 HDL 和 LDL 免受脂质过氧化。在 TBARS 实验中，8 种木脂素（8- 羟基环氧树脂醇、茶树素、7'- 环氧 -8- 羟基环氧树脂醇、松脂醇、松脂醇、橄榄木素和雪松素）显示出对 HDL 抗脂质过氧化的有益作用，说明酚基团具有较强的抗氧化作用。黄春阳等利用乙酸乙酯制备连翘提取物，证明了提取物的强抗氧化能力。除此之外，连翘中的总黄酮、总酚、多糖都具备抗氧化能力。连翘酯苷属咖啡酸衍生物，与天然抗氧化剂迷迭香酸在结构上非常相似，研究证明连翘酯苷对 DPPH 自由基、ABTS 自由基、O_2^- 自由基均具有较好的清除能力，是连翘叶发挥抗氧化活性的主要药效物质。连翘提取物也可以有效减缓因运动造成的体内细胞氧化伤害、肌肉损伤以及抗氧化能力降低。在雄性 SD 大鼠体内，连翘提取物对 diquat 引起的氧化应激的保护作用强于维生素 C，说明它可以上调 SOD、GSH-px 和 GSH 的产生，降低 MDA 的水平。此外，连翘的乙酸乙酯提取物在链脲霉素诱导的糖尿病小鼠体内也显示出降血糖和降血脂作用，这种抑制作用在一定程度上缓解了小鼠体内的氧化应激。

连翘提取物同样具有抗氧化作用。通过对大鼠肝微粒体中酶促和非酶促脂质过氧化的研究发现，连翘乙醇提取物对 Fe^{2+}/抗坏血酸（IC50=0.024mg/ml）和 CCl_4/NADPH（IC50=0.016mg/ml）具有体外抑制作用；此外，该提取物还在体外显示了超氧自由基清除能力（IC50=0.011mg/ml）。而青翘 50% 甲醇提取物（IC50=0.063mg/ml）比老翘（IC50=1.207mg/ml）具有更强的 DPPH 和羟自由基清除效果。连翘精油（2mg/ml）在体外 β- 胡萝卜素 / 亚油酸漂白实验中抑制了 63.56% 的氧化。连翘的 CH_2Cl_2 提取物在体外表现出最高的抗氧化能力，在雄性 Sprague Dawley 大鼠中，连翘（100mg/kg）降低了 MDA 水平。

连翘提取物富含的多种活性成分能有效中和自由基并保护细胞免受氧化应激损伤，不仅能够减少氧化损伤引发的细胞死亡，还可能在预防慢性疾病如心血管病和癌症中发挥重要作用。这些发现支持了连翘作为天然抗氧化剂的潜力，为其在保健品和药物开发领域的应用提供了科学依据。

五、毒性

连翘作为传统中药，尚未有关于其用药安全风险的报道，一般认为其低毒或者无毒，有极高的临床应用价值。关于连翘提取物的生物安全性方面的研究也都未见毒性风险。王玲等探究了连翘苷对大鼠亚慢性毒性作用，未观察到连翘苷对 SD 大鼠有明显的亚慢性毒性作用。对于连翘提取物的急性毒性研究也证明连翘提取物无明显毒性。在对连翘主要活性成分连翘酯苷的致畸性研究中，未发现其有明显的母体毒性和致畸作用，也无明显的胚胎毒性和胎儿毒性。

综上，连翘在正常剂量下的使用一般被认为是安全的。然而，像任何药物一样，长期大量或过量使用可能导致不良反应，如消化不良或皮肤过敏。因此，合理控制剂量和在医生指导下使用连翘，可以确保其安全性和有效性，进一步支持其作为安全草药的应用前景。

参考文献

［1］郭铁英，李名扬. 木脂素类化合物的研究进展［J］. 现代农业科技，2008（9）：199-201+203.

［2］张国良，李娜，林黎琳，等. 木脂素类化合物生物活性研究进展［J］. 中国中药杂志，2007（20）：2089-2094.

［3］程丽姣，丁羽佳，翟永功，等.119植物中新的木脂素类化合物及其生物活性［J］.国外医药（植物药分册），2006（3）：93-100.

［4］宋建平，张立伟.连翘木脂素研究进展［J］.文山学院学报，2019，32（6）：28-34.

［5］郭笑，叶玉洁，宋昆，等.五味子木脂素改善衰老小鼠学习记忆能力的机制［J］.中国实验方剂学杂志，2020，26（14）：85-91.

［6］李玟玟，王欢欢，黄莉莉.五味子木脂素对睡眠剥夺大鼠学习记忆功能的影响［C］.中国睡眠研究会第十四届全国学术年会论文汇编.黑龙江中医药大学药学院，2022：1.

［7］Jiao J，Fu YJ，Zu YG，et al. Enzyme-assisted microwave hydro-distillation essential oil from Fructus forsythia，chemical constituents，and its antimicrobial and antioxidant activities［J］.Food Chemistry，2012，134（1）：235-243.

［8］Yang J，Wei H，Teng X，et al. Dynamic ultrasonic nebulisation extraction coupled with headspace ionic liquid-based single-drop microextraction for the analysis of the essential oil in *Forsythia suspensa*［J］.Phytochemical Analysis：PCA，2014，25（2）：178-184.

［9］白昀川，马贝娜，宋萍，等.连翘挥发油的生物酶辅助提取工艺优化、成分分析及体外抗氧化研究［J］.华西药学杂志，2023，38（1）：70-74.

［10］巩丽丽，蒋海强，张宏萌，等.气相色谱-质谱联用对连翘挥发性成分的分析［J］.山东中医药大学学报，2015，39（3）：256-257+276.

［11］邱智军，原江锋，龚明贵.中国不同地区连翘精油成分比较分析［J］.天然产物研究与开发，2023，35（10）：1739-1746.

［12］孙迎娜，班书贤，王瑞明，等.青翘与老翘挥发油化学成分的比较研究［J］.中国药房，2016，27（15）：2087-2090.

［13］王鹏，张忠义，吴惠勤.超临界CO_2萃取连翘挥发油的正交试验和GC-MS分析［J］.分析测试学报，2002（4）：34-37.

［14］王书莉.连翘产地加工工艺及化学活性成分分析［D］.河南中医药大学，2017.

［15］徐小娜，蒋军辉，谢志鹏，等.气相色谱-质谱联用技术结合直观推导式演进特征投影法分析药对栀子-连翘及其单味药的挥发油成分［J］.中国卫生检验杂志，2016，26（13）：1843-1846.

［16］徐小娜，蒋军辉，于军晖，等.基于GC-MS结合HELP法的药对金银花-连翘及其单味药挥发性化学成分分析［J］.南昌工程学院学报，2016，35（1）：6-10.

［17］薛景，王英爱，贾献慧，等.苯乙醇苷类化合物的分类及研究进展［J］.药学研究，2018，37（5）：282-290.

［18］卫倩，李萍，吴桐，等. 连翘中苯乙醇苷类成分的研究进展［J］. 中国临床药理学杂志，2018，34（20）：2481-2485.

［19］唐赫鹏，车楠，刘函晔，等. 连翘酯苷A通过抑制PI3K/Akt通路并激活Nrf2/HO-1通路抑制LPS诱导的炎症及氧化应激［J］. 免疫学杂志，2021，37（5）：390-396.

［20］钟建青，李波，贾琦，等. 天然黄酮类化合物及其衍生物的构效关系研究进展［J］. 药学学报，2011，46（6）：622-630.

［21］张建红，黄亚亚，李发荣，等. 连翘叶总黄酮提取工艺的研究［J］. 陕西林业科技，2005（4）：4-6.

［22］王金梅，高健，郅妙利，等. HPLC法测定连翘中叶、茎、果实等不同部位芦丁的含量［J］. 河南大学学报（医学版），2007（4）：23-25.

［23］王燕. 连翘不同部位和不同生长时期连翘叶抗氧化作用的比较与评价［D］. 河北医科大学，2011.

［24］吴艳芳，王新胜，尹延彦，等. 超声辅助提取连翘总黄酮工艺优选［J］. 中国实验方剂学杂志，2011，17（14）：30-32.

［25］张晨曦，刘素香，赵艳敏，等. 基于液质联用技术的连翘化学成分分析［J］. 中草药，2016，47（12）：2053-2060.

［26］刘畅，温静，阎新佳，等. 连翘中酚酸类成分的研究进展［J］. 中国药房，2020，31（12）：1516-1522.

［27］Nishibe S, Chiba M, Hisada S. Studies on the Chinese crude drug "Forsythiae fructus." I. on the constituents of Forsythiae fructus on the market［J］. Yakugaku Zasshi，1997：1134-1137.

［28］Liu DL, Xu SX, Li HQ, et al. Lignan glycosides of *Forsythia suspensa* Vahl［J］. Shenyang Pharmaceutical University，1997（3）：43-45.

［29］Guo H. Studies on the Chemical Constituents of *Forsythia suspensa*［D］. Shannxi Normal University，2006.

［30］Chang MJ, Hung TM, Min BS, et al. Lignans from the fruits of *Forsythia suspensa*（Thunb.）Vahl. protect high-density lipoprotein during oxidative stress［J］. Bioscience Biotechnology Biochemistry，2008（72）：2750-2755.

［31］Xue J, Xie L, Liu BR, et al. Triterpenoids from the fruits of *Forsythia suspensa*［J］. Journal of Natural Medicines，2010（8）：414-418.

［32］Yan XJ, Peng Y, Liu ZX, et al. Three new lignan glycosides from the fruits of *Forsythia suspense*［J］. Journal of Asian Natural Products Research，2014（17）：12651-12656.

［33］Li C, Dai Y, Duan YH, et al. A new lignan glycoside from *Forsythia suspensa*［J］.

Chinese Journal of Natural Medicines, 2014 (12): 697–699.

[34] Li C, Dai Y, Zhang SX, et al. Quinoid glycosides from *Forsythia suspensa* [J]. Phytochemistry, 2014 (104): 105–113.

[35] Kuo PC, Hung HY, Nian CW, et al. Chemical constituents and anti-inflammatory principles from the fruits of *Forsythia suspensa* [J]. Journal Natural Products, 2017, 80 (4): 1055–1064.

[36] Takizawa Y, Suzuki E, Mitsuhashi T. Studies on naturally occuring antioxidant (ĉ): isolation and determination of natural phenolic antioxidants from *Forsythia suspensa* Vahl [J]. Bull Tokyo Gakugei University, 1981 (33): 119–123.

[37] Piao XL, Jang MH, Cui J, et al. Lignans from the fruits of *Forsythia suspensa* [J]. Bioorganic Medicinal Chemistry Letters, 2008, 18 (6): 1980–1984.

[38] Kuang HX, Xia YG, Yang BY, et al. A new caffeoyl phenylethanoid glycoside from the unripe fruits of *Forsythia suspensa* [J]. Chinese Journal of Natural Medicines, 2009 (7): 278–282.

[39] Feng WS, Li KK, Zheng, XK, Studies on chemical constituents in *Forsythia suspensa* (Thunb.)Vahl [J]. Chinese Pharmaceutical Journal, 2009 (7): 490–492.

[40] Bai Y, Li J, Liu W, et al. Pharmacokinetic of 5 components after oral administration of Fructus Forsythiae by HPLC–MS/MS and the effects of harvest time and administration times [J]. Journal of Chromatogrphy, 2015: 993–994.

[41] Kicel A, Owczarek A, Michel P, et al. Application of HPCCC, UHPLC–PDA–ESI–MS3, and HPLC–PDA methods for rapid, one-step preparative separation and quantification of rutin in *Forsythia*, flowers [J]. Industrial Crops of Products, 2015 (76): 86–94.

[42] Cui Y, Wang Q, Shi X, et al. Simultaneous quantification of 14 bioactive constituents in *Forsythia suspensa* by liquid chromatography–electrospray ionisation–mass spectrometry [J]. Phytochemical Analysis, 2010 (21): 253–260.

[43] Kuo PC, Chen GF, Yang ML, et al. Chemical constituents from the fruits of *Forsythia suspensa* and their antimicrobial activity [J]. BioMed Research International, 2014: 79.

[44] Zhang F, Yang YN, Song XY, et al. Forsythoneosides A–D, neuroprotective phenethanoid and flavone glycoside heterodimers from the fruits of *Forsythia suspensa* [J]. Journal of Natural Products, 2015 (78): 2390–2397.

[45] Rouf AS, Ozaki Y, Rashid MA, et al. Dammarane derivatives from the dried fruits of *Forsythia suspensa* [J]. Phytochemistry, 2001 (56): 815–818.

[46] Fang Y, Zou GA, Liu Y, et al. Chemical constituents from *Forsythia suspensa* (Thunb.) Vahl [J]. Chinese Journal of Natural Medicines, 2008 (3): 235–236.

[47] Ge Y, Wang Y, Chen P, et al. Polyhydroxytriterpenoids and phenolic constituents from *Forsythia suspensa* (Thunb.) Vahl leaves [J]. Journal of Agricultural and Food Chemistry, 2015 (64): 125-131.

[48] Nishibe S, Chiba M, Hisada S, et al. Studies on the Chinese crude drug "Forsythiae fructus." II: comparative examination on lignan glucosides of *Forsythia* fruits of the original plants listed in the Japanese Pharmacopoeia ed [J]. The Japanese Journal of Pharmacology, 1977 (31): 131-135.

[49] Zhang Q, Lu Z, Li X, et al. Triterpenoids and steroids from the leaves of *Forsythia suspensa* [J]. Chemistry of Natural Compounds, 2015 (51): 178-180.

[50] Dai S J, Ren Y, Shen L, et al. New alkaloids from *Forsythia suspensa* and their anti-inflammatory activities [J]. Planta Medica, 2009 (75): 375-377.

[51] Cai Q, Liu YQ, Feng X, et al. Studies on chemical constituents from seed of *Forsythia suspensa* [J]. Journal of Chinese Medicinal Materials, 2009 (11): 1691-1693.

[52] Ming DS, Yu DQ, Yu SS, et al. A new furofuran monolactone from *Forsythia suspensa* [J]. Journal of Asian Natural Products Research, 1999 (1): 221-226.

[53] Wu YF, Wang XS, Yuan YL, et al. Studies on the chemical constituents of *Forsythia suspensa* (Thunb.) Vahl [J]. Chinese Traditional and Herbal Drugs, 2013 (15): 2052-2054.

[54] Endo K, Hikino H. Structures of rengyol, rengyoxide and rengyolone, new cyclohexylethane, derivatives from *Forsythia suspensa* fruits [J]. Canadian Journal of Chemistry, 1984 (62): 2011-2014.

[55] Ming DS. Studies on the chemical constituents and pharmacological activities on *Forsythia suspensa* and *Valeriana jatamansi* Jones [D]. Peking Union Medical College, 1998.

[56] Ming DS, Yu DQ, Yu SS. New quinoid glycosides from *Forsythia suspensa* [J]. Journal of Natural Products, 1998 (61): 377-379.

[57] Chen YJ, Xiang J, Xu MJ, et al. Studies on chemical constituents of *Forsythia suspensa* (Thunb.) Vahl[J]. China Journal of Chinese Materia Medica, 1999(5): 40-63.

[58] Wang Z, Xia Q, Liu X, et al. 2018. Phytochemistry, pharmacology, quality control and future research of *Forsythia suspensa* (Thunb.) Vahl: A review [J]. Journal of Ethnopharmacology, 2017.

[59] Guo YP, Lin LG, Wang Y, et al. Chemistry and pharmacology of the herb pair flos Lonicerae japonicae-Forsythiae fructus [J]. Chinese Medicine, 2015 (10): 16.

［60］ Lee S, Shin S, Kim H, et al. Anti-inflammatory function of arctiin by inhibiting COX-2 expression via NF-κB pathways ［J］. Journal of Inflammation, 2011（8）: 321-324.

［61］ Chen CL, Zhang DD. Anti-inflammatory effects of 81 Chinese herb extracts and their correlation with the characteristics of traditional Chinese medicine ［J］. Evidence-Based Complementary and Alternative Medicine, 2014（1）: 985176.

［62］ Pan MH, Chiou YS, Tsai M L, et al. Anti-inflammatory activity of traditional Chinese medicinal herbs ［J］. Journal of Traditional and Complementary Medicine, 2011（1）: 8-24.

［63］ 夏丽, 韩竹箴, 田童, 等. 连翘的化学成分及抗炎活性研究［J］. 上海中医药杂志, 2019, 53（4）: 85-92.

［64］ 赵慧, 杜会枝. 低共熔溶剂提取连翘不同部位总黄酮及抗炎抗氧化活性研究［J］. 山西大学学报（自然科学版）, 2023, 46（3）: 689-698.

［65］ 罗福龙, 李文举, 吴小会, 等. 连翘提取物通过调节巨噬细胞凋亡和极化抑制 LPS 诱导的炎症作用［J］. 中国比较医学杂志, 2022, 32（7）: 18-26.

［66］ 王海滨, 李平, 张志刚, 等. 连翘苷调节 MAPK/NF-κB/NLRP3 信号通路对膝骨性关节炎大鼠软骨损伤的影响［J］. 国际检验医学杂志, 2023, 44（15）: 1902-1907.

［67］ 苏朵朵, 马蓓, 丁泽, 等. 连翘酯苷 A 负调控 HMGB1 的表达抑制 bEECs 炎性损伤作用研究［J］. 塔里木大学学报, 2024, 36（1）: 22-27.

［68］ 唐赫鹏, 车楠, 刘函晔, 等. 连翘酯苷 A 通过抑制 PI3K/Akt 通路并激活 Nrf2/HO-1 通路抑制 LPS 诱导的炎症及氧化应激［J］. 免疫学杂志, 2021, 37（5）: 390-396.

［69］ Prieto JM, Recio MC, Giner RM, et al. Influence of traditional Chinese anti-inflammatory medicinal plants on leukocyte and platelet functions ［J］. Journal of Pharmacy and Pharmacology, 2003（55）: 1275-1282.

［70］ Kim MS, Na HJ, Han SW, et al. Forsythia fructus inhibits the mast-cell-mediated allergic inflammatory reactions ［J］. Inflammation, 2003（27）: 129-135.

［71］ Ozaki Y, Rui J, Tang Y, et al. Antiinflammatory effect of *Forsythia suspensa* Vahl and its active principle ［J］. Biological and Pharmaceutical Bulletin, 2000（23）: 365-367.

［72］ Cuéllar MJ, Giner RM, Recio MC, et al. Screening of antiinflammatory medicinal plants used in traditional medicine against skin diseases ［J］. Phytotherapy Research, 1998（12）: 18-23.

［73］ 姜涛, 张立伟. 连翘抗菌—谱效关系研究［J］. 化学研究与应用, 2015, 27

（3）：256-261.

［74］Qu H，Zhang Y，Wang Y，et al. Antioxidant and antibacterial activity of two compounds（forsythiaside and forsythin）isolated from *Forsythia suspensa*［J］. Journal of Pharmacy and Pharmacology，2008（60）：261-266.

［75］Kuang HX，Xia YG，Liang J，et al. Lianqiaoxinoside B，anovel caffeoyl phenylethanoid glycoside from *Forsythia suspensa*［J］. Molecules，2011（16）：5674-5681.

［76］姜醒，鲁丽敏，张春蕾，等. 连翘中具有抗菌活性的苯乙醇苷类化学成分研究［J］. 中国现代中药，2017，19（5）：642-647.

［77］魏珊，吴婷，李敏，等. 不同产地连翘挥发油主要成分分析及抗菌活性研究［J］. 中国实验方剂学杂志，2016，22（4）：69-74.

［78］陈瑾，谭丽媛，张淑蓉，等. 不同产地连翘主要成分分析及抗菌作用研究［J］. 时珍国医国药，2018，29（2）：427-430.

［79］冯云芳，冯志宏，张新宪，等. 连翘生物保鲜剂对冬枣采后链格孢菌的抑菌机制［J］. 食品与发酵工业，1-12.

［80］罗旋，王薇，胡本祥，等. 连翘抗病毒作用文献研究［J］. 陕西中医药大学学报，2022，45（6）：28-33.

［81］郭健敏，富力，秦丽莉，等. 连翘苷体内外抗病毒及解热作用机制［J］. 中国药理学通报，2022，38（8）：1170-1175.

［82］褚佳琪，陈刚，王祎琳，等. 连翘苷对H1N1病毒株感染小鼠的作用［J］. 医学研究杂志，2023，52（6）：175-178+107.

［83］张彤，刘蓓桦，杨晓炼，等. 连翘酯苷A对IBV感染细胞内受体和抗病毒基因表达的影响［J］. 北京农学院学报，2017，32（1）：37-42.

［84］Qu XY，Li QJ，Zhang HM，et al. Protective effects of phillyrin against influenza A virus in vivo.［J］. Archives of Pharmacal Research，2016（39）：998-1005.

［85］Li H，Wu J，Zhang Z，et al. Forsythoside A inhibits the avian infectious bronchitis virus in cell culture.［J］. Phytotherapy Research，2011（25）：338-342.

［86］Zhang GG，Song SJ，Ren J，et al. A new compound from *Forsythia suspensa*（Thunb.）Vahl with antiviral effect on RSV［J］. Journal Of Herbal Pharmacotherapy，2002（2）：35-40.

［87］Ko HC，Wei BL，Chiou WF，et al. Dual regulatory effect of plant extracts of *Forsythia suspense* on RANTES and MCP-1 secretion in influenza A virus-infected human bronchial epithelial cells［J］. Journal of Ethnopharmacology，2005（102）：418.

［88］Ko HC，Wei BL，Chiou WF，et al. The effect of medicinal plants used in Chinese folk medicine on RANTES secretion by virus–infected human epithelial cells ［J］. Journal of Ethnopharmacology，2006（107）：205–210.

［89］Closa D，Folch–Puy E. Oxygen free radicals and the systemic inflammatory response ［J］. IUBMB Life，2004（56）：185–191.

［90］黄春阳，郑鸿娟，零新岚，等. 连翘乙酸乙酯提取物体外抗氧化活性研究［J］. 中国野生植物资源，2017，36（1）：15–17.

［91］路剑，李开龙，李兵屯，等. 超声波提取连翘总黄酮优化工艺及抗氧化性研究 ［J］. 广东化工，2013，40（12）：31–32+21.

［92］程启斌，李石飞，张立伟. 连翘不同部位总酚含量测定及抗氧化活性比较研究 ［J］. 化学研究与应用，2016，28（5）：610–616.

［93］何念武，董玉珊，朱姝侥. 连翘多糖提取工艺优化及抗氧化和抑菌活性研究 ［J］. 商洛学院学报，2024，38（2）：59–65.

［94］王学方，陈玲，宁二娟，等. 连翘叶中7种成分的抗氧化活性研究［J］. 饲料研究，2023，46（2）：94–99.

［95］陈诚. 连翘提取物可有效缓解力竭运动导致的骨骼肌组织氧化损伤［J］. 基因组学与应用生物学，2018，37（1）：53–58.

［96］Lu T，Piao XL，Zhang Q，et al. Protective effects of *Forsythia suspensa* extract against oxidative stress induced by diquat in rats ［J］. Food and Chemical Toxicology，2010（48）：764–770.

［97］Zhang Y. Antidiabetic and antihyperlipidemic activities of *Forsythia suspensa* （Thunb.）Vahl（fruit）in streptozotocin–induced diabetes mice ［J］. Journal of Ethnopharmacology，2016（192）：256–263.

［98］Schinella GR，Tournier HA，Prieto JM，et al. Antioxidant activity of anti–inflammatory plant extracts ［J］. Life Sciences，2002（70）：1023–1033.

［99］Jia J，Zhang F，Li Z，et al. Comparison of fruits of *Forsythia suspensa* at two different maturation stages by NMR–based metabolomics ［J］. Molecules，2015（20）：10065–10081.

［100］王玲，田若涛，李淑琴，等. 连翘苷对大鼠亚慢性毒性作用的研究 ［J］. 毒理学杂志，2022，36（4）：373–376.

［101］李晓，郭唯，陈飞，等. 连翘叶不同提取物的急性毒性试验研究［J］. 饲料研究，2013（1）：11–12.

［102］朱江波，邱建平，朱玉平，等. 连翘酯苷冻干粉对SD大鼠的致畸作用［J］. 中国新药杂志，2008（7）：570–573.

第四章

连翘种质资源研究

种质资源既是选育新品种的主要材料来源和育种工作的物质基础，又是维持和提高作物品种生产力的重要保障。对连翘而言，研究其种质资源对于保护连翘资源、推动育种创新具有重要意义。本章选择采自山西省平顺县的 15 份连翘种质资源，通过对农艺性状、化学成分、代谢组学特征以及遗传多样性等指标的综合分析，研究连翘种质资源差异性及遗传多样性水平，为后续种质材料创新和遗传育种提供候选材料。

第一节　不同连翘种质资源的植物分类学特征

农艺性状主要包括作物生长发育、产量性状及植物学特征，以其直观性和直接与生产实践的相关性，成为评估与利用种质资源的基石。对连翘种质资源的科学分析，特别是表观性状的鉴定，不仅是育种工作的关键环节，也是基因型鉴定和分子标记研发的重要基础。本节选择了 15 份连翘种质资源，测量连翘花、果实与叶片的农艺性状，分析各性状间的变异性与差异性，以期为连翘优异种质筛选提供理论依据。

一、花

花作为繁殖器官，在植物种质资源的演化研究中占据着核心地位。由于受环境影响的程度相对较小，花器官遗传稳定性较强，其外部形态特征成为探究植物种质资源演化的重要依据。花表型性状是植物种质资源评价常用的指标。

花芽的发育状态对植物开花的数量、质量以及坐果率具有重要的影响。连翘花萼绿色，裂片长圆形或长圆状椭圆形；花冠黄色，裂片为倒卵状长圆形或长圆形（图4-1）。

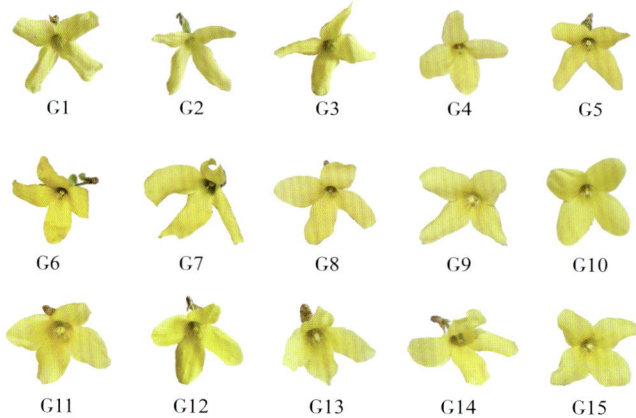

图4-1 不同连翘种质的花表型

对比发现15种连翘种质花瓣宽度与长度等关键性状上差异明显（图4-2）。花瓣宽度为7.634~12.893mm，其中G1种质的最宽，G3的最窄。花瓣长度为18.992~27.701mm，其中G14种质的最长，G8的最短。从视觉角度来看，花瓣长宽比较大的G2、G3和G4的连翘花瓣显得更加修长，而长宽比较小的G1、G6和G11种质则呈现出接近圆形的花朵形态。连翘花的外观不仅受自身遗传基因的影响，还与环境因子密切相关。在光照不足或资源有限的环境中，较短的花瓣可能通过减少能量消耗来帮助连翘花更好地生存；而在光照充足、资源丰富的条件下，较长的花瓣可能更有利于吸引传粉者，增加花粉传递的机会，能够促进连翘的繁殖与扩散。

花药因其保守性和遗传稳定性，成为分析植株亲缘关系及进行分类鉴定的重要依据。图4-2中C与D直观展示了15种连翘种质花药在宽度和长度上的差异。花药宽度为0.904~1.280mm，其中G4种质的最窄，G8种质的最宽。花药长度为3.58~7.22mm。花药长宽比为5.5~6.5的花药形状为长条形或椭圆形，花粉粒排列相对分散，花药长宽比为3~4.5的花药形状更接近圆形或椭圆形，花粉粒排列紧密。

柱头位于雌蕊顶端，是接收花粉的关键部位，在花粉萌发过程中提供至关重要的物质与识别信号，其特性与植物的受精成功率、结实率及最终产量紧密相关。15种连翘种质花柱长度可分为长花柱型（花柱长度6.5~9.0mm）和短花柱型（花柱长度 3.0~4.5mm）。长花柱型种质中，G14 花柱长度最长；短花柱型种质中，G5 花柱长度最短（图 4-2）。

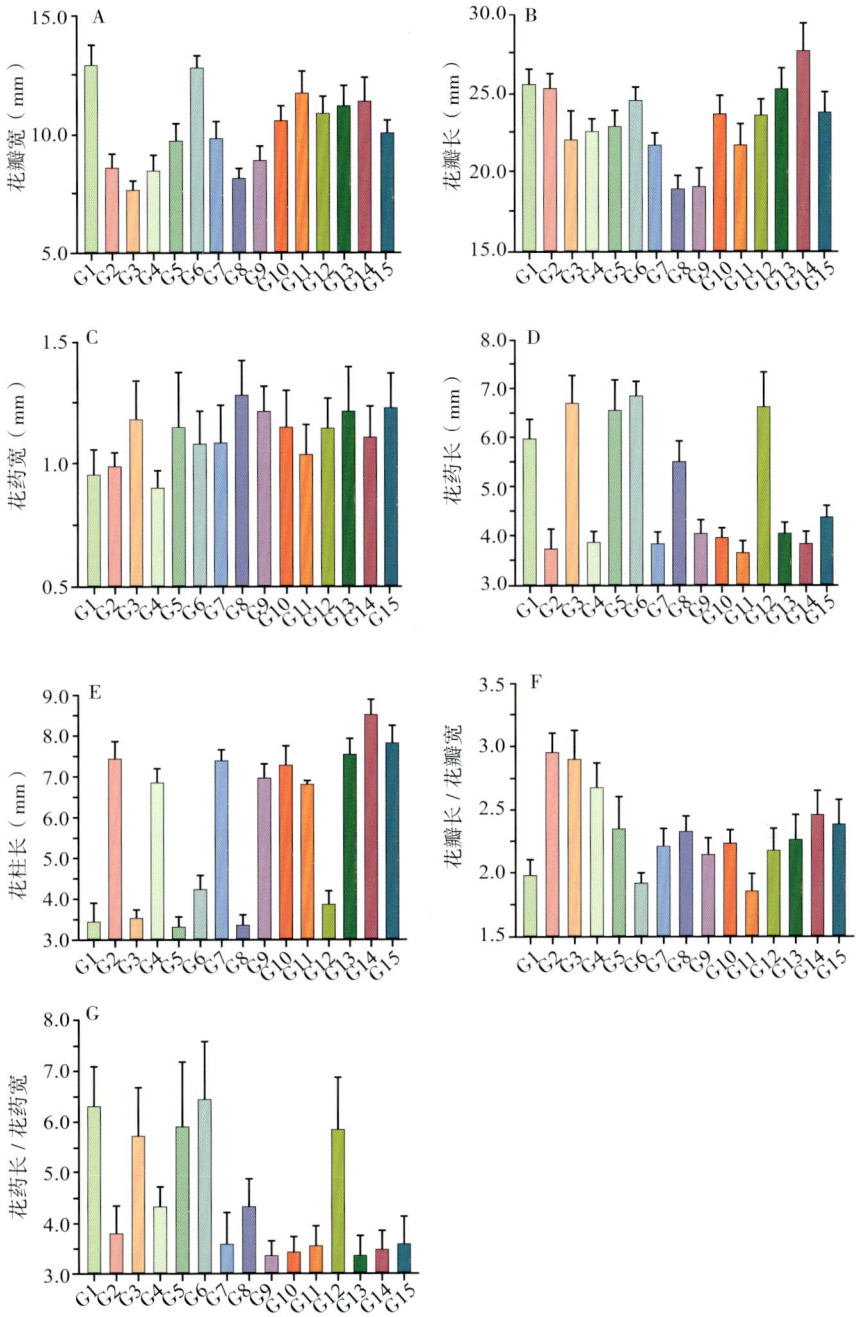

图 4-2　不同连翘种质花性状

变异系数能够揭示不同种质之间的变异程度，在种质资源评价中具有重要意义。15种连翘种质资源的7个花表型性状的变异系数为9.658%~33.234%（表4-1），凸显了它们所蕴含的丰富遗传多样性。

表4-1 连翘种质资源7个花表型性状的变异分析结果

性状	最小值	最大值	平均值	标准差	变异系数（%）
花瓣长（mm）	18.992	27.701	23.244	2.361	10.156
花瓣宽（mm）	7.634	12.893	10.186	1.645	16.148
花瓣长宽比	1.859	2.956	2.327	0.321	13.774
花药长（mm）	3.580	7.220	4.472	1.147	25.648
花药宽（mm）	0.904	1.280	1.116	0.108	9.658
花药长宽比	3.354	6.484	4.489	1.213	27.015
花柱长（mm）	3.316	8.520	5.900	1.961	33.234

二、果实

15种连翘种质的果实形态多样，果型有类圆形（G1、G14）、纺锤形（G2、G6、G8、G9、G10、G13）、椭圆形（如G3、G4、G12与G15）以及长角椭圆形（如G5、G7与G11）。果实颜色大多为深绿色，除此外还有黄绿色或淡绿色（G5）和褐绿色（G13）。G2、G6、G7和G12种质的果实较大（图4-3）。

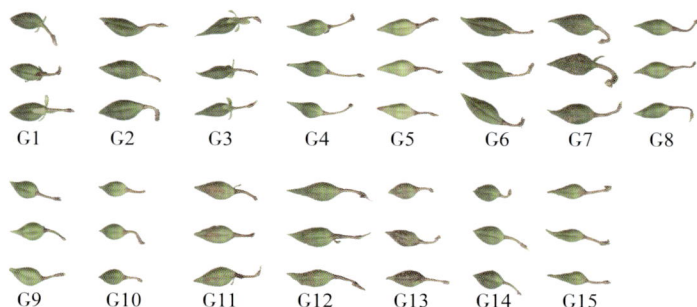

G1　G2　G3　G4　G5　G6　G7　G8

G9　G10　G11　G12　G13　G14　G15

图4-3 不同连翘种质果实形态

如图4-4所示，15种连翘种质果实性状呈现明显差异。果实长度15.658~24.295mm，其中G6的最长，G14的最短。果实宽度7.071~10.853mm。果棱4.756~8.350mm，G7的最深，表面凹凸程度较高，而G15的最浅，表面相对平滑。果实厚度5.191~8.635mm，果柄长9.788~18.797mm，G2、G7和

G14 的果柄较粗，而 G4、G8 和 G11 的果柄较细。果嘴长度 3.071~6.537mm。果实长宽比 1.626~2.807，G3、G6 和 G15 的果实形态偏长，而 G9、G10 和 G14 形态偏圆。

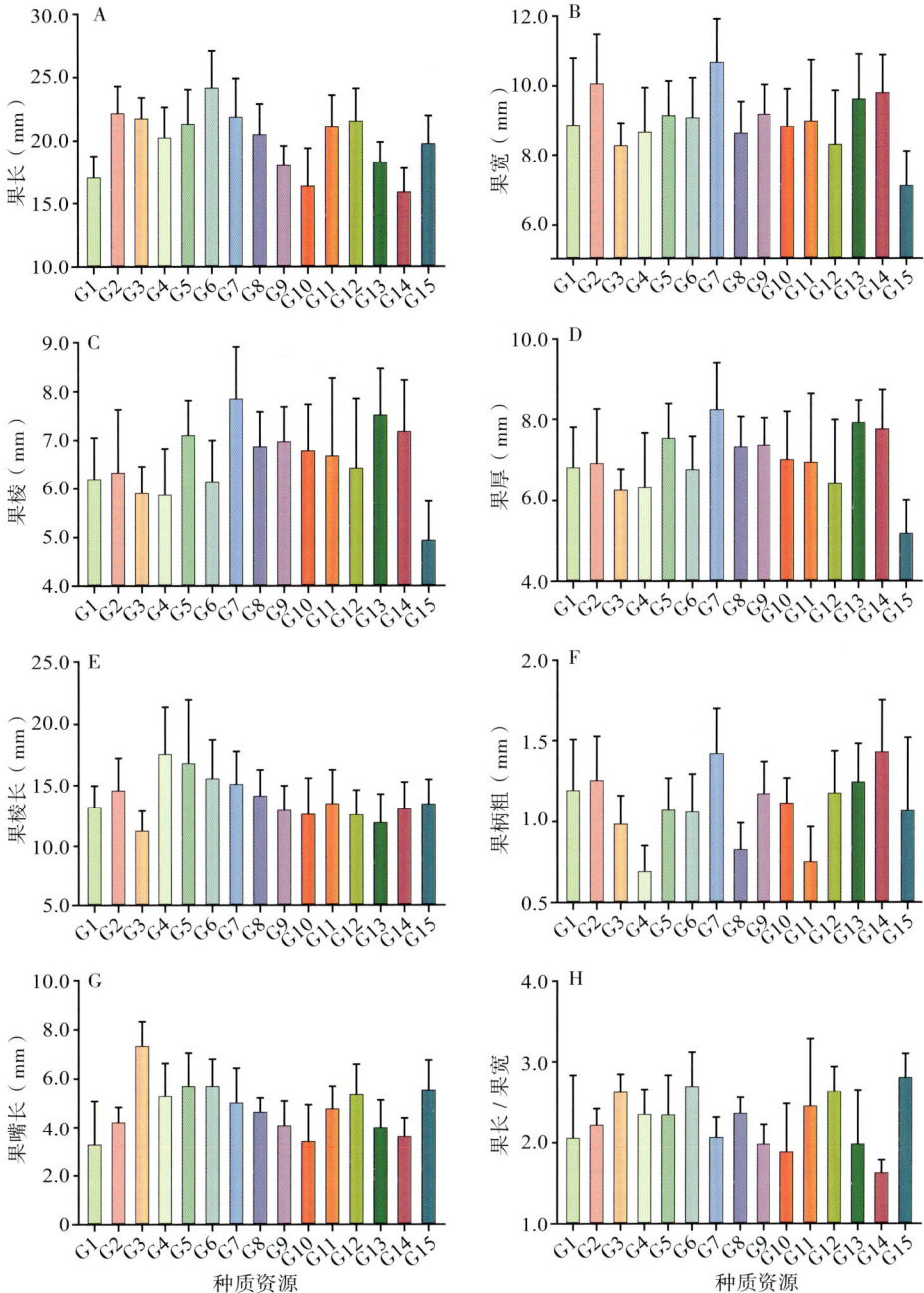

图 4-4　不同连翘种质果实形态指标

连翘果实的品质和产量直接关系到其药用价值，其果实的折干率，即干果与湿果的重量比值，是评估果实含水量的重要参数。《中国药典》（2020版）规定，连翘果实的含水量不得高于10%。在15种连翘种质中，单果干重0.1~0.5g，其中G2和G7种质单果干重最高，而G3与G15则相对较低；果实干重/湿重与果实含水量密切相关，果实干重/湿重越低则果实含水量越高，反之同理，15种种质中G14的含水量最高，G5的含水量最低，G5等低含水量种质可能在储藏方面具有一定优势（图4-5）。

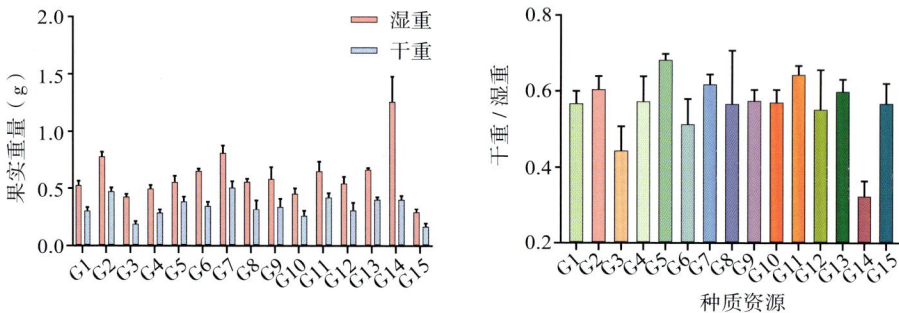

图4-5　不同连翘种质果实干、湿重差异

15种连翘种质资源的10个果实表型性状的变异系数为10.323%~101.803%，其变异性远高于连翘花（表4-2）。

表4-2　连翘种质资源10个果实表型性状的变异分析结果

性状	最小值	最大值	平均值	标准差	变异系数（%）
果长（mm）	15.658	24.295	19.964	2.076	10.323
果宽（mm）	7.071	10.853	9.139	0.996	10.956
果实长宽比	1.626	2.807	2.273	0.339	14.922
果厚（mm）	5.191	8.635	7.063	0.888	12.686
果棱（mm）	4.765	8.350	6.635	0.904	13.743
果棱深（mm）	− 0.164	1.041	0.392	0.319	101.803
果柄长（mm）	9.788	18.797	13.858	2.213	15.737
果柄粗（mm）	0.699	1.511	1.093	0.200	18.602
果柄粗长比	0.049	0.113	0.079	0.017	21.641
果嘴长（mm）	3.071	6.537	4.760	0.866	18.469

三、叶片

研究表明，连翘新叶与老叶的抗氧化活性、叶绿素含量等各异，微量元素 Ca、Fe、Zn 等的积累也不相同。以 G2 和 G3 两种连翘种质为例，G2 的新叶呈暗绿色，叶缘锯齿较大，整体形态为卵形；随着时间推移，老叶逐渐转为深绿色，锯齿减小，形态趋向椭圆形。G3 的新叶同样为卵形，但颜色较浅，锯齿细小；老叶与 G2 相似，锯齿减小，颜色转为深绿，形态也趋于椭圆（图4-6）。

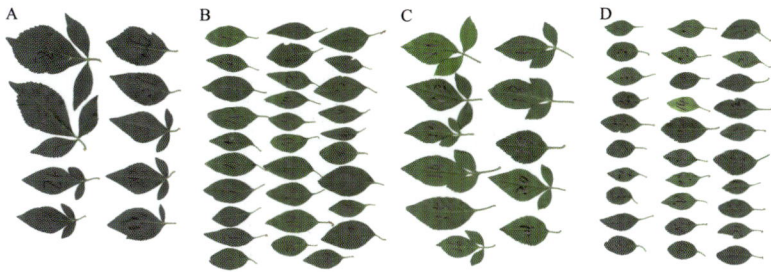

图 4-6　部分连翘种质新老叶片外观形态

A G2 新叶；B G2 老叶；C G3 新叶；D G3 老叶

连翘新老叶片的表型特征也同样表现出多样性。15 种连翘种质的新叶长度 4.793~9.096cm（图4-7），其中 G2 的新叶最长，G5 的最短。老叶的长度 4.535~7.127cm，其中 G9 的最长，G11 的最短。新叶宽度为 2.662~5.248cm，而老叶宽度为 2.496~4.319cm。新叶面积为 9.002~37.989cm^2，老叶面积为 8.097~21.641cm^2，G9 的老叶面积最大，而 G11 的最小。此外，新叶的比叶面积 63.995~138.556cm^2/g，老叶的比叶面积 76.150~143.296cm^2/g。这些表型特征的差异不仅反映了连翘对不同生长环境的适应性，还为连翘的品种选育和优质种质资源的筛选提供了重要依据。例如，叶面积与厚度相对较小的连翘品种在高温、干旱、高光和低养分等逆境条件下可能更具优势；而比叶面积较大的品种则可能具有更强的光合能力。

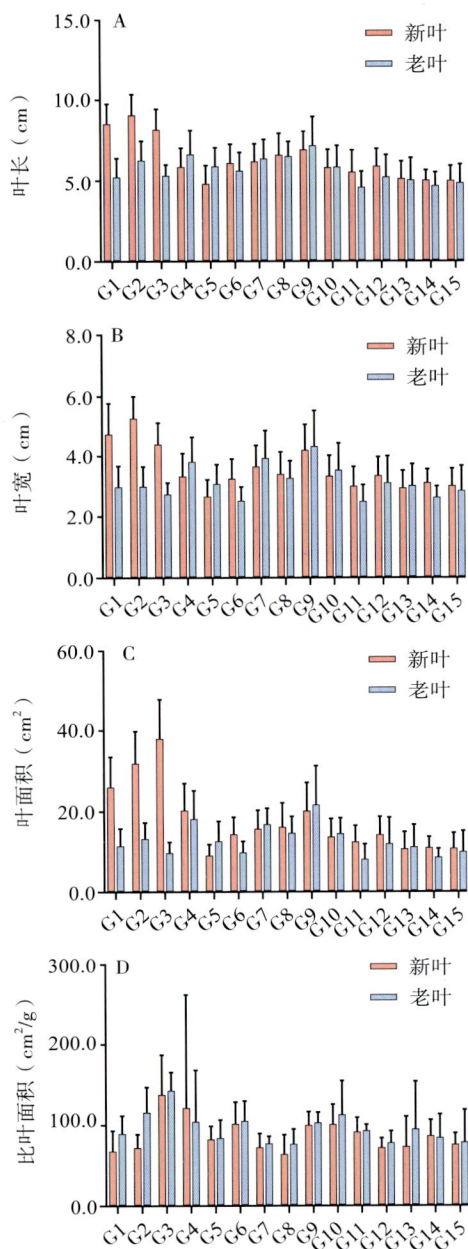

图 4-7　不同连翘种质的新老叶片表型特征

　　15 种 连 翘 种 质 资 源 的 14 个 叶 片 表 型 性 状 的 变 异 系 数 范 围 为 5.112%~48.113%（表 4-3），其中新叶面积的变异系数最大，为 48.113%，新叶干重、老叶湿重次之，分别为 48.089%、38.127%，而新叶宽长比的变异系数最小，为 5.112%。

表 4-3　连翘种质资源 14 个叶片表型性状的变异分析结果

性状	最小值	最大值	平均值	标准差	变异系数（%）
新叶长（cm）	4.793	9.096	6.298	1.339	21.267
新叶宽（cm）	2.662	5.248	3.579	0.734	20.518
新叶宽长比	0.518	0.623	0.570	0.029	5.112
新叶面积（cm²）	9.002	37.989	17.536	8.437	48.113
新叶湿重（g）	0.380	0.687	0.467	0.078	16.620
新叶干重（g）	0.110	0.463	0.222	0.107	48.089
新叶比叶面积（cm²/g）	63.995	138.556	88.175	21.316	24.175
老叶长（cm）	4.535	7.127	5.648	0.780	13.819
老叶宽（cm）	2.496	4.319	3.156	0.533	16.894
老叶宽长比	0.455	0.618	0.559	0.050	9.009
老叶面积（cm²）	8.097	21.641	12.777	3.794	29.691
老叶湿重（g）	0.135	0.539	0.298	0.113	38.127
老叶干重（g）	0.069	0.228	0.150	0.050	33.297
老叶比叶面积（cm²/g）	76.150	143.296	95.695	18.687	19.528

第二节　不同连翘种质资源化学成分特征

迄今连翘中共发现多达 237 种化学成分，涵盖了苯乙醇及其苷类、木脂素类、挥发油及萜类、三萜类、C6~C2 天然醇、黄酮类等多种类型。为了探究不同连翘种质间的成分差异，本节选择采自山西省长治市平顺县 15 份连翘种质资源，并综合运用了高效液相色谱法（HPLC）、气相色谱 – 质谱联用法（GC–MS）以及超高效液相色谱串联四级杆飞行时间质谱联用技术（UPLC–Q–TOF–MS）等分析手段，对连翘果实与叶片中的化合物进行了分析，揭示不同连翘种质在化学成分上的差异。

一、7 种主要化学成分分析

根据 2020 版《中国药典》的要求，连翘干燥品的连翘酯苷 A 在青翘中的含量不得低于 3.5%，在老翘中不得低于 0.25%；而连翘苷的含量均不得少于 0.15%。但连翘苷和连翘酯苷 A 的含量并不能全面评价连翘的质量，因此测定连翘中高丰度的代表性活性成分的含量评价连翘质量具有重要意义。对 15 种连翘种质的松脂素、连翘酯苷 I、连翘酯苷 B、连翘酯苷 A、连翘脂素、连翘苷和槲皮素 7 种化学成分含量测定结果表明，不同种质之间存在差异(图4-8)。

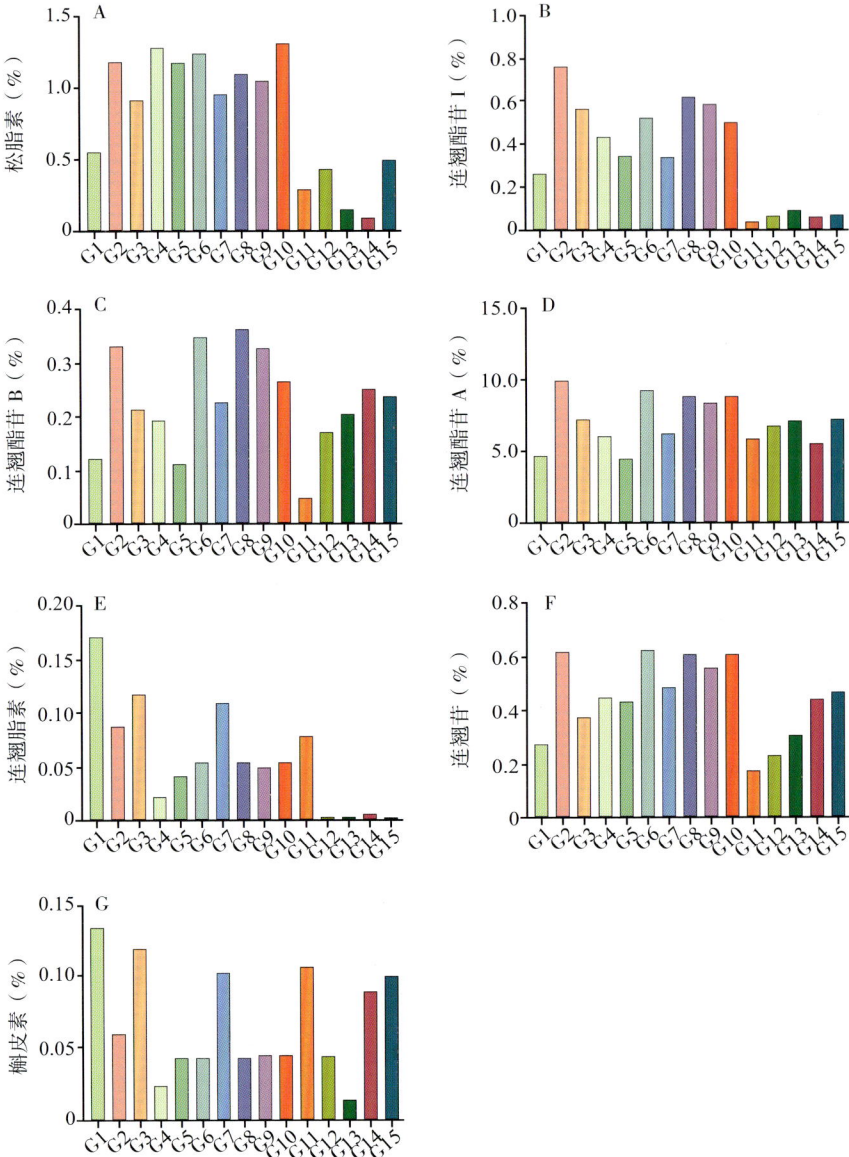

图 4-8　不同连翘种质 7 种活性成分含量

15 种连翘种质的连翘酯苷 A 和连翘苷含量均符合药典标准。其中，G2 种质的连翘酯苷 A 含量最高，G6、G8、G10 次之，G1、G5、G14 相对较低。G6 连翘苷含量最高，G2、G8、G10 次之，G1、G11、G12 的含量最低。G10 的松脂素含量最高，其次为 G2、G4 和 G6。G2 的连翘酯苷 1 含量最高，G8、G9 次之；G8 的连翘酯苷 B 含量最高，而 G1、G5、G11 则较低。G12 至 G15 的连翘脂素含量极低。G1 槲皮素含量最高，G3、G7、G11 次之，G13 最低。

二、果实挥发油组成成分

选取了 8 种主要活性成分含量较高的连翘种质，采用 GC-MS 技术对其挥发油成分进行测定。结果表明 8 种种质共检测到 27 种化合物，其中侧柏酮、β-蒎烯、桉叶油醇和桃金娘烯醇的整体相对含量较高。其中某些化合物在特定种质中含量很高。如侧柏酮在 G3、G4、G2、G8 等种质中的含量显著高于其他种质；而荜澄茄烯、β- 石竹烯、α- 石竹烯等 14 种化合物在 G11 种质中富集。G11 种质的化学成分种类最为丰富，达到 21 种，G4 种质则相对较少。聚类分析将 8 种样品分为两组，其中 G3、G4、G2、G8 归为一组，其余种质资源则归为另一组（图 4-9）。

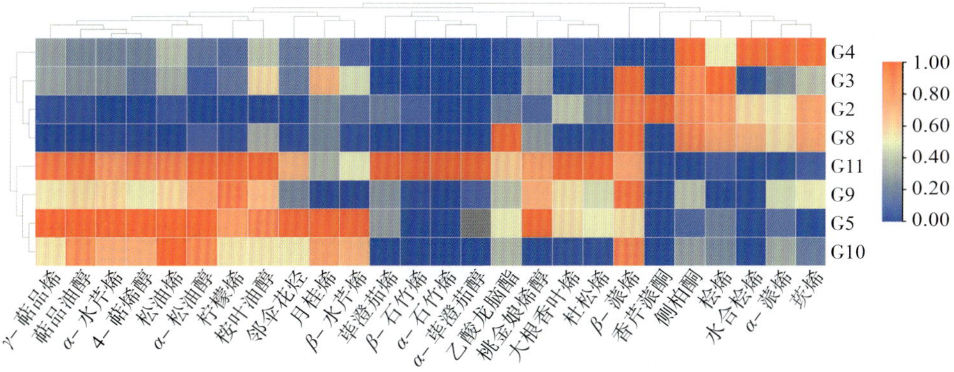

图 4-9　不同连翘种质挥发油成分含量热图

PCA 分析表明，两个主成分共同解释了超过 76.5%，其中 PC1 的贡献率高达 60.8%，PC2 的贡献率为 15.7%（图 4-10）。8 种连翘种质被分为两个群组，这一结果与聚类分析高度一致。

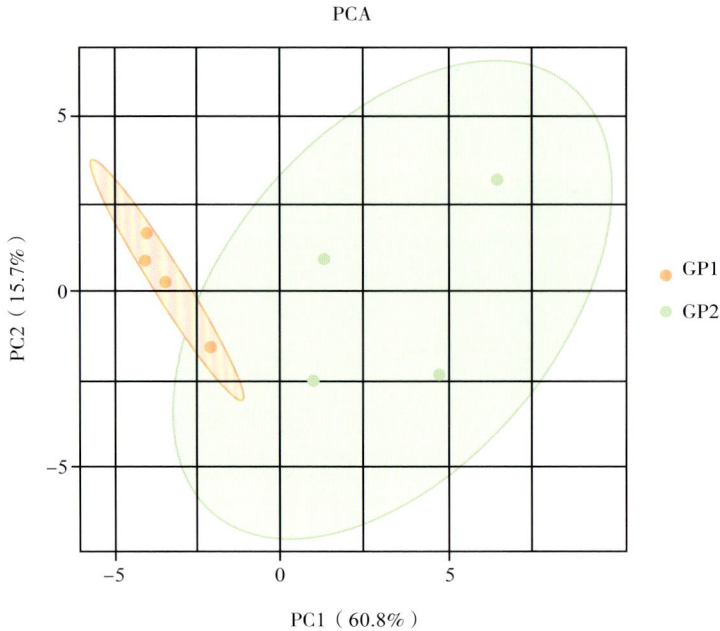

图 4-10　不同连翘种质化学成分 PCA 图

三、果实代谢组学特征

前期基于超高效液相色谱串联四级杆飞行时间质谱联用技术（UPLC-Q-TOF-MS）在连翘中共鉴定出 45 种化合物，涵盖了木脂素类、萜类、醌类及黄酮类等多种类别。本研究利用 UPLC-Q-TOF-MS 技术在 13 种连翘种质果实中共检测到 308 种化合物（G8、G9 果实的量太少无法测定），不同种质的化合物种类与含量存在差异（图 4-11）。其中，G11、G12、G13 和 G2 种质的化合物种类尤为丰富，而 G14 和 G15 种质的化合物种类相对较少。聚类分析将 13 种连翘种质划分为两大组，G11、G12 和 G13 种质归为一组，其余种质归为另一组。

PCA 分析表明，PC1 的贡献率为 16.35%，PC2 的贡献率为 9.16%（图 4-12）。在主成分空间中，各连翘种质化合物呈现出不同的分布模式，其中 G12 和 G13 分布在第一象限，G1 和 G3 主要位于第二象限，G2 则在第一和第二象限之间，G11 则主要分布在第四象限，其余种质集中在第三象限。

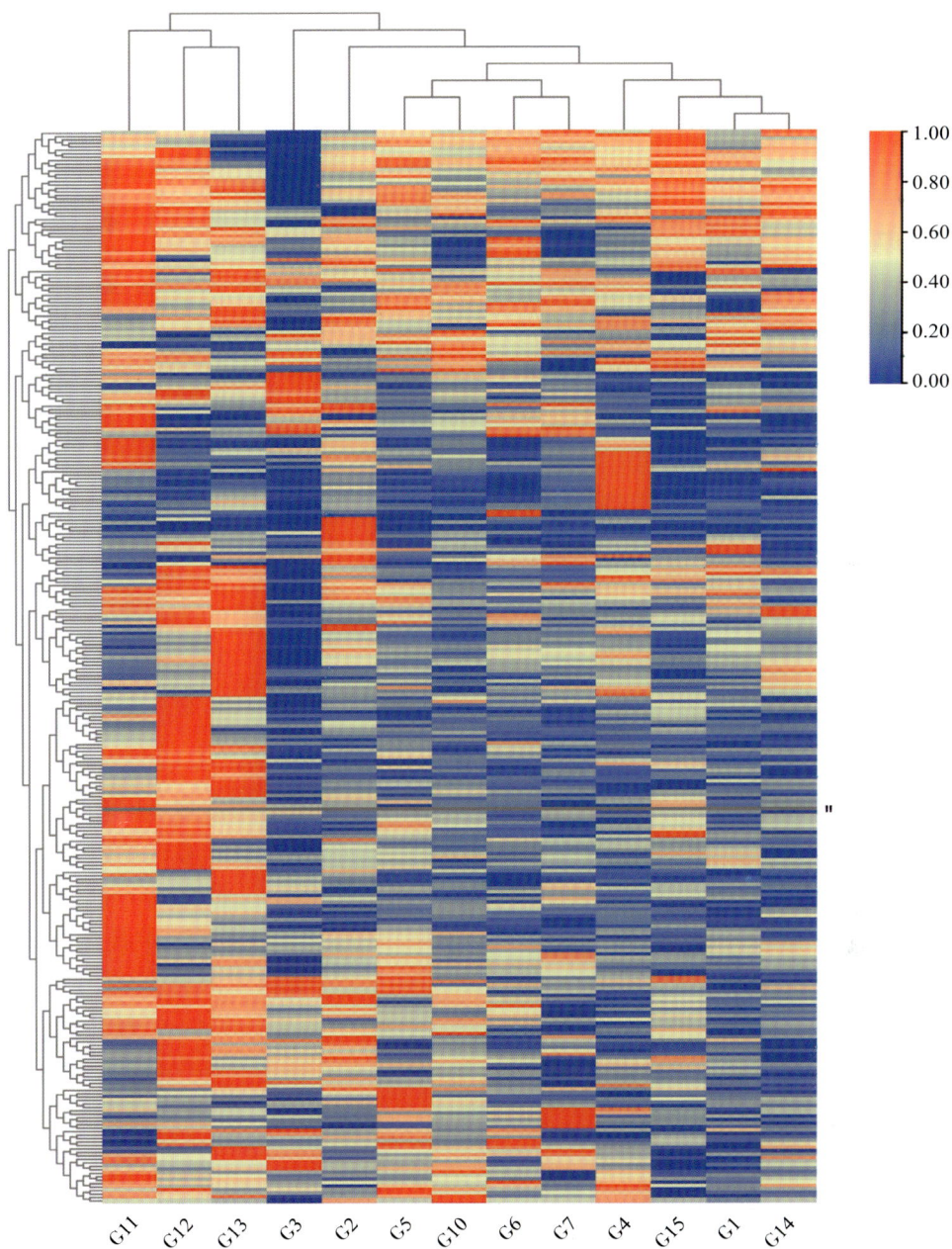

图 4-11　基于 UPLC-Q-TOF-MS 测定出不同连翘种质多种化合物差异热图

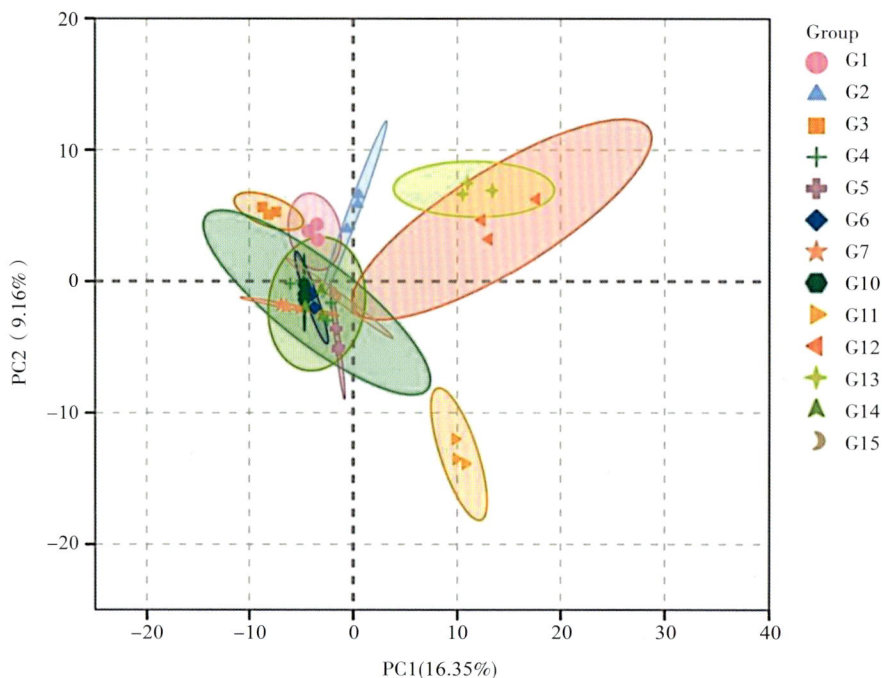

图 4-12　基于 UPLC-Q-TOF-MS 测定出不同连翘种质多种化合物 PCA 图

　　为了深入探究不同种质间连翘果实中化学成分的差异，从 UPLC-Q-TOF-MS 所测出的数据中筛选出各种质中相对含量位列前十的化合物，以直观展示这些关键成分的分布特征（表 4-4）。连翘果实中的含量较高的化合物在种质间有较大的差异，共涉及 64 种化合物。其中，(2S)- 十三碳 -3, 11- 二烯 -5, 7, 9- 三炔 -1, 2- 二醇在 10 种种质（G1~G7、G10、G14、G15）中含量较高。phytolaccagenic acid（美商陆酸）和 (–)-riboflavin（左旋核黄素）在 6 种种质中含量较高。此外，单硬脂酸甘油酯、花生四烯酸以及 2-（3, 5- 二羟基 -1, 4- 二氧代 -1, 4- 二氢萘 -2- 基）-3- 甲氧基 -5- 甲基苯甲酸三种化合物在 5 种种质中含量较高。

表 4-4 连翘种质果实中含量前十化合物的相对含量（%）

名称	G1	G2	G3	G4	G5	G6	G7	G10	G11	G12	G13	G14	G15
(2S)-十三碳-3,11-二烯-5,7,9-三炔-1,2-二醇	54.321	57.627	39.987	80.277	89.227	52.93	72.637	69.303	—	—	—	52.83	51.53
月桂氨酮	35.423	—	—	—	—	—	—	—	—	30.005	38.03	—	26.895
4-羟基香豆素	33.318	—	—	—	—	—	—	28.039	—	—	—	—	20.057
22α-乙酰氧基-3-斯替坎酮	31.44	—	—	—	—	—	24.108	19.524	33.538	—	—	—	—
单脂肪酸甘油酯	31.168	—	—	—	—	—	—	—	—	48.903	33.783	38.611	35.115
花生四烯酸	26.745	39.924	—	—	—	23.377	26.905	—	—	—	48.329	—	—
β-西柏三烯醇	26.569	—	—	—	—	—	—	—	—	28.894	31.225	—	—
古洛糖酸-γ-内酯	25.661	—	—	—	—	—	—	—	—	—	—	—	—
瑞香素	25.579	—	—	—	—	—	—	—	—	—	—	—	—
5-[5-(乙酰氧基甲基)-1,2,4α-三甲基-7-氧代-3,4,8,8α-四氢-2H-萘-1-基]-3-甲基戊酸	23.357	—	31.911	—	22.699	27.54	—	—	—	—	—	—	—
青蒿素	—	327.754	—	—	—	—	—	—	—	—	—	—	—
三甘醚	—	83.811	—	—	—	—	—	—	—	—	—	—	—
(3R,4R,5R)-3-(11E-11,15-十六碳二烯-9-炔-1-基)-4-羟基-5-甲基二氢-2(3H)-呋喃酮	—	37.394	—	91.878	—	—	—	—	—	—	—	—	—
N-十二烷基乙醇胺	—	29.752	—	—	—	—	—	—	—	—	63.858	—	—
窜酮	—	29.376	—	—	—	—	—	—	—	—	—	—	—

名称	G1	G2	G3	G4	G5	G6	G7	G10	G11	G12	G13	G14	G15
(2S,3R,4S,5S,6R)−2−[4,6−二羟基−2−壬基−3−[[(2S,3R,4S,5S,6R)−3,4,5−三羟基−6−(羟甲基)氧杂环己烷−2−基]氧基−苯氧基−6−(羟甲基)氧杂环己烷−3,4,5−三醇	—	54.823	—	—	—	—	—	—	—	28.487	—	—	—
坎利酮	—	49.37	—	226.236	—	—	24.307	—	—	—	57.253	—	—
赖百当−8(17),13E−二烯−15,18−二酸 15−甲酯	—	42.516	—	41.459	—	—	—	—	—	—	—	—	—
7−氧代胆固醇	—	—	37.461	—	—	—	—	—	—	—	—	—	—
美商陆酸	—	—	33.111	—	27.261	25.738	39.634	26.727	—	—	38.599	—	—
弯孢霉菌素	—	—	26.342	—	—	—	—	—	—	—	—	—	—
阿魏酸异丙酯	—	—	22.087	—	—	—	—	—	—	—	—	—	—
邻苯二甲酸二丁酯	—	—	21.538	—	—	—	—	—	—	—	—	—	—
洋地黄毒苷配基	—	—	21.503	—	—	—	—	20.532	—	—	—	25.062	—
塔拉黄酮	—	—	20.168	—	—	—	—	—	—	—	—	—	—
α−生育三烯酚	—	—	20.117	—	—	—	—	—	—	—	—	—	—
羟基十八碳三烯酸	—	—	—	67.678	—	—	—	—	—	—	—	—	—
E−5−(1,2,4a,5−四甲基−7−氧代−3,4,8,8a−四氢−2H−萘−1−基)−3−甲基戊−2−烯酸	—	—	—	64.749	—	—	—	—	—	—	—	—	—

名称	G1	G2	G3	G4	G5	G6	G7	G10	G11	G12	G13	G14	G15
睾丸素	—	—	—	49.841	—	23.086	—	—	33.474	—	—	—	—
4-羟基-6-[2-(2-甲基-1,2,4a,5,6,7,8,8a-八氢萘-1-基)乙基]氧杂环己烷-2-酮	—	—	—	48.89	—	—	—	—	—	—	—	—	—
(3R,4R,5R)-3-(11E-11,15-十六碳二烯-9-炔-1-基)-4-羟基-5-甲基二氢呋喃-2(3H)-呋喃酮	—	—	—	44.745	—	—	—	—	55.656	—	—	—	—
19-羟基赖百当-8(17),13Z-二烯-15-油酸	—	—	—	42.266	—	—	—	—	—	—	—	—	—
麦芽酚葡萄糖苷[3-(β-D-吡喃葡萄糖氧基)-2-甲基-4H-吡喃-4-酮]	—	—	—	—	28.771	—	—	19.899	—	—	—	—	—
左旋核黄素	—	—	—	—	27.718	—	24.257	19.319	31.083	—	—	23.91	19.375
2-(3,5-二羟基苯基-1,4-二氧代-1,4-二氢萘-2-基)-3-甲氧基-5-甲基苯甲酸	—	—	—	—	27.557	33.403	32.779	—	32.232	—	—	27.371	—
3-(4-羟基苯基)-3-氧(代丙基β-D-吡喃葡萄糖苷	—	—	—	—	25.601	—	—	—	—	29.045	—	—	—
1-棕榈酰基-2-羟基-sn-甘油-3-磷酸乙醇胺	—	—	—	—	24.148	—	—	20.701	—	—	—	—	—
马钱苷酸	—	—	—	—	23.202	—	26.835	20.429	—	—	—	23.897	18.265
琥珀酸	—	—	—	—	22.377	—	—	—	—	—	—	—	—

名称	G1	G2	G3	G4	G5	G6	G7	G10	G11	G12	G13	G14	G15
β-D-吡喃葡萄糖,1-O-(2E,6E-8-羟基-2,6-二甲基-1-氧代-2,6-辛二烯-1-基)	—	—	—	—	—	122.795	—	—	—	—	—	—	—
连翘酯苷 B	—	—	—	—	—	28.885	—	—	—	—	—	—	—
[E-3-(3,4-二羟基苯基)丙烯-2-酸酯][2,6-二羟基-5-[(3,4,5-三羟基-6-(羟甲基)氧甲杂环己烷-2-基]氧基]环己-3-烯-1-基]	—	—	—	—	—	27.762	—	—	—	—	—	—	—
缬氨酰-异亮氨酸	—	—	—	—	—	24.706	—	—	—	—	—	—	—
精氨琥珀酸	—	—	—	—	—	—	27.13	—	—	—	—	—	—
4-[E-3-(3,4-二羟基苯基)丙-2-烯酰]氧基-2,3-二羟基-2-甲基丁酸	—	—	—	—	—	—	25.28	—	—	—	—	—	—
柠烯	—	—	—	—	—	—	—	22.715	—	—	—	—	—
赖百当-8(17),13E-二烯-15,18-二酸15-甲酯	—	—	—	—	—	—	—	—	61.936	—	—	—	—
醋酸去氧质皮酮	—	—	—	—	—	—	—	—	51.221	—	—	—	—
桦木醇	—	—	—	—	—	—	—	—	32.53	—	—	—	—
四氢可的松	—	—	—	—	—	—	—	—	32.285	—	—	—	—

名称	G1	G2	G3	G4	G5	G6	G7	G10	G11	G12	G13	G14	G15
(4S)-4-羟基-3,5,5-三甲基-4-(E-3-羟基[(2R,3R,4S,5S,6R)-3,4,5-三羟基-6-(羟甲基)氧杂环己烷-2-基]氧基丁-1-烯基)环己-2-烯-1-酮	—	—	—	—	—	—	—	—	31.781	—	—	23.125	—
硬脂酰胺	—	—	—	—	—	—	—	—	—	39.941	—	—	—
忍冬苷 C	—	—	—	—	—	—	—	—	—	32.18	—	—	—
C4羟基酰基去铁胺 (BDFO-B)	—	—	—	—	—	—	—	—	—	31.34	—	—	—
羟基酪胺 C	—	—	—	—	—	—	—	—	—	31.029	—	—	—
豆甾-4,22-二烯-3-酮	—	—	—	—	—	—	—	—	—	30.633	—	—	—
11-胆烯酸	—	—	—	—	—	—	—	—	—	—	36.116	27.803	—
thermoactinoamide J	—	—	—	—	—	—	—	—	—	—	42.856	—	—
亚油醇乙醇胺	—	—	—	—	—	—	—	—	—	—	31.494	—	—
茴香脑	—	—	—	—	—	—	—	—	—	—	—	26.301	24.865
四羟基香豆素	—	—	—	—	—	—	—	—	—	—	—	23.236	—
山姜素甲醚	—	—	—	—	—	—	—	—	—	—	—	—	24.223
麦珠子酸	—	—	—	—	—	—	—	—	—	—	—	—	23.673
华雷斯酸	—	—	—	—	—	—	—	—	—	—	—	—	21.594

注：—没有相关内容。

四、叶片代谢组学特征

连翘的药用部位为果实，但近年来的研究表明，连翘叶片同样蕴含丰富的药用成分和显著的药理活性。连翘叶中的有效成分与果实高度相似，且在某些成分（如连翘苷和连翘脂素）的含量上甚至超过果实。这些活性成分赋予连翘叶多重功效，包括抗病毒、抗菌、抗氧化、保护肝脏、调节免疫力及降血脂、血糖等，为连翘叶的潜在药用价值开辟了新的视野。如秦巴山区不同产区的连翘叶质量显著差异，且叶片中连翘苷和连翘酯苷 A 含量最高。此外，先进的 QAMS（定量分析多组分法）技术测定出连翘叶中 7 种关键成分的含量，进一步印证了其在质量控制方面的应用价值。基于 UPLC-Q-TOF-MS 技术，在15 种种质的连翘叶片中鉴定出 290 种化合物（图 4-13、表 4-5）。其中，G10、G14 和 G13 种质的叶片中检测到的化合物种类较多，而 G5 种质的化合物种类相对较少。聚类分析将 15 种种质划分为两大组。

为了探究不同连翘种质叶片中化学成分的差异，同样从测定结果中筛选出每一种质中相对含量前十的化合物，详见表 4-5，共涉及 56 种化合物。其中，[(3aR, 4S, 6R, 11aR)-6, 9- 二羟基 -6, 10- 二甲基 -3- 亚甲基 -2, 7- 二氧代 -3a, 4, 5, 8, 9, 11a- 六氢环癸 (b) 呋喃 -4- 基]2- 甲基丙 -2- 烯酸酯在多达 12 种种质（G1、G3、G5~G8、G10~G15）中含量较高，mestaline（17- 羟基 -17- 甲基雄甾烷 -3- 酮）在 10 种种质中含量较高，而 monolinolein（1- 亚油酰 -sn-甘油）则在 9 种种质中含量较高。此外，vitamin A（维生素 A）、LPC 18:2（溶血磷脂酰胆碱）以及胆 boldenone undecylenate（宝丹酮十一烯酸酯）等化合物，同样在多种种质中频繁出现，但它们在不同种质中的相对含量却各不相同。

综上，连翘种质资源果实和叶片化学成分差异性的揭示为后期优良种质资源的筛选提供了参考。

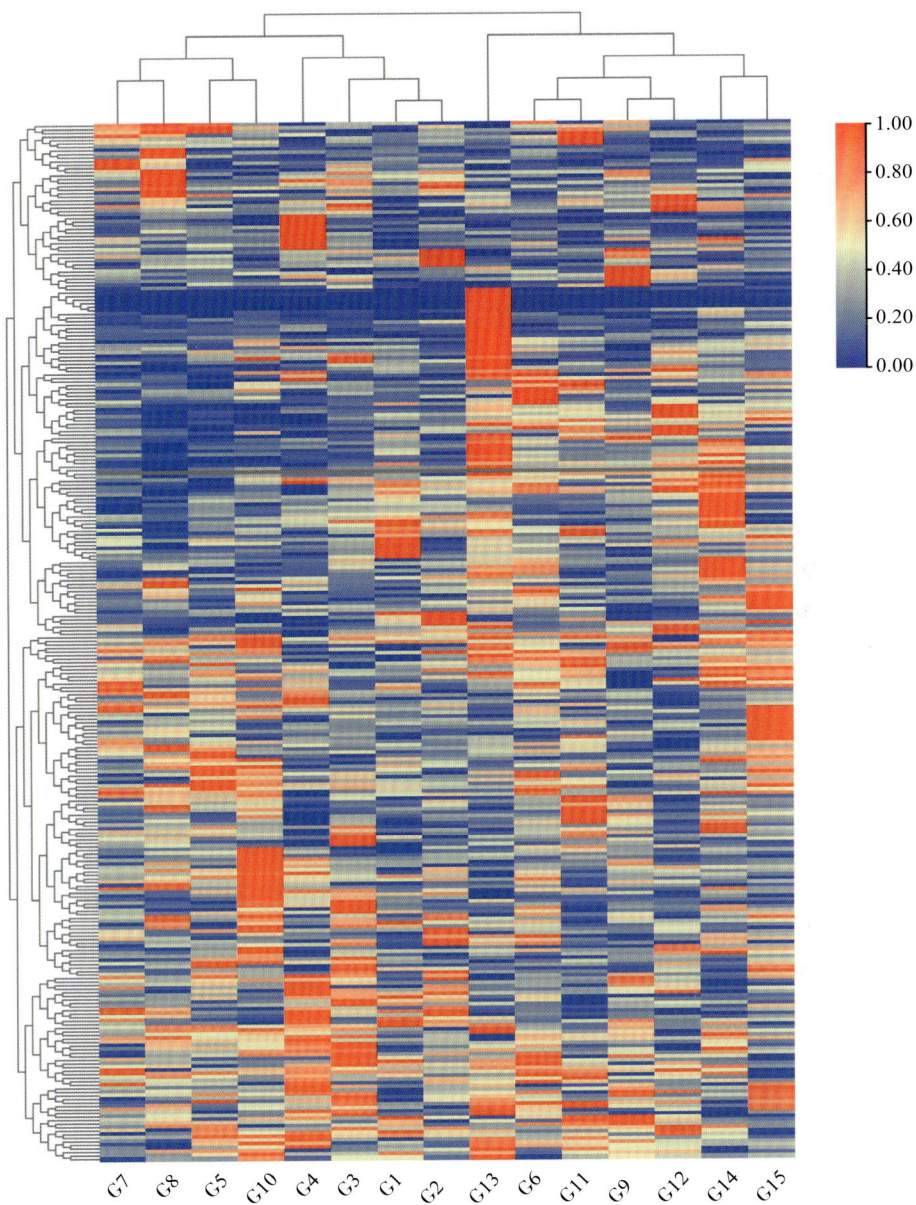

图 4-13 基于 UPLC-Q-TOF-MS 测定的不同连翘种质叶片多种化合物差异热图

表 4-5 连翘叶片中含量前十化合物相对含量（%）

名称	G1	G2	G3	G4	G5	G6	G7	G8	G9	G10	G11	G12	G13	G14	G15
丁丙诺非	113.969	192.889	—	—	—	—	—	—	—	—	136.968	—	—	69.79	—
连翘酯苷 C	73.018	—	66.09	—	—	49.748	—	—	—	—	—	—	—	60.992	—
脯氨酸	61.927	—	—	—	—	—	—	—	—	—	—	—	—	—	—
L-古洛糖酸-γ-内酯	61.653	53.18	95.963	—	—	—	—	—	—	—	—	48.533	—	—	81.413
convolidine	59.876	100.35	—	—	—	—	—	—	—	—	—	—	—	—	—
[(3aR, 4S, 6R, 11aR)-6, 9-二羟基-6, 10-二甲基-3-亚甲基-2, 7-二氧代-3a, 4, 5, 8, 9, 11a-六氢环癸 (b) 呋喃-4-基]2-甲基丙-2-烯酸酯	52.532	—	55.707	—	109.302	103.973	72.428	55.974	—	63.804	64.934	99.272	160.845	80.381	100.594
N-[2-(2, 3, 4, 5'-四甲氧基香耳酮-2-基)-乙基]-乙酰胺	48.15	—	—	—	—	—	—	—	—	—	—	—	—	—	—
亚油酸	41.503	46.226	—	—	—	—	—	—	—	—	—	—	—	—	—

名称	G1	G2	G3	G4	G5	G6	G7	G8	G9	G10	G11	G12	G13	G14	G15
1-亚油酰-sn-甘油	38.66	103.105	64.026	92.004	—	—	116.32	84.258	59.459	—	—	63.806	—	—	83.645
石松三醇	38.534	—	—	—	—	—	—	—	—	—	—	—	—	—	—
亚麻酸	—	55.329	—	—	—	—	—	—	46.85	—	—	—	—	—	—
(2R,3R,4S,5S,6R)-2-(2E-4-乙烯基-2,5-二甲基己-2,5-二烯氧基)-6-(羟甲基)氧杂环己烷-3,4,5-三醇	—	47.418	—	—	—	—	—	—	—	—	—	—	—	—	—
肉豆蔻酰-L-肉碱	—	47.061	71.918	—	—	—	99.268	—	—	—	—	—	—	—	—
维生素A	—	43.506	—	—	63.621	—	—	59.559	44.587	62.089	71.106	43.979	80.51	—	—
金丝桃苷	—	40.602	—	—	—	—	—	—	—	—	—	—	—	—	—
N-十一烷基乙醇胺	—	—	64	—	—	—	69.32	89.082	92.31	—	—	—	—	—	161.005
宝丹酮十一烯酸酯	—	—	63.317	—	52.137	—	65.931	61.221	—	—	56.518	—	—	94.103	—
mestaline	—	—	73.251	53.274	124.07	85.849	70.523	49.848	—	55.577	65.986	—	—	79.536	93.086
麦芽酚	—	—	47.951	—	—	66.447	—	—	—	—	—	—	—	79.308	—

名称	G1	G2	G3	G4	G5	G6	G7	G8	G9	G10	G11	G12	G13	G14	G15
冠木素	—	—	47.113	—	—	—	—	—	68.096	—	—	43.253	—	—	—
二羟基(3α,12α)孕烷-20-酮	—	—	—	89.401	54.076	50.993	—	63.102	—	—	—	—	—	—	—
(2S,3S)-2-[E-3-(3,4-二羟基苯基)丙-2-烯酰]氧基-3,4-二羟基-2-甲基丁酸	—	—	—	76.98	—	—	—	—	—	92.722	—	—	—	—	—
4-羟基-4-{2-[(2R,3R,4S,5S,6R)-3,4,5-三羟基-6-(羟甲基)氧杂环己基)氧基]环己基}氧基乙基}环己烷-1-酮	—	—	—	74.144	—	—	—	—	—	—	—	—	—	—	—
LPC 18:2	—	—	—	72.614	51.423	56.543	101.317	—	—	—	54.869	99.286	—	—	98.64
槲皮素	—	—	—	65.601	51.099		53.734	—	—	48.724	—	—	—	—	—
1-油酰-SN-甘油-3-磷酸胆碱	—	—	—	58.038	—	—	—	—	—	—	—	—	—	—	—

名称	G1	G2	G3	G4	G5	G6	G7	G8	G9	G10	G11	G12	G13	G14	G15
(9Z, 12Z, 15Z)-十八碳-9,12,15-三烯酸2-羟基-3-{[3,4,5-三羟基-6-(羟甲基)氧杂环己烷-2-基]氧基}丙酯	—	—	—	56.484	—	—	—	—	44.702	—	—	—	—	—	—
(2R, 3S, 4S, 5R, 6S)-2-(羟甲基)-6-(4-羟基-2-甲基-5-异丙基苯氧基)氧杂环己烷-3,4,5-三醇	—	—	—	50.903	—	—	—	—	—	—	—	—	—	—	—
3-表羽扇豆醇	—	—	—	—	62.286	—	—	53.639	—	52.219	—	—	—	—	—
19-羟基赖百当-8(17),13Z-二烯-15-油酸	—	—	—	—	52.018	—	—	—	—	—	132.62	—	—	—	—
考雷酸	—	—	—	—	43.299	—	—	—	—	—	—	—	137.13	—	—
鸢尾苷	—	—	—	—	—	61.02	—	—	—	—	—	—	—	—	—

名称	G1	G2	G3	G4	G5	G6	G7	G8	G9	G10	G11	G12	G13	G14	G15
硬脂酰胺	—	—	—	—	—	58.851	—	53.865	—	—	—	—	—	—	73.472
月桂氨酮	—	—	—	—	—	57.497	—	—	—	—	—	—	—	—	—
积雪草酸	—	—	—	—	—	53.321	53.442	—	—	—	—	—	—	—	—
8-羟基-3-(4-氧代戊基)-3,4-二氢异苯并吡喃-1-酮	—	—	—	—	—	—	54.805	—	—	55.943	—	—	—	—	—
单硬脂酸甘油酯	—	—	—	—	—	—	—	62.399	—	—	—	—	—	—	—
4-羟基苯甲酸	—	—	—	—	—	—	—	—	100.546	—	—	—	—	61.749	—
安卓拉斯汀 D	—	—	—	—	—	—	—	—	62.354	—	—	—	—	—	—
(2R,3R,6R)-5-[(1E,3E)-庚-1,3-二烯基]-2,3-二羟基-6-(羟甲基)环己烷-1-酮	—	—	—	—	—	—	—	—	51.831	53.44	—	—	—	—	—
α-石竹烯	—	—	—	—	—	—	—	—	43.034	—	55.339	—	—	—	—
3-吲哚丙烯酸	—	—	—	—	—	—	—	—	—	53.212	—	46.442	—	—	—

名称	G1	G2	G3	G4	G5	G6	G7	G8	G9	G10	G11	G12	G13	G14	G15
十二甲基环己硅氧烷	—	—	—	—	—	—	—	—	—	51.775	—	—	—	—	—
鸡蛋花苷	—	—	—	—	—	—	—	—	—	—	48.335	—	—	—	—
excavatin M	—	—	—	—	—	—	—	—	—	—	46.478	—	—	—	—
香豆素	—	—	—	—	—	—	—	—	—	—	—	78.984	100.029	107.439	—
8-羟基-3-(4-羟戊基)-3,4-二氢异苯并吡喃-1-酮	—	—	—	—	—	—	—	—	—	—	—	44.936	—	—	—
4,7-二甲基-1-异丙基-6-[3,4,5-三羟基-6-(羟甲基)氧杂甲基己烷-2-基]氧基-3,4,4a,5,6,8a-六氢-1H-萘-2-酮	—	—	—	—	—	—	—	—	—	—	—	44.676	—	—	—
异黄腐酚	—	—	—	—	—	—	—	—	—	—	—	—	517.103	—	—
恶垂酸	—	—	—	—	—	—	—	—	—	—	—	—	457.751	—	—

名称	G1	G2	G3	G4	G5	G6	G7	G8	G9	G10	G11	G12	G13	G14	G15
7-[2,6-二甲基-8-(2-甲基丁酰氧基)-1,2,6,7,8,8a-六氢萘-1-基]-3,5-二羟基庚酸	—	—	—	—	—	—	—	—	—	—	—	—	272.391	—	—
2,4-二羟基-6-甲基-3-{E-3-甲基-5-[(1S,2R,6R)-1,2,6-三甲基-3-氧代环己基]戊-2-烯基}苯甲醛	—	—	—	—	—	—	—	—	—	—	—	—	183.906	—	—
醋酸甲地孕酮	—	—	—	—	—	—	—	—	—	—	—	—	137.157	88.867	—
traversianal	—	—	—	—	—	—	—	—	—	—	—	—	105.941	—	61.097
乙酸羽扇醇酯	—	—	—	—	—	—	—	—	—	—	—	—	—	64.552	69.969
N,N-二甲基癸基胺氧化物	—	—	—	—	—	—	—	—	—	—	—	—	—	—	66.797

注：—没有相关内容。

第三节　不同连翘种质资源遗传多样性

作物种质资源的遗传多样性是作物育种的基础，且表型变异作为植物遗传多样性的关键表征，由基因和环境因素共同影响和决定。同种作物在不同的生长环境下或不同的选择压力等因素下，会不同程度地表现出遗传的多样性。本节对不同连翘种质资源的遗传多样性进行分析，以期为连翘的遗传改良和育种实践提供依据。

一、遗传多样性评价

新鲜嫩叶提取 DNA，然后进行重测序，测序深度 5X，参考连翘基因组（NCBI BioProject Accession：PRJNA809471），使用 BWA 进行 read 比对，Picard 标记 PCR 重复，GATK 和 SAMtools 鉴定 SNPs。以 Plink 生成 SNPs 遗传距离矩阵构建系统发育树。

遗传距离，作为量化不同种群间基因差异程度的重要指标，为深入探索连翘种质资源的遗传分化提供了有力工具。这 15 种连翘种质资源样品的遗传距离在 0.2324~0.2766 之间，表明这些种质在遗传上虽较为接近。其中，G14 与 G7 之间的遗传距离最大，而 G15 与 G8 之间的遗传距离最小（表 4-6）。

通过使用加权最短距离法（UPGMA）对 15 个连翘种质样本进行系统发育树构建（图 4-14）。G6 与 G3 的遗传距离最小，其二者之间具有高度的遗传相似性，可能来源于同一进化支系或具有相同的基因型背景；而 G15 与 G2 的遗传距离较大，表明其遗传差异显著。此外，G9 与 G12 之间存在一定的遗传异质性，可能与生态适应性或地理隔离相关。

表 4-6 连翘种质间 Nei's 遗传距离

品种（系）名称	G1	G2	G3	G4	G5	G6	G7	G8	G9	G10	G11	G12	G13	G14	G15
G1	—														
G2	0.2560	—													
G3	0.2702	0.2678	—												
G4	0.2664	0.2658	0.2753	—											
G5	0.2685	0.2658	0.2662	0.2703	—										
G6	0.2588	0.2606	0.2643	0.2677	0.2683	—									
G7	0.2746	0.2722	0.2599	0.2724	0.2657	0.2679	—								
G8	0.2704	0.2691	0.2602	0.2722	0.2676	0.2698	0.2628	—							
G9	0.2671	0.2654	0.2673	0.2646	0.2664	0.2665	0.2734	0.2663	—						
G10	0.2688	0.2664	0.2596	0.2744	0.2556	0.2700	0.2564	0.2609	0.2720	—					
G11	0.2641	0.2618	0.2637	0.2722	0.2695	0.2577	0.2617	0.2715	0.2688	0.2667	—				
G12	0.2677	0.2698	0.2585	0.2741	0.2642	0.2691	0.2568	0.2617	0.2742	0.255	0.2666	—			
G13	0.2649	0.2636	0.2731	0.2613	0.2648	0.2688	0.2698	0.2673	0.2613	0.2714	0.2704	0.2715	—		
G14	0.2694	0.2695	0.2756	0.2679	0.2741	0.2702	0.2766	0.2761	0.2692	0.2737	0.2698	0.2735	0.2684	—	
G15	0.2707	0.2708	0.2647	0.2711	0.2669	0.2660	0.2655	0.2324	0.2746	0.2652	0.2689	0.2631	0.2708	0.2725	—

注：一没有相关内容。

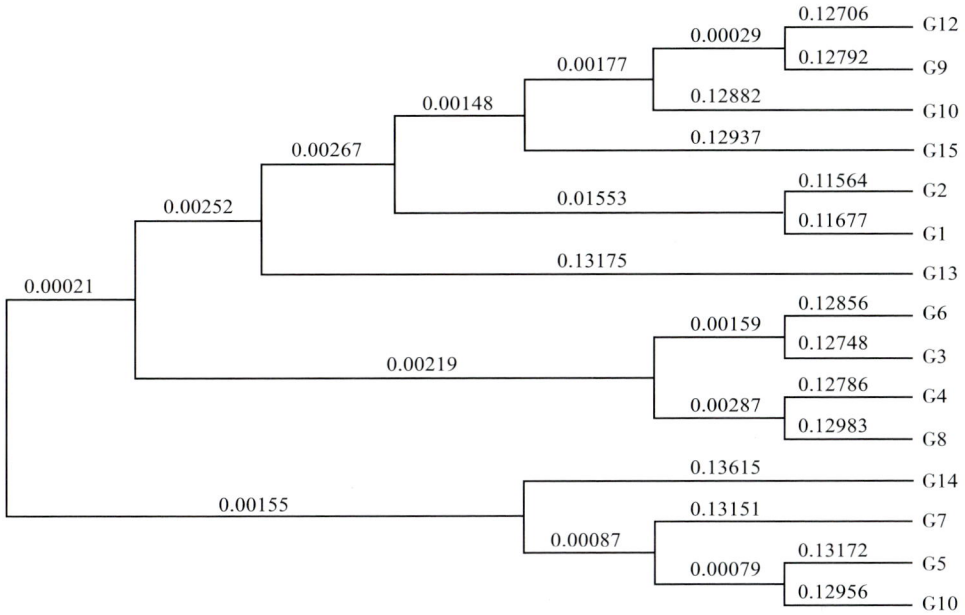

图 4-14　连翘种质遗传距离 UPGMA 聚类图

二、7 种主要化学成分与农艺性状相关性分析

研究表明，不同作物的化学成分与农艺性状之间存在密切关联，如夏枯草中迷迭香酸含量与茎粗的正相关关系，以及乌榄单果质量与农艺性状和营养成分的显著正相关等。在黄秋葵和葛根等作物中，也发现了化学成分与农艺性状之间的显著相关性。就连翘种质资源而言，其丰富的化学成分与多样的农艺性状同样展现出一定的关联性（图 4-15）。其中，连翘苷含量与老叶叶长呈现正相关，而与果实的长度则呈负相关。松脂素和连翘酯苷 I 的含量与老叶长度正相关，与花瓣宽度负相关。此外，连翘脂素的含量则与新叶鲜重、长度及宽度呈现正相关。尽管这些相关性尚未达到显著水平，但总体趋势表明，连翘的七种主要化学成分与叶片的长度、宽度、面积以及干湿重等性状之间可能存在一定的正相关关系。

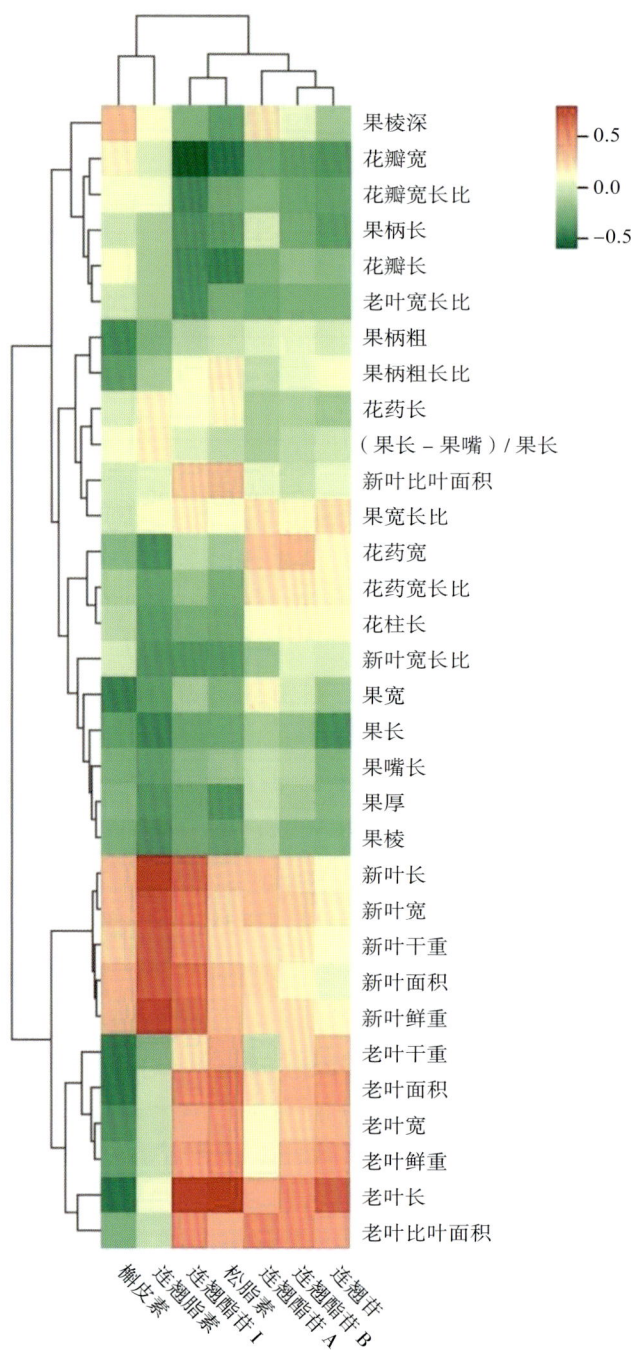

图 4-15　连翘种质 7 种主要化学成分与农艺性状相关性分析

三、农艺性状间相关性分析

作物的性状表现是基因型与环境因素交互作用的结果，各性状间存在着错综复杂的相关性，这些相关性在植株的生长发育过程中相互影响，共同塑造了作物的最终表型。因此，深化对农艺性状特性的研究，不仅有助于揭示作物生长的内在规律，更是种质资源改良与作物育种工作的重要前提。多种作物的农艺性状间的相关性得到了广泛验证。如辣椒的果柄长与果长显著正相关，而果厚则与果柄长和果长呈显著负相关；山楂的果实纵径与果实横径及果形指数显著正相关；沙棘的果柄长与果纵径、果重正相关，而与果形指数负相关。夏枯草的果穗干质量与其果穗数、分枝数、植株鲜质量及茎粗均表现出显著的相关性。连翘种质资源的农艺性状间也呈现出多种相关性（图 4-16）。其中，果长与果柄长、果嘴长、老叶宽呈显著正相关，而与花瓣长呈显著负相关；果厚与果宽及果棱深度呈显著正相关，与老叶叶宽、老叶面积、老叶鲜重呈显著负相关；果棱深度与老叶干重、老叶宽、老叶面积及老叶鲜重呈显著负相关，果实农艺性状与老叶的农艺性状指标之间普遍存在负相关性。

综上所述，连翘种质资源展现出较高的遗传多样性，这种多样性不仅体现在不同种质间的遗传距离和亲缘关系上，还可能影响着其农艺性状的表现。因此，未来应继续深入挖掘连翘种质资源的遗传背景与农艺性状间的关联规律，为连翘的种质改良和育种工作提供更加全面和科学的依据。

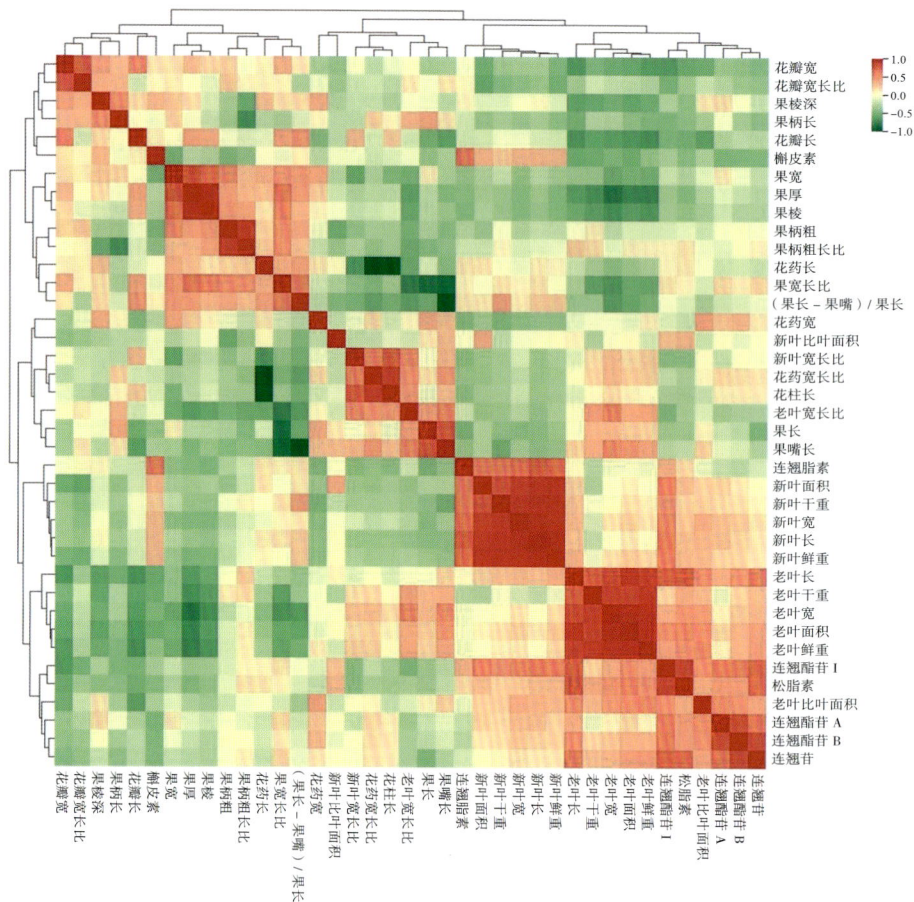

图 4-16 连翘种质农艺性状间相关性分析

参考文献

［1］薛帼珍，刘佳宁，闫晓睿，等. 不同授粉方式对连翘果实农艺性状和品质的影响［J］. 中国野生植物资源，2024，43（2）：73-77+90.

［2］陶菊红，李亚娟，季向东，等. 水稻种质资源农艺性状评价和基因型鉴定［J］. 常熟理工学院学报，2024，38（2）：57-62.

［3］洪成，赵建荣，程春园，等. 辣椒种质资源农艺性状综合评价［J］. 中国蔬菜，2024（7）：33-41.

［4］张燕红，郭占斌，刘瑞香.50份藜麦种质资源农艺性状的综合分析与评价[J].中国农业科技导报，2024，26（6）：45–54.

［5］樊晓静，于文涛，蔡春平，等.茶树种质资源花器官微形态特征观察［J］.南方农业学报，2021，52（3）：700–710.

［6］刘盈，赵方.基于多元非线性回归和BP神经网络的长春花形态指标生长模型的比较［J］.上海农业学报，2019，35（6）：64–71.

［7］方仁，安振宇，黄伟雄，等.8个番荔枝栽培品种的花粉形态扫描电镜观察[J].南方农业学报，2020，51（7）：1553–1559.

［8］房信胜，周红英，宁安琪，等.连翘长花柱与短花柱植株花粉形态特征和花中化学成分比较［J］.园艺学报，2017，44（2）：373–380.

［9］Zhu Y, Fan X, Yu W, et al. Genetic variation of tea plant in Ningde and its adjacent regions revealed by single nucleotide polymorphism genotyping［J］. Agronomy Journal，2023，115（6）：2829–2842.

［10］冯鹏宇，荆赞革，裴徐梨，等.莴笋农艺性状相关性、主成分与聚类分析［J］.分子植物育种，1–12.

［11］夏伟，董诚明，李汉伟，等.连翘不同果形质量评价［J］.中国实验方剂学杂志，2017，23（6）：60–64.

［12］牛群.连翘果实的采收期研究［J］.河北林业科技，2021（4）：24–27.

［13］国家药典委员会.中华人民共和国药典［M］.北京：中国医药科技出版社，2020.

［14］黄九林，魏春雁，李庆华.连翘提取液中连翘苷和总黄酮的含量测定与抗氧化活性的研究［J］.安徽农业科学，2012，40（9）：5209–5210+5284.

［15］张圆圆，马金龙，管冠，等.脐橙幼苗新老叶片养分含量对大、中量元素短期缺乏的差异性响应［J］.植物营养与肥料学报，2023，29（2）：353–362.

［16］李轩然，刘琪璟，蔡哲，等.千烟洲针叶林的比叶面积及叶面积指数［J］.植物生态学报，2007（1）：93–101.

［17］王姝君.连翘质量控制标准研究［D］.山西大学，2019.

［18］魏丽芳.连翘药材的品质评价研究［D］.南京中医药大学，2021.

［19］Xinyue P, Jianglei Z, Yue Y, et al. Quality grade evaluation and the related research of *Forsythia suspensa* from different places on the market［J］. NEW JOURNAL OF CHEMISTRY，2021，45（37）：17428–17437.

［20］封燮，石欢，杨贵雅，等.基于GC-MS与化学计量学的不同采收时期连翘挥发油类成分动态变化研究［J］.中国中药杂志，2022，47（1）：54–61.

［21］赖佑圳.根际土壤理化性质和内生真菌与附子生物碱积累关系研究［D］.陕西师范大学，2021.

［22］田真，王紫玉，渠鹏霞，等．连翘叶改善肥胖大鼠炎症因子水平及肠道菌群结构的作用［J］．海南医学院学报，2024，30（13）：970-981.

［23］滕文龙，吴永娜，王德富，等．连翘叶茶对肝癌细胞增殖和迁移功能的影响及其作用机制［J］．生物技术通报，2024，40（4）：287-296.

［24］骆霞，赵利军，祝宇，等．秦巴山不同产区连翘叶中多酚类化合物含量分析［J］．职业与健康，2023，39（15）：2017-2025.

［25］罗旋，沈霞，王薇，等．连翘叶的化学成分研究［J］．中南药学，2023，21（5）：1276-1279.

［26］刘银，刘晓兰，李欧，等．十堰地区连翘叶 HPLC 指纹图谱的建立及抗氧化抑菌谱效关系研究［J］．饲料研究，2023，46（21）：124-129.

［27］周明月，霍金海，孙国东，等．基于 UPLC-Q-TOF-MS 技术的连翘叶化学成分分析［J］．中药材，2019，42（11）：2582-2587.

［28］沈菲，邹立思，文红梅，等．HPLC-PDA 指纹图谱结合 UFLC-Q-TOF-MS 定性鉴别评价连翘药材质量［J］．中国中药杂志，2019，44（20）：4495-4503.

［29］袁娟伟，贾利，唐菁，等．275 份辣椒种质资源表型性状的遗传多样性分析［J］．安徽农业大学学报，2024，51（2）：244-255.

［30］杜柯，黄伟业，侯瑞虹，等．基于表型性状的花苜蓿遗传多样性分析［J］．草地学报，1-20.

第五章
连翘易混淆品

连翘是我国大宗药材，目前市场上也有易混淆品掺入的情况发生，严重影响了连翘药材质量。这些易混淆品以连翘属植物的果实居多，如秦连翘、金钟花、东北连翘等。除连翘属植物外，紫丁香也是常见连翘易混淆品之一。本章介绍连翘易混淆品的特征、连翘与易混淆品之间的异同，为准确区分连翘与易混淆品提供指导。

第一节 主要易混淆品的特征

一、秦连翘

1. 形态特征及物候期

秦连翘（*Forsythia giraldiana* Lingelsh），落叶灌木，高 1~3m。枝直立，圆柱形，灰褐色或灰色，疏生圆形皮孔，外有薄膜状剥裂，小枝略呈四棱形，棕色或淡褐色，无毛，常呈镰刀状弯曲，具片状髓（图 5-1）。

叶片革质或近革质，长椭圆形、卵形至披针形，或倒卵状椭圆形至倒卵状披针形，长 3.5~12cm，宽 1.5~6cm，先端尾状渐尖或锐尖，基部楔形或近圆形，全缘或疏生小锯齿，上面暗绿色，无毛或被短柔毛，中脉和侧脉凹入，下面淡绿色，被较密柔毛、长柔毛或仅沿叶脉疏被柔毛以至无毛；叶柄长 0.5~1cm，被柔毛或无毛。

花通常单生，或 2~3 朵着生于叶腋；花萼带紫色，长 4~5mm，裂片卵状三角形，长 3~4mm，先端锐尖，边缘具睫毛；花冠黄色，长 1.5~2.2cm，花冠管长 4~6mm，裂片狭长圆形，长 0.7~1.5cm，宽 3~6mm；在雄蕊长 5~6mm 花中，雌蕊长约 3mm，在雌蕊长 5~7mm 花中，雄蕊长 3~5mm。

果卵形或披针状卵形，长 0.8~1.8cm，宽 0.4~1cm，先端喙状短渐尖至渐尖，或锐尖，皮孔不明显或疏生皮孔，开裂时向外反折；果梗长 2~5mm。秦连翘果实呈纺锤形或长椭圆形，长 1.5~1.8cm，直径 0.6~0.8cm。顶端渐尖，无长喙。

花期 3~5 月，果期 6~10 月。

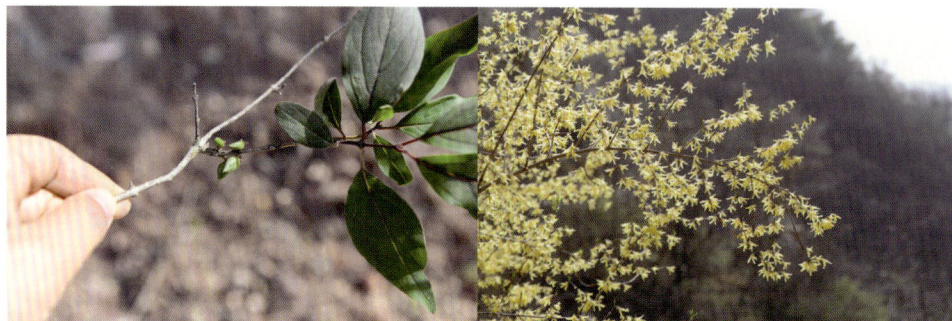

图 5-1　秦连翘

2. 地理分布及生态环境

秦连翘产于甘肃东南部、陕西、河南西部、四川东北部，生于山坡或低山坡林中，山谷灌丛或疏林中，山沟、河滩或林边，或山沟石缝中，海拔800~3200m。

3. 化学成分及应用

使用超高效液相色谱 - 四极杆飞行时间质谱系统（UPLC–Q–TOF–MS）分别对秦连翘的干燥成熟果实测定分析发现，秦连翘中主要化合物为单硬脂酸甘油酯、2α- 乙酰氧基 -3,22- 斯蒂坎二酮、13,14- 二甲氧基 -6,7- 二甲基 -5,6,7,8- 四氢 [1,3] 苯并二氧杂环戊烯 [5′,6′:3,4] 环辛 [1,2–f][1,3] 苯并二氧杂环戊烯、[E-3-(3,4- 二羟基苯基) 丙烯 -2- 酸酯][2,6- 二羟基 -5-[(3,4,5- 三羟基 -6-(羟甲基) 氧杂环己烷 -2- 基) 氧基] 环己 -3- 烯 -1- 基]、黄芩苷 II、对羟基苯甲酸丁酯、棕榈酸、四氢可的松、4- 羟基苯甲酸等。化合物四氢可的松在连翘和秦连翘中同时被检出，但其相对含量表现显著性差异，连翘中为32.28，而在秦连翘中则高达 141.20。与连翘相比，秦连翘中不含连翘主要含有的有效成分，其二者在化学成分上有本质性的区别，秦连翘不能作为连翘使用，目前暂无秦连翘药用报道。

二、东北连翘

1. 形态特征及物候期

东北连翘（*Forsythia mandschurica* Uyeki），落叶灌木，高约1.5m，树皮灰褐色。小枝开展，当年生枝绿色，无毛，略呈四棱形，疏生白色皮孔，二年生枝直立，无毛，灰黄色或淡黄褐色，疏生褐色皮孔，外有薄膜状剥裂，具片状髓。

叶片纸质，宽卵形、椭圆形或近圆形，长5~12cm，宽3~7cm，先端尾状渐尖、短尾状渐尖或钝，基部为不等宽楔形、近截形至近圆形，叶缘具锯齿、牙齿状锯齿或牙齿，上面绿色，无毛，下面淡绿色，疏被柔毛，叶脉在上面凹入，下面凸起；叶柄长0.5~1（~1.3）cm，疏被柔毛或近无毛，上面具沟。

花单生于叶腋；花萼长约5mm，裂片下面呈紫色，卵圆形，长2~3mm，先端钝，边缘具睫毛；花冠黄色，长约2cm，裂片披针形，长0.7~1.5cm，宽2~6mm，先端钝或凹；雄蕊长2~3mm，雌蕊长3.5~5mm。东北连翘在哈尔滨地区适应性强，花期持续时间较长，其花芽在当年的秋季已经明显发育出花的各个部分。花枝上的花朵数量多、花型大、花色艳丽，花粉量亦较多，花的结构符合明显的异交花部特征。但其雌、雄蕊在空间上没有明显的分离，花药成熟后依旧贴合并包围柱头，体现出一定的自交花部特征。

果长卵形，长0.7~1cm，宽4~5mm，先端喙状渐尖至长渐尖，皮孔不明显，开裂时向外反折。

花期5月，果期9月。

2. 地理分布及生态环境

东北连翘产于辽宁鸡冠山，生于山坡；在沈阳也有栽培；在哈尔滨地区也有很强的适应性。

3. 化学成分及应用

有研究采用同时蒸馏萃取（SDE）法提取东北连翘鲜花精油，气相色谱－质谱法（GC–MS）分析精油的化学组分，发现SDE石油醚萃取得到的东北连翘鲜花精油得率为0.69%，鉴定得到28种成分，GC含量最高的化合物为二十五烷（28.65%），其次是Z-9-二十三烯（27.82%）。SDE正己烷萃取得到的东北连翘鲜花精油得率为0.81%，鉴定得到44种成分，GC含量最高的化合物为Z-9-二十三烯（47.16%），其他香料化合物还有肉豆蔻醛（0.97%）、石竹烯（0.05%）等。两种精油的共有成分Z-9-二十三烯可用作家蝇性引诱剂。

三、金钟花

1. 形态特征及物候期

金钟花（*Forsythia viridissima* Lindl.），落叶灌木，高可达 3m，全株除花萼裂片边缘具睫毛外，其余均无毛。枝棕褐色或红棕色，直立，小枝绿色或黄绿色，呈四棱形，皮孔明显，具片状髓（图 5-2）。

叶片长椭圆形至披针形，或倒卵状长椭圆形，长 3.5~15cm，宽 1~4cm，先端锐尖，基部楔形，通常上半部具不规则锐锯齿或粗锯齿，稀近全缘，上面深绿色，下面淡绿色，两面无毛，中脉和侧脉在上面凹入，下面凸起；叶柄长 6~12mm。金钟花叶显微结构具有明显特征。过主脉叶横切结构为上表皮中未见气孔，下表皮可见气孔。上下表皮均有非腺毛、腺鳞。细胞间含有胞间连丝。叶片过主脉上表皮明显凹进，下表皮突出；叶为异面叶，有栅栏组织和海绵组织组成，叶肉中栅栏组织细胞呈柱状，1~2 列，排列紧密，中脉处维管束1 个，木质部在上方，木质部新月形。叶柄横切面呈半月形，叶柄由表皮、基本组织和维管束组成。维管束为外韧型，维管束呈半圆形排列在基本组织中。

花 1~3（4）朵着生于叶腋，先于叶开放；花梗长 3~7mm；花萼长 3.5~5mm，裂片绿色，卵形、宽卵形或宽长圆形，长 2~4mm，具睫毛；花冠深黄色，长 1.1~2.5cm，花冠管长 5~6mm，裂片狭长圆形至长圆形，长 0.6~1.8cm，宽 3~8mm，内面基部具橘黄色条纹，反卷；在雄蕊长 3.5~5mm 的花中，雌蕊长 5.5~7mm，在雄蕊长 6~7mm 的花中，雌蕊长约 3mm。金钟花叶粉末中表皮细胞多见，叶肉碎片多见，导管束多见，以环纹导管为主；可见石细胞、腺鳞和簇晶，腺鳞呈圆形，簇晶呈椭圆形。

果卵形或宽卵形，长 1~1.5cm，宽 0.6~1cm，基部稍圆，先端喙状渐尖，具皮孔；果梗长 3~7mm。

花期 3~4 月，果期 8~11 月。

图 5-2　金钟花

2. 地理分布及生态环境

金钟花产于江苏、安徽、浙江、江西、福建、湖北、湖南、云南西北部，生于山地、谷地或河谷边林缘，溪沟边或山坡路旁灌丛中，海拔 300~2600m。除华南地区外，全国各地均有栽培，尤以长江流域一带栽培较为普遍。

3. 化学成分及应用

根据现有报道，金钟花叶中含有牛蒡苷（arctiin）、牛蒡苷元（arcti-genin）、穗罗汉松脂酚（matairesinol）、穗罗汉松脂酚苷（mata-iresinoside）、异槲皮苷（isoquercitrin）、紫云英苷（astraga-lin）、洋丁香酚苷（acteoside）、β-羟基洋丁香酚苷（β-hydroxy-acteoside）等成分。果实中含有牛蒡苷、牛蒡苷元、穗罗汉松脂酚、穗罗汉松脂酚苷、芦丁、白桦脂酸（betclinic acid）、熊果酸（ursolic acid）、齐墩果酸（oleanolic acid）、洋丁香酚苷及 β-羟基洋丁酚苷等成分。金钟花叶有清热解毒、祛湿泻火的药用功效，可用于治疗流行性感冒、目赤肿痛、疥疮、筋骨酸痛、颈淋巴结核等。

四、紫丁香

1. 形态特征及物候期

紫丁香（*Syringa oblata* Lindl.），灌木或小乔木，高可达 5m；树皮灰褐色或灰色。小枝、花序轴、花梗、苞片、花萼、幼叶两面以及叶柄均无毛而密被腺毛。小枝较粗，疏生皮孔。

叶片革质或厚纸质，卵圆形至肾形，宽常大于长，长 2~14cm，宽 2~15cm，先端短凸尖至长渐尖或锐尖，基部心形、截形至近圆形，或宽楔形，上面深绿色，下面淡绿色；萌枝上叶片常呈长卵形，先端渐尖，基部截形至宽楔形；叶柄长 1~3cm（图 5-3）。

圆锥花序直立，由侧芽抽生，近球形或长圆形，长 4~16（20）cm，宽 3~7（10）cm；花梗长 0.5~3mm；花萼长约 3mm，萼齿渐尖、锐尖或钝；花冠紫色，长 1.1~2cm，花冠管圆柱形，长 0.8~1.7cm，裂片呈直角开展，卵圆形、椭圆形至倒卵圆形，长 3~6mm，宽 3~5mm，先端内弯略呈兜状或不内弯；花药黄色，位于距花冠管喉部 0~4mm 处。

果倒卵状椭圆形、卵形至长椭圆形，长 1~1.5（2）cm，宽 4~8mm，先端长渐尖，光滑。

花期 4~5 月，果期 6~10 月。

图 5-3　紫丁香

2.地理分布及生态环境

紫丁香多产于东北、华北、西北（除新疆）以至西南达四川西北部（松潘、南坪），生于山坡丛林、山沟溪边、山谷路旁及滩地水边，海拔 300~2400m。长江以北各庭园普遍栽培。

3.化学成分及应用

目前对紫丁香的研究发现紫丁香的化学成分主要有丁香苦素、槲皮素、齐墩果酸、丁香醛等，对于紫丁香茎（表 5-1）、叶（表 5-2）、花（表 5-3）和籽（表 5-4）都有较为全面的化学分析报道。

表 5-1　紫丁香茎化学成分

序号	化合物	部位
1	刺五加苷 B	茎
2	4-(2-羟基 -1-甲氧基乙基)-1,2-苯二酚	茎
3	3-羟基 -4-甲氧基苯甲酸	茎
4	香草醛	茎
5	4-(1-乙氧基 -2-羟基乙基)-1,2-苯二酚	茎

序号	化合物	部位
6	落叶松树脂酚 4-O-β-D- 葡萄糖苷阿诺苷	茎
7	连翘酯苷 A	茎
8	松柏醛	茎
9	艾拉西诺 H	茎
10	女贞苷	茎
11	艾拉辛醇 G	茎
12	4,4′- 二羟基 -3,3′,9- 三甲氧基 -9,9′- 环氧木脂素	茎
13	川木香醇 D	茎
14	alashinol D	茎
15	o-ethylcubebin	茎
16	开环异落叶松树脂酚	茎
17	prebalanophonin	茎
18	5- 甲氧基异落叶松树脂酚	茎
19	胡椒素 VI	茎
20	去甲芦荟素 A	茎
21	丁香树脂酚	茎
22	3,3′- 二甲氧基 4,4′- 二羟基 -88, 98, 8′a-6,9- 环四氢呋喃木脂素	茎
23	倍半萜醇 B	茎
24	丁香木质素苷 B	茎
25	槲皮素	茎
26	氢化苍术素	茎
27	落叶松萘酮	茎
28	开环异落叶松树脂酚二聚体	茎
29	4- 羟基 -1,10- 仲卡 -5- 烯 -1,10- 二酮	茎
30	alashanoid L/alashanoid M	茎
31	羽叶酮 A	茎
32	羽叶素	茎
33	异茴香叶素	茎
34	(–)- 荜澄茄	茎
35	2α- 羟基瑞莫非尔 -11- 烯 -9- 酮	茎

序号	化合物	部位
36	3β- 乙酰氧基 –11α,12α- 环氧 – 齐墩果 –28–13β- 内酯	茎
37	3-O- 乙酰齐墩果酸	茎
38	19α- 羟基乌苏酸	茎

表 5–2 紫丁香叶化学成分

序号	化合物	部位
1	独脚金内酯 B	叶
2	10- 羟基女贞苷	叶
3	sclerochitonoside A	叶
4	methyloleoside 7–ethylester	叶
5	2,2- 二甲基 –2H–1– 苯并吡喃 –6– 醇	叶
6	tetracentronside B	叶
7	环橄榄树脂素	叶
8	内消旋 –2,3– 二 (3′,4′- 亚甲二氧基苄基)–1,4– 丁二醇	叶
9	羟基酪醇乙酰酯	叶
10	乙酸 2-(4- 羟苯乙基)	叶
11	2-(4- 羟基苯基) 乙酸 –4– 羟苯乙基酯	叶
12	bungein A	叶
13	staphylionoside D	叶
14	icariside C3	叶
15	7- 羟基 –1– 异色满酮	叶
16	巨豆三烯	叶
17	铁冬青酸	叶
18	2α,3α,23- 三羟基 –12– 烯 28– 乌苏酸	叶
19	坡模酸	叶
20	木姜子醇	叶
21	紫丁香苷 D	鲜叶
22	紫丁香苷 E	鲜叶
23	齐墩果酸	叶
24	乌苏酸	叶

序号	化合物	部位
25	白桦酸	叶
26	1,3- 苯并间二氧杂环戊烯 -5- 丙醇	叶
27	对羟基苯丙醇	叶
28	对羟基苯乙 醇	叶
29	丁香苦素 D	叶
30	丁香苦素 E	叶
31	丁香苦素 F	叶
32	丁香苦素 A	叶
33	丁香苦素 C	叶
34	3,4- 二羟基苯乙醇	叶
35	丁香苦素 B	叶
36	syringopicrogenin B	叶
37	蚱蜢酮	叶
38	(7*R*,8*S*)-4,9,9′- 三羟基 -3,3′- 二甲氧基 -7,8- 二氢苯并呋喃 -1′- 丙基新木脂素	叶
39	落叶松脂醇	叶
40	丁香苷	叶
41	3*Z*- 己烯醇葡萄糖苷	叶
42	槲皮素 -3-*O*-*β*-*D*- 吡喃葡萄糖苷	叶
43	8*E*- 女贞苷	叶
44	落叶松脂素 -4-*O*-*β*-*D*- 吡喃葡萄糖苷	叶
45	8*E*- 女贞苷 B	叶
46	8*E*- 女贞苷 A	叶
47	红景天苷	叶
48	7- 脱氢 马钱子苷	叶
49	fliederoside B	叶
50	syringopicroside B	叶
51	木犀榄苷二甲酯	叶
52	紫丁香苷	叶
53	丁香苦苷	叶

序号	化合物	部位
54	橄榄苦苷	叶
55	(+)- 表松脂素 –4′-O-β-D- 葡萄糖苷	叶
56	毛蕊花糖苷	叶
57	(+)- 落叶松脂素 –4′-O-β-D- 吡喃葡萄糖苷	叶
58	(+)- 松脂素 –4″-O-β-D- 葡萄吡喃糖苷	叶
59	(+)- 表松脂素 –4-O-β-D- 葡萄糖苷	叶
60	落叶松脂醇 –4-O-β-D- 葡萄吡喃糖苷	叶
61	3,4:3′,4′- 双（亚甲二氧基）-9′- 羟基 – 木脂素 –9- 甲基 –O-β-D- 葡萄吡喃糖苷	叶
62	2-(34- 二羟基苯基）乙基 (1R,4aS,8R,8aS)-8- 甲基 –6- 氧代 –1-[(2S,3R,4S,5S,6R)-3,4,5- 三羟基 –6-（羟甲基）氧烷 –2- 基] 氧基 –4a,5,8,8a- 四氢 –1H– 吡喃并 [3,4-C] 吡喃 –4- 羧酸酯	叶
63	3,4- 二羟基苯乙二醇	叶
64	对羟基苯乙醇	叶
65	6–O–(E)–feruloyl–(α)–glucopuranoside	叶
66	6–O–(E)–feruloyl–(β)–glucopuranoside	叶

表 5-3　紫丁香花化合物

序号	化合物	部位
1	丁香苦素 B	花蕾
2	齐墩果酸	花蕾
3	乌苏酸	花蕾
4	羽扇豆酸	花蕾
5	羽扇豆醇	花蕾
6	对羟基苯丙醇	花蕾
7	对羟基苯乙醇	花蕾
8	β- 谷甾醇	花蕾
9	槲皮素	花蕾
10	山奈酚 –3-O-α-L- 鼠李糖基 –(1 → 6)-β-D- 葡萄糖苷（山奈酚 – 芸香糖）	花蕾

序号	化合物	部位
11	4- 羟基苯乙醇	花蕾
12	香草酸	花蕾
13	咖啡酸	花蕾
14	咖啡酸白藓苷 A	花蕾
15	丁香苷	花蕾
16	槲皮素 -3-O-β-D- 葡萄糖苷	花蕾
17	芦丁	花蕾
18	棕榈酸	花蕾
19	月桂酸	花蕾
20	熊果酸	花蕾
21	柚皮素	花蕾
22	β- 胡萝卜苷	花蕾

表 5-4　紫丁香籽化学成分

序号	化合物	部位
1	丁香苦素 C	籽
2	丁香苦素 A	籽
3	丁香苦素 B	籽
4	8E- 女贞子苷	籽
5	8E- 女贞苷	籽
6	丁香苦苷	籽
7	syringopicroside B	籽
8	4-O-11- 甲基油苷 - 对羟基苯基 -(6′-11- 甲基油苷)-β-D- 吡喃葡萄糖苷	籽
9	7β-D- 吡喃葡萄糖基 -11- 甲基油苷	籽
10	lilacoside	籽
11	对羟基苯乙醇	籽
12	2-(对羟基苯基)- 乙基 -2,6- 双 (2S,3E,4S)-3- 亚乙基 -2-(β-D- 吡喃葡萄糖氧基)-3,4- 二氢 -5-(甲氧羰基)-2H- 吡喃 -4- 乙酸酯	籽

序号	化合物	部位
13	对羟基苯乙醇丙酸酯	籽
14	21α-羟基-14-烯-3β-基-二氢咖啡酸酯	籽

　　紫丁香性温，味辛，归脾、胃、肺，临床上应用广泛，具有抗菌消炎、抗病毒、保肝利胆、治疗脾胃湿寒、呃逆吐泻、心腹冷痛等作用。还可在兽医药领域中用于改善因金黄色葡萄球菌造成的子宫损伤，降低子宫组织金黄色葡萄球菌数。除此之外，紫丁香还是一种喜阳、忌积水、耐寒耐旱且生存能力相对较强的植物，具有较强的吸收 SO_2 的能力，对 SO_2 污染具有一定的净化作用，常作为风景园林植物。

第二节　连翘与易混淆品的异同

一、基础性状特征

表5-5　连翘与易混淆品基础性状特征表

名称	枝	叶	花	果	产地	物候期
连翘	枝开展或下垂	叶片卵形、宽卵形或椭圆状卵形至椭圆形，两面无毛；叶柄长0.8~1.5cm，无毛	花通常单生或2至数朵着生于叶腋，先于叶开放；花萼绿色，裂片长圆形或长圆状椭圆形，先端钝或锐尖，边缘具睫毛，与花冠管近等长；花冠黄色，裂片倒卵状长圆形或长圆形	果卵球形、卵状椭圆形或长椭圆形，先端喙状渐尖，表面疏生皮孔	河北、山西、陕西、山东、安徽西部、河南、湖北、四川	花期3~4月，果期7~9月

名称	枝	叶	花	果	产地	物候期
秦连翘	枝直立，圆柱形	叶片长椭圆形、卵形至披针形，或倒卵状椭圆形至倒卵状披针形，上表面无毛或被短柔毛，下表面被较密柔毛、长柔毛或仅沿叶脉疏被柔毛以至无毛；叶柄长0.5~1cm，被柔毛或无毛	花通常单生或2~3朵着生于叶腋；花萼带紫色，裂片卵状三角形，先端锐尖，边缘具睫毛；花冠黄色，裂片狭长圆形	果卵形或披针状卵形，先端喙状短渐尖至渐尖，或锐尖，皮孔不明显或疏生皮孔，开裂时向外反折	甘肃东南部、陕西、河南西部、四川东北部	花期3~5月，果期6~10月
东北连翘	小枝开展，二年生枝直立	叶片宽卵形、椭圆形或近圆形，上表面无毛，下表面疏被柔毛；叶柄长0.5~1（~1.3）cm，疏被柔毛或近无毛	花单生于叶腋；花萼裂片下面呈紫色，卵圆形，先端钝，边缘具睫毛；花冠黄色，裂片披针形	果长卵形，先端喙状渐尖至长渐尖，皮孔不明显，开裂时向外反折	辽宁	花期5月，果期9月
金钟花	枝直立	叶片长椭圆形至披针形，或倒卵状长椭圆形，两面无毛，叶柄长6~12mm	花1~3（~4）朵着生于叶腋，先于叶开放；花萼裂片绿色，卵形、宽卵形或宽长圆形，具睫毛；花冠深黄色，裂片狭长圆形至长圆形	果卵形或宽卵形，基部稍圆，先端喙状渐尖，具皮孔	江苏、安徽、浙江、江西、福建、湖北、湖南、云南西北部	花期3~4月，果期8~11月
紫丁香	小枝、花序轴、花梗、苞片、花萼、幼叶两面及叶柄均密被腺毛	叶片卵圆形至肾形，上表面深绿色，下表面淡绿色；叶柄长1~3cm	圆锥花序直立，由侧芽抽生，近球形或长圆形；花萼萼齿渐尖、锐尖或钝；花冠紫色，花冠管圆柱形，裂片呈直角开展，卵圆形、椭圆形至倒卵圆形	果倒卵状椭圆形、卵形至长椭圆形，先端长渐尖，光滑	东北、华北、西北（除新疆）以至西南达四川西北部（松潘、南坪）	花期4~5月，果期6~10月

连翘与秦连翘、东北连翘、金钟花、紫丁香的部分性状相似，如均为落叶灌木，叶片通常均为单叶，花生长于叶腋，生境大多为山坡、灌丛中，有较强的适应能力，生长地区的海拔跨度较大。但是，连翘与其他4种易混淆品仍存在明显区别。

秦连翘也称小连翘，其性状与连翘的区别主要表现为：秦连翘茎具有片状髓；花萼带紫色；卵圆形蒴果，先端喙状，较连翘果实小，长约1.5cm，表面淡棕色，较光滑，突起的小斑点不明显，一瓣稍弯向内侧，另一瓣稍弯向外，形似鸡喙；花期、果期与连翘的花期、果期时间接近，但时间跨度较连翘长；生长海拔较连翘高，为 800~3200m。除此之外，秦连翘表皮中果皮薄壁细胞组织列数较少，为 10~20 列，中果皮维管束较少，石细胞群少，内果皮维管束较少，石细胞群少，内果皮为近列纵横交错的木质化纤维组织，石细胞不明显。秦连翘的种子呈现长梭形，两头尖。秦连翘的薄层色谱则表现为秦连翘不含有齐墩果酸，而连翘中含有。

金钟花也称迎春条，其性状与连翘的区别主要表现在：金钟花小枝具片状髓；叶片与连翘相似，但叶柄较连翘叶柄短；果实呈现类卵状，稍扁宽，果皮较薄呈波状弯曲，顶端锐尖，基部稍圆，底部有明显皱折，外表面褐色或绿色浅褐色疣状突起集中分布于中部至顶部的纵沟两侧，质地脆；种子金黄色具三棱一端稍尖，略弯曲，种皮皱缩，具不规则纹理；花期与连翘花期相似，但果期较连翘晚。生长地区广，除华南地区外，全国均有栽培。金钟花提取物在 281nm 波长处有稳定的吸收峰而连翘没有。

秦连翘枝灰褐色或灰色，小枝呈棕色或淡褐色，叶片上面无毛或被短毛，下面常被有毛；而金钟花枝呈棕褐色或红棕色，小枝绿色或黄绿色，叶片两面无毛。

东北连翘与连翘的区别主要体现在：东北连翘的树皮呈灰褐色；小枝具片状髓；叶片纸质，宽卵形、椭圆形或近圆形，较连翘大，叶脉凹凸明显，叶柄较连翘短；花较连翘小，裂片下面呈紫色，没有明显区分长短的雌蕊和雄蕊；果实呈长卵形，较连翘小，先端喙状渐尖至长渐尖，皮孔不明显，开裂时向外反折；主要生在与辽宁鸡冠山；花期、果期均较连翘晚。

紫丁香与连翘的区别主要体现在：紫丁香的高度可达 3m，高于连翘；小枝无毛，具片状髓；叶片下面被较密柔毛、长柔毛或仅沿叶脉疏被柔毛至无毛，叶柄较连翘短，被柔毛或无毛；花冠呈现紫色；果倒卵状椭圆形、卵形至长椭圆形，较连翘果实小，先端长渐尖，表面光滑；花期和果期较连翘晚。

二、化学成分

使用超高效液相色谱－四极杆飞行时间质谱系统（UPLC–Q–TOF–MS）分别对连翘、紫丁香、金钟花、秦连翘和东北连翘的干燥成熟果实测定，发现其所含有的化学成分的种类和含量有着明显差别。如图 5-4 所示，不同样品中化合物的种类和含量分布在不同区域，形成了明显的分离特征，连翘与其他四种易混淆样品所含化合物种类几乎没有重叠部分。

随后，测定连翘以及四种易混淆样品的化合物种类及其相对含量，并挑选了每个样品中含量排名前十的化合物进行分析，如表 5-6 所示。

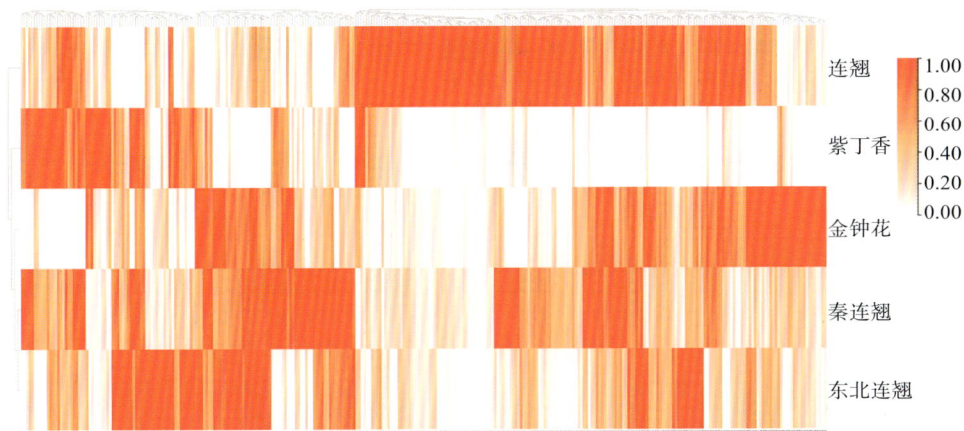

图 5-4　连翘、紫丁香、金钟花、秦连翘、东北连翘化学成分热图

表 5-6　连翘及其易混淆品化合物的相对含量

序号	化合物	连翘	紫丁香	秦连翘	东北连翘	金钟花
1	9-(β-D-呋喃核糖基) 玉米素	—	—	—	—	36.21
2	1-单硬脂酸甘油酯	—	60.63	60.45	56.34	—
3	histamine	—	89.79	—	—	—
4	2α-乙酰氧基 -3, 22-斯汀双酮	—	—	43.76	36.56	—
5	芥子醇	—	29.83	—	—	—
6	甘草黄酮	—	30.20	—	—	—
7	(−)-核黄素	31.08	—	—	—	—
8	13, 14-二甲氧基 -6, 7-二甲基 -5, 6, 7, 8-四氢 [1, 3] 苯并二氧杂环戊烯并 [5′, 6′:3, 4] 环辛烷并 [1, 2-f][1, 3] 苯并二氧杂环戊烯	—	—	55.46	—	—
9	金丝桃苷	—	—	—	—	53.75
10	白桦脂醇	32.53	—	—	—	—
11	槲皮素	—	—	—	55.54	—

序号	化合物	连翘	紫丁香	秦连翘	东北连翘	金钟花
12	松脂醇	—	—	—	33.98	—
13	{2, 6- 二羟基 -5-[3, 4, 5- 三羟基 -6-(羟甲基) 氧烷 -2- 基] 氧基环己 -3- 烯 -1- 基 }(E)- 3-(3, 4- 二羟基苯基) 丙 -2- 烯酸酯	—	—	56.77	—	—
14	顺 -9, 10- 环氧 -12- 十八碳烯酸	—	—	—	30.93	—
15	黄芩苷 II	—	—	48.57	—	—
16	二氢白环烯内酯	—	—	—	—	53.48
17	对羟基苯甲酸丁酯	—	31.85	34.51	—	—
18	18- 羟基 -7- 氧代 -8(9), 13(E)- 二烯 -15- 酸	—	—	—	—	34.77
19	鱼藤酮	—	—	—	—	35.86
20	(4S)-4- 羟基 -3, 5, 5- 三甲基 -4-{(E)-3-[(2R, 3R, 4S, 5S, 6R)-3, 4, 5- 三羟基 -6-(羟甲基) 氧烷 -2- 基] 氧丁 -1- 烯基 } 环己 -2- 烯 - 1- 酮	31.78	—	—	—	—
21	棕榈酸	—	—	64.77	—	—
22	labda-8(17), 13E-dien-5, 18-dioic-acid15-methylester	61.94	—	—	—	—
23	积雪草酸	—	53.97	31.15	—	—
24	去氧皮质酮	51.22	—	—	—	—
25	坎利酮	—	—	—	58.01	—
26	四氢皮质酮	32.28	—	141.20	—	—
27	2-(3, 5- 二羟基 -1, 4- 二氧代 -1, 4- 二氢萘 - 2- 基)-3- 甲氧基 -5- 甲基苯甲酸	32.23	—	—	—	—
28	月桂氮酮	—	38.68	—	—	—
29	(3R, 4R, 5R)-3-[(11E)-11, 15-hexadecadien-9-yn-1-yl]-4-hydroxy-5-methyldihydro-2(3H)-furanone	55.66	—	—	—	—
30	4- 羟基苯甲酸	—	—	41.93	—	43.27
31	22α- 乙酰氧基 -3- 司克他酮	33.54	—	—	—	—

序号	化合物	连翘	紫丁香	秦连翘	东北连翘	金钟花
32	(2S, 3R, 4R, 5S, 6S)–3, 5– 双（乙酰氧基）–2–{[(1S, 2S, 4S, 5S, 6R, 10S)–2–（羟甲基）–10–{[(2S, 3R, 4S, 5S, 6R)–3, 4, 5– 三羟基 –6–（羟甲基）氧烷 –2– 基] 氧基 }–3, 9– 二氧杂三环 – 癸 –7– 烯 –5– 基] 氧基 }– 烯酸酯	—	—	—	35.84	—
33	睾酮	33.47	—	—	—	—
34	睾酮羟基罗克福汀 C	—	32.51	—	—	—
35	多沙唑嗪	—	—	—	—	54.49
36	茴香脑	—	30.05	—	32.65	34.94
37	(1R, 2R, 5S, 8R, 14R, 15R, 16S)–16– 羟基 –1, 2, 14, 17, 17– 五甲基 –8–（丙 –1– 烯 –2– 基）五环二十烷 –5, 15– 二羧酸	—	36.50	—	—	—
38	rengyoxide	—	—	—	—	45.69
39	亚油酰乙醇胺	—	—	—	—	41.78
40	suspensaside A	—	—	—	34.33	—
41	连翘酯苷 B	—	—	—	32.13	—

注：— 没有相关内容。

结果表明，连翘及其四种易混淆样品中检测出的前 10 名化合物中，有 9 种化合物 (–)– 核黄素、白桦脂醇、(4S)–4– 羟基 –3, 5, 5– 三甲基 –4–[(E)–3–[(2R, 3R, 4S, 5S, 6R)–3, 4, 5– 三羟基 –6–（羟甲基）氧杂环己烷 –2– 基] 氧基丁 –1– 烯基] 环己 –2– 烯 –1– 酮、labda–8(17), 13E–dien–5, 18–dioic–acid15–methylester、去氧皮质酮、四氢皮质酮、2–(3, 5– 二羟基 –1, 4– 二氧代 –1, 4– 二氢萘 –2– 基)–3– 甲氧基 –5– 甲基苯甲酸、(3R, 4R, 5R)–3–[(11E)–11, 15–hexadecadien–9–yn–1–yl]–4–hydroxy–5–methyldihydro–2(3H)–furanone、22α– 乙酰氧基 –3– 司克他酮、睾酮仅有连翘果实中含有，而其他 4 种易混淆品中并不含有，这 9 种化合物可以作为标志物区分连翘与其他四种易混淆品。化合物四氢皮质酮在连翘和秦连翘中同时被检出，但相对含量相差很大，连翘中为 32.28，而在秦连翘中则高达 141.20。

在紫丁香、金钟花、秦连翘和东北连翘的前 10 名化合物中，很大一部分化合物在连翘中检测不到，如槲皮素、松脂醇、鱼藤酮等化合物，可作为连翘与其他易混淆品的区分特征物质。

有些化合物则能够在几种样品中同时被检出。如化合物 1- 单硬脂酸甘油酯在紫丁香、秦连翘和东北连翘中均有检测到，并且紫丁香和秦连翘中的含量较为接近，在东北连翘中的含量略低。化合物 1- 单硬脂酸甘油酯和 2α- 乙酰氧基 -3, 22- 斯汀双酮在秦连翘和东北连翘中被检测出，对羟基苯甲酸丁酯和积雪草酸在紫丁香和秦连翘中检出，4- 羟基苯甲酸则在秦连翘和金钟花中出现，茴香脑则在紫丁香、东北连翘和金钟花中被检测到。

三、其他

1. 药用

连翘主要功效为清热解毒，消痈散结，疏散风热。在临床上，连翘常用于治疗外感风热所导致的头痛、发热、咳嗽、咽喉肿痛等症状，并且具有抗菌作用，对多种细菌如链球菌、伤寒杆菌、白喉杆菌、大肠埃希菌等具有抑制作用。此外，连翘对肝脏有保护作用，可以帮助降低转氨酶，保证肝糖原和核糖核酸的含量，对缓解肝细胞变性和坏死有一定作用。连翘还被用于治疗紫癜，能改善症状，增加血液中血小板的数量，预防血管破裂。

秦连翘暂无药用报道。

东北连翘的各个器官均具有较高的药用价值，有抗菌、清热解毒、消肿散结的功效，种子亦可提取油脂，花和嫩果也具有美颜护肤的作用。

金钟花根、叶、果壳等具有清热解毒、祛湿泻火之效，可用于流行性感冒、目赤肿痛、疥疮、筋骨酸痛、颈淋巴结核等的治疗。金钟花叶水提取物（FSE）具有体外抗氧化、抗衰老和降血脂作用。金钟花具有抗菌、抗氧化、抗炎和抗癌等多种生物活性。

紫丁香叶中含有黄酮类、苯丙素类、三萜类、环烯醚萜类等多种化学成分，其中黄酮类化合物具有抗肿瘤、抗氧化、抗病毒、抗微生物、抗炎镇痛、保肝降血脂等多种药理活性。紫丁香嫩叶可制茶，也可入药，味苦、性寒，有清热燥湿、镇咳化痰、平喘、消炎等功效，民间多用于止泻、防治细菌性痢疾等。紫丁香花可提取芳香油，极具开发前景。据《新华本草纲要》中记载：紫丁香主治"急性黄疸型肝炎，外用抗菌，多种疮疡脓肿"。近年研究也表明紫丁香具有抗菌消炎、抗病毒和保肝利胆等生物活性。民间用紫丁香叶的水煎液洗眼敷疮治疗暴发火眼及多种疮疡肿痛。紫丁香苷对乳腺癌细胞 MDA-MB-231 和 MCF-7 具有良好的抑制作用，其通过抑制 PI3K/Akt/mTOR 信号通路的活化来抑制细胞增殖并诱导细胞发生线粒体途径的凋亡。紫丁香苷是具有开发潜力的抗乳腺癌药物。

连翘易混淆品与连翘的药效相似，但仍存在细微的差别，药用时需区分后再使用。

2. 景观生态

金钟花、秦连翘为同属植物，用途相近，秦岭山区是金钟花和秦连翘的主产区。金钟花和秦连翘对于固土保水、生物多样性、生态环境的稳定有着不可或缺的作用。

金钟花又名黄金条、迎春条、细叶连翘，属落叶灌木，根系发达。大枝直立，小枝四棱呈弓形弯曲，皮黄褐色。金钟花喜光，为阳性树种，稍耐庇荫，抗雪压能力、耐寒能力、抗干寒风能力强，耐干旱瘠薄，怕涝，耐盐碱地，对土壤要求不严，抗病虫害能力强。金钟花花期早，3月中旬至4月中旬开放，花期近一个月。早春黄花满枝，迎风摇曳，极为艳丽，花色鲜艳，适应性强，便于管理，适宜布置春景，供人们早春时节踏青赏花，是城市园林景观的重要观花植物。一般以带状、条状的形式定植于道路旁、台阶两侧和略高于视线的护坡上。金钟花既是优良的园林树种，同时也是盆栽的好材料。

紫丁香通常种在道路两旁或草坪中，已成为庭园绿化的主要花木。此外，紫丁香对二氧化硫有较强的吸收能力，在美化环境的同时又可净化空气，是我国北方地区园林和庭院广为栽培的春季观赏树种。

3. 综合利用

金钟花朵富含天然色素，色素为纯正的金黄色且比较稳定，可以用于食品饮料调色，并有望成为较理想的食品添加剂，能够为金钟花的开发和综合利用提供一定的参考价值。

第三节　鉴别连翘与易混淆品的方法

一、性状鉴定

连翘果实呈卵球形、卵状椭圆形或长椭圆形，秦连翘果实呈卵形或披针状卵形，东北连翘果长卵形，金钟花果卵形或宽卵形，紫丁香果倒卵状椭圆形、卵形至长椭圆形，连翘与连翘易混淆品果实、种子如图5-5所示。

图 5-5　连翘及其他四种易混淆品果实、种子

对果实粉末显微鉴定，发现连翘果皮粉末呈淡黄棕色，纤维束上下层纵横交错排列，纤维束呈短梭状，稍弯曲或性状不规则，长 82~220μm，直径 25~32μm，部分纤维侧壁厚薄不均一；而秦连翘果皮粉末呈淡灰白色，纤维比连翘多而稍大而长，直径 45~80μm，长 220~330μm。

连翘种子横切面呈椭圆形，有 2~3 个棱角，其中一角似翼，占全长的 1/3 左右。种皮外层细胞单列，类方形，整齐排列，营养细胞有些已颓废，少见细小方晶。外胚乳棕黄色，狭窄，条丝状，内胚乳宽广，细胞多角形，中心子叶两片。大部分细胞含脂肪油滴。而秦连翘种子横切面与连翘不同之处为呈长梭形，两头尖，其中一面有一个明显突起的棱角，两面有 2 个微微突起的棱角，另一面有一个微微突起的棱角（表 5-7）。

表 5-7　连翘与易混淆品的特征比较表

鉴别特征		连翘	金钟花	秦连翘
果实质地		青翘：硬，老翘：脆	脆	硬
种子		黄绿色或棕色，细长，稍弯曲，一侧有翼，捻碎后有丝相连	金黄色，具三棱，种皮皱缩，具不规则纹理，捻碎后有丝相连	黄色，具三棱，捻碎后有丝相连
果皮横切面	维管束周围石细胞和纤维的有无及其位置	有（青翘偶见）内侧	无	有，外侧
	内果皮占果皮厚度的大致比例	青翘 1/5 老翘 1/3	1/2	1/2

	鉴别特征	连翘	金钟花	秦连翘
果柄横切图	木栓最内层石细胞环的有无	有	无	无
	中柱形状	圆形	类四方形	圆形
	中柱鞘纤维的有无	有	有	无

二、色谱鉴定

有研究发现，连翘与秦连翘在薄层色谱上的主要区别是连翘含齐墩果酸，而秦连翘并不含。连翘与金钟花粉末通过氯仿提取，紫外光谱鉴定发现连翘果实（包括青翘和老翘）在 242nm 波长处有最大的吸收峰，而金钟花果实在 242nm 和 281nm 波长处有两个吸收峰，281nm 吸收峰可作为金钟花鉴别的标志物。

三、化学成分分析

通过 UPLC-Q-TOF-MS 测定发现，连翘中检测出的含量排名前 10 化合物中，有 9 种化合物仅存在于连翘果实中，而其他 4 种易混淆品中并不含有，这 9 种化合物可以作为连翘的化学成分标志物。而其他 4 种易混淆品所检测出的含量排名前 10 的化合物，大部分在连翘中并不存在，这些化合物可作为检测连翘洁净度的标志物质。

参考文献

[1] 中国科学院中国植物志编辑委员会. 中国植物志 [M]. 北京：科学出版社，1992.

[2] 张云，丁欢英. 连翘的一种新混淆品——秦连翘 [J]. 中国现代应用药学，1998（1）：20.

[3] 朱锦华，张翠元，李水福. 连翘及其混伪品秦连翘的鉴别 [J]. 中药材，

1997（7）：335–337.

［4］周航，孙延军，李希妍，等. 东北连翘的开花物候观测［J］. 黑龙江农业科学，2023（12）：50–54.

［5］安旆其，王海英，曹旭东，等. 东北连翘鲜花精油的 GC–MS 分析［J］. 生物质化学工程，2015，49（6）：31–36.

［6］聂江力，裴毅. 金钟花叶的生药鉴别［J］. 北方园艺，2014（13）：158–161.

［7］祝文博，孙延平，王知斌，等. 紫丁香叶化学成分研究［J］. 中成药，2022，44（12）：3872–3878.

［8］Zhao M，Tang WX，Li J，et al. Two new monoterpenoids from the fresh leaves of *Syringa oblata*［J］. Chemistry of Natural Compounds，2016，52（6）：1023–1025.

［9］张树军，时志春，王丹，等. 紫丁香树叶化学成分研究［J］. 中草药，2018，49（16）：3747–3757.

［10］田雷，李永吉，吕邵娃，等. 紫丁香叶的化学成分研究［J］. 中国实验方剂学杂志，2013，19（1）：144–147.

［11］张树军，郭华强，韩晶，等. 紫丁香籽化学成分研究［J］. 中草药，2011，42（10）：1894–1899.

［12］蔡定吉，李志强，彭万钱，等. 基于 UPLC–Q–TOF–MS 技术的紫丁香化学成分及入血成分研究［J］. 中药材，2023，46（4）：892–902.

［13］董丽巍，王金兰，赵明，等. 紫丁香花蕾化学成分研究［J］. 天然产物研究与开发，2011，23（4）：658–660.

［14］Cui LL，Hu MY，Cao PR，et al. Chemical constituents and coagulation activity of *Syringa oblata* Lindl flowers［J］. Bmc Chemistry，2019，13（1）：108.

［15］吴静，邹吉睿，汪进萱，等. 紫丁香花香成分鉴定及关键 TPS 基因的功能分析［J］. 植物遗传资源学报，2024，25（5）：824–833.

［16］杨艺慧，邹吉睿，马波，等. 紫丁香 SoDXR 基因克隆及其在单萜类物质合成中的功能分析［J］. 西北植物学报，2024，44（6）：912–919.

［17］王小榛. 紫丁香叶治疗金黄色葡萄球菌子宫内膜炎的活性成分及作用机制研究［D］. 东北农业大学，2022.

［18］汤庚国. 风景园林树木学［M］. 重庆：重庆大学出版社.

［19］纪啸坤. 呼和浩特市主要干道道路绿化综合效益研究与评价［D］. 内蒙古农业大学，2010.

［20］李晓燕. 中药连翘及其几种类似品的鉴别［J］. 中草药，2000（6）：65–68.

［21］邹厚远. 陕西省野生油料植物连翘调查报告［J］. 西北植物研究，1983（S1）：81–83.

［22］李水福，朱筱芬，周海燕．连翘与金钟花［J］．中药材，1991（8）：20-22.

［23］袁王俊，许守明，张维瑞．连翘原植物的分子鉴定［J］．中药材，2009，32（10）：1524-1526.

［24］张国宇．东北连翘嫩枝扦插繁育技术［J］．现代园艺，2017（10）：27.

［25］王兴安．金钟花的组织培养和快速繁殖［J］．国土与自然资源研究，2006（4）：90-91.

［26］刘会超，贾文庆，周艳霞．金钟花花色苷的提取及其稳定性研究［J］．广东农业科学，2010，37（10）：131-133.

［27］陈志红，龚海燕，崔永霞，等．金钟花总黄酮提取工艺及抗氧化活性研究［J］．中医学报，2022，37（11）：2405-2411.

［28］李菁，杜少兵，杨蕾，等．响应面法优化紫丁香叶总黄酮超声提取工艺［J］．广东药科大学学报，2022，38（4）：52-57.

［29］石雅倩，李鑫，黄思源，等．紫丁香苷调控 PI3K/Akt/mTOR 诱导乳腺癌细胞凋亡的研究（英文）［J］．生物化学与生物物理进展，2023，50（12）：2954-2965.

［30］钱克达．金钟花的繁殖与桩景培育［J］．江苏绿化，2000（1）：32-33.

［31］闫兴富，刘慧．三种花灌木的萌生能力及其修剪要点［J］．北方园艺，2008（8）：123-126.

［32］郑在军，于春友，何智刚．丁香培育技术［J］．林业勘查设计，2010（2）：92-95.

［33］蒋本国，陈瑞，范圣第．金钟花色素的提取与稳定性研究［J］．大连民族学院学报，2004（1）：53-55.

［34］蔡进章，苏孝共，林观样，等．连翘与其混淆品金钟花的生药学鉴定［J］．海峡药学，2009，21（1）：75-77.

第六章

连翘资源分布特征及适宜种植区规划

连翘分布于我国多个地域，涵盖长江流域、黄河流域、华南和西南等地，主产于山西、陕西、河南、河北等地。由于各地的气候环境、土壤条件以及海拔高度等因素不同，生产的连翘质量有差异。随着连翘种植产业规模的扩大，非传统道地产区的连翘种植规模有所增加。一些非传统道地产区的连翘质量达不到《中国药典》的要求，因此了解连翘分布特征并对适宜种植区进行规划对于高品质连翘生产基地的选择具有重要的指导意义。本章介绍连翘在我国的分布状况，根据各地连翘主要成分的含量状况对连翘适宜种植区进行初步规划。

第一节　连翘资源分布特征

一、连翘资源潜在分布预测

1. 连翘分布点数据

根据现有的连翘种质资源研究结果，自 2021 年至 2024 年，本研究小组在河北、山西、陕西、山东等野生连翘主要分布区展开了实地考察，共获得了 63 个连翘分布点的数据。此外，通过查阅文献和参考网络数据库（如中国知网 CNKI、中国数字植物标本馆 CVH 以及全球生物多样性信息设施 GBIF）获取了 63 条有关连翘分布的记录。按照所报道的方法，对上述数据进行了全面筛选，清除非自然记录并删除重复数据。减少集群效应引起的潜在误差，每个网格（10km×10km）仅保留一个分布点，最终得到 60 个有效样本，包含我国陕西、山西、河南、河北、山东、湖北等产地。

2. 环境变量的筛选

气候变化是影响物种适生区分布最重要的因素，气候因子常用于植物生态位模型构建。本研究所选择的气候因子均下载自 WorldClim 数据库网站，涉及年代包含 1981—2010 及未来三个年代（2050s、2070s、2090s）。

考虑到气候情境选择对模型预测结果的影响，在未来年代气候数据中选择了三种大气环流模型所对应的四种社会共享经济路径（shared socio-economic pathways，SSPS），并将每种社会共享经济模式对应的预测结果图层进行算数平均处理，减少单一大气环流模型可能对物种潜在适生区分布产生的不确定性。因此，本研究共采用了 37 套气候数据，包含 1 套当代及 36 套未来年代数据。上述数据的空间分辨率为 2.5 弧分。

气候因子的筛选对模型预测结果的准确性具有重要影响。基于物种分布点数据及 19 个生物气候因子，采用 Pearson 相关系数及刀切法（Jackknife）来评估影响连翘潜在分布最为重要的生物气候因子。首先，采用刀切法评估每个变量对模型的重要性。其次，计算 19 个生物气候因子之间的 Pearson 相关系数，以 |R| ≥ 0.8 作为判断气候因子之间显著相关的阈值。最后，针对每一对显著相关变量，只保留贡献更大的一方（图 6-1）。

在经过环境变量筛选后，最终确定用于建模的 5 个气候变量，分别为等温性（BIO03）、气温季节性变化方差（BIO04）、最干季度平均温度（BIO09）、最暖季度平均气温（BIO10）和年降水量（BIO12），其对模型构建的贡献百分率依次为 BIO09（81.7%）＞ BIO03（8.7%）＞ BIO04（6.6%）＞ BIO12（1.9%）＞ BIO10（1.1%）（表 6-1）。

基于连翘 60 个分布点和 5 个气候变量，利用 MaxEnt 模型预测连翘在中国的潜在适生区分布。优化结果显示，当要素类型（FC）为 Q，正则化乘数（RM）为 0.6，此时，模型遗漏率为 0.0488，delta AICc 值为 0，模型预测结果为最优。模型十次重复训练 AUC（training AUC，AUC_{TRAIN}）平均值为 0.9580 ± 0.0040，测试 AUC（test AUC，AUC_{TEST}）平均值为 0.9606 ± 0.0112，训练 AUC 与测试 AUC 的差值绝对值（$|AUC_{DIFF}|$）为 0.0026，均表明模型预测结果极佳。

基于 MTSPS 阈值（0.1592），本研究将空间单元按以下标准划分：0~0.1592 为非适生区；0.1592~0.4395 为低度适生区；0.4395~0.7197 为中度适生区；0.7197~1 为高度适生区。

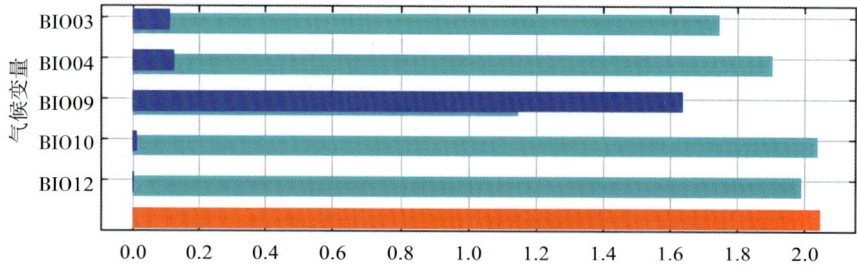

（A）标准训练增益

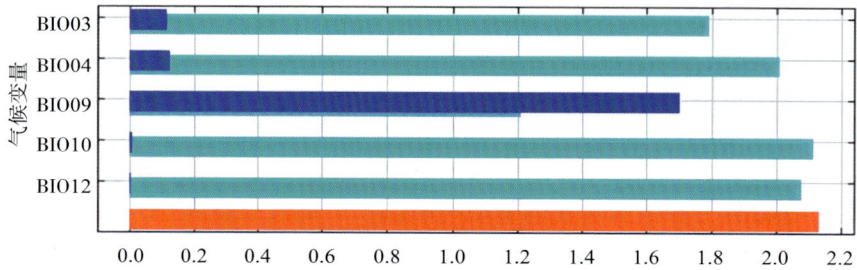

（B）测试增益

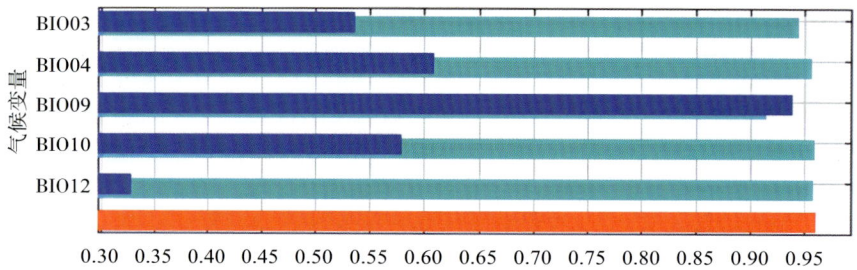

（C）ROC下的面积

蓝色、绿色和红色横条分别代表在仅用该变量、排除该变量及包括所有变量的情况进行最大熵建模。

图6-1　环境变量重要性的刀切法检验

表6-1　环境变量及其贡献值

编号	环境变量	贡献值（%）
BIO03	等温性（℃）	8.7
BIO04	气温季节性变化方差（标准差 ×100）	6.6
BIO09	最干季度平均温度（℃）	81.7
BIO10	最暖季度平均气温（℃）	1.1
BIO12	年降水量（mm）	1.9

3. 模型建立的优化与检验

本研究利用 MaxEnt 3.4.1 软件来构建连翘的最大熵模型。为了保证连翘分布呈现接近正态的概率，我们选取了 70% 的数据进行模型训练，其余数据进行模型测试。为减少误差，参数最大重复次数为 5000 次，每个过程重复 10 次，其他设置选择默认。

我们借助 Rv3.4.1 程序中的 <kuenm> 语言包对模型的要素类型（FC）和正则化乘数（RM）进行优化。首先，将 RM 设置为 0.1~4，每个区间为 0.1，共 40 个 RM 值。然后，将 MaxEnt 模型中 4 种 FC［线性特征（linear，L）、二次特征（quadratic，Q）、分割特征（hinge，H）、乘积特征（product，P）］进行了排列组合，形成了 15 种 FC 组合（L、P、Q、H、LP、LQ、LH、LPQ、LPH、LQH、LPQH、PQH、PQ、PH、QH），FC 与 RM 相乘共计 600 种参数组合。在最优模型判定依据上，我们选取在统计学上显著、遗漏率低于阈值（0.05）且 delta AICc 值不高于 2 的模型。

模型构建结束后，通常采用 ROC 曲线下面积（area under the receiver operating characteristic curve，AUC）评估模型预测的准确性。AUC 值的范围是（0，1）。AUC 值越高，区分适宜和不适宜生境的可信度越高。AUC 值小于 0.8 表示模型预测的可靠性低；AUC 值为 0.9~1 表明模型结果非常精确（图 6-2）。

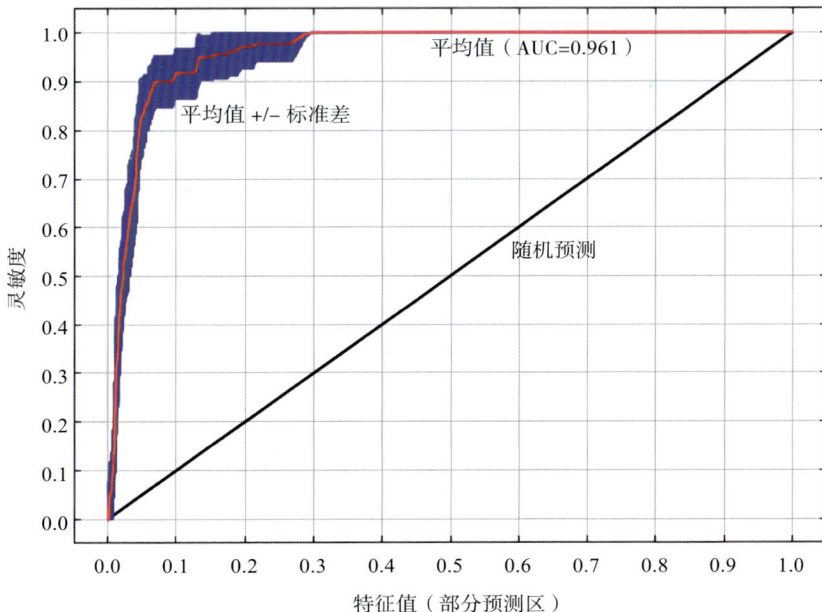

图 6-2 最大熵模型 ROC 曲线及测试 AUC 值

二、当代连翘的潜在适生区

物种适生区适宜程度通常以 0~1 之间的数值来表示，数值越高表示该物种在某区域越适应生长。根据 Tang 等人的研究，maximum test sensitivity plus specificity（MTSPS）阈值对于适生区的等级划分要优于其他阈值选项。本研究采用 MTSPS 为阈值，阈值以下为非适生区；阈值以上三等分，分别对应低度、中度和高度适生区，通过计算每一级的网格数来确定不同类型适生区的面积大小及不同时期适生区面积变化的百分比（表 6-2）。

据模型预测结果，连翘当代潜在适生区的总面积为 $204.49 \times 10^4 km^2$，主要分布在陕西、河南、山西、山东、湖北、安徽、河北、成都、江苏、贵州等地，此外在四川、甘肃、青海、宁夏等部分地区亦有分布。高度、中度和低度潜在适生区的面积分别为 $9.34 \times 10^4 km^2$、$76.43 \times 10^4 km^2$ 和 $118.72 \times 10^4 km^2$；其中，高度适生区主要分布在陕西南部、山西南部、山东东部、甘肃东南部等地区；中度适生区主要分布在陕西中部、河南北部、河北南部、山西中部、安徽北部、江苏中北部、山东除东部以外等地区；低度适生区主要分布在湖北、湖南、宁夏北部、甘肃和青海等地区。

表 6-2　预测当前和未来气候条件下的适生区面积

年代		预测面积（$\times 10^4 km^2$）和占当代面积百分比			
		总适宜生长区	低度适宜生长区	中度适宜生长区	高度适宜生长区
1981—2010		204.49	118.72	76.43	9.34
SSP1-2.6	2050s	190.17	144.08	41.82	4.27
		（93.00%）	（121.36%）	（54.72%）	（45.72%）
	2070s	182.17	140.70	37.74	3.72
		（89.08%）	（118.52%）	（49.38%）	（39.78%）
	2090s	186.42	143.03	39.44	3.95
		（91.16%）	（120.48%）	（51.60%）	（42.30%）
SSP2-4.5	2050s	201.17	156.44	40.58	4.14
		（98.37%）	（131.77%）	（53.09%）	（44.36%）
	2070s	198.28	163.44	31.71	3.13
		（96.96%）	（137.67%）	（41.48%）	（33.51%）
	2090s	205.13	170.39	32.06	2.67
		（100.31%）	（143.52%）	（41.95%）	（28.62%）

年代		预测面积（×10⁴km²）和占当代面积百分比			
		总适宜 生长区	低度适宜 生长区	中度适宜 生长区	高度适宜 生长区
SSP3-7.0	2050s	203.15	148.95	49.33	4.87
		（99.34%）	（125.46%）	（65.54%）	（52.11%）
	2070s	234.84	191.82	39.47	3.55
		（114.84%）	（161.57%）	（51.63%）	（38.04%）
	2090s	260.24	223.63	34.22	2.39
		（127.26%）	（188.37%）	（44.77%）	（25.61%）
SSP5-8.5	2050s	209.36	166.25	39.61	3.50
		（102.38%）	（140.04%）	（51.82%）	（37.44%）
	2070s	239.51	203.02	34.17	2.32
		（117.12%）	（171.01%）	（44.71%）	（24.80%）
	2090s	269.58	247.33	21.01	1.24
		（131.83%）	（208.33%）	（27.49%）	（13.28%）

三、未来年代连翘的潜在适生区

空间格局变化是指物种不同年代潜在适生区的变化，通过叠加不同年代适生区二元预测图而得到的。在 DIVA-GIS v7.5 软件中，叠加所研究的不同年代潜在适生区分布图，建立连翘非适宜与适宜矩阵。基于矩阵表，进一步分析连翘适宜分布区在当代和未来气候变化情景下的空间格局变化。本研究中，我们制作了连翘当代与未来（2050s、2070s、2090s）四种不同社会共享经济路径（SSP1-2.6、SSP2-4.5、SSP3-7.0、SSP5-8.5）的空间格局变化预测图，共计 12 种，用于分析连翘在当代与不同社会共享路径下不同年代潜在适生区变化规律。

总体来看，连翘在未来 3 个年代的潜在适生区面积均有不同程度的增加。随着气候严峻程度的增大（SSP1-2.6 → SSP5-8.5），连翘潜在适生区总面积呈现依次增加的趋势，低度适生区也随之增加，但是高度适生区和中度适生区却有所减少（表 6-2）。

在 SSP1-2.6 情境下，连翘潜在适生区总面积呈现先收缩后增加的趋势（占当代相应值的比例为 93.009%、89.08%、91.16%），与当代适宜生长区面积相比有明显下降趋势。整体来看，连翘适生区面积未来受不同的气候情境的影响并不很明显。高度适生区面积均出现收缩趋势，占当代对应值的比例分别为 45.72%（2050s）、39.78%（2070s）和 42.30%（2090s），但是曾经为高度适生区的陕西南部、山东东部、甘肃东南部等地并未出现明显的收缩。

在 SSP2-4.5 情境下，连翘的潜在适生区总面积随着时间的推移呈现先收缩后增加的趋势。2090s 年代连翘潜在适生区总面积仅为 $205.13 \times 10^4 km^2$，与当代适宜生长区面积相比无较大差别，甚至增长了 0.31%。中、高度适生区面积均出现收缩趋势，其中 2090s 年代连翘潜在高度适生区约占当代对应值的 25.61%。高度适生区陕西南部有所收缩。

在 SSP3-7.0 情境下，连翘的潜在适生区总面积 3 个未来年代均呈现明显增加的趋势，占当代对应值的比例为 99.34%（2050s）、114.84%（2070s）和 127.26%（2090s）。增加的趋势主要体现在低度适生区面积，其中 2090s 年代中度适生区面积为 $223.63 \times 10^4 km^2$，相比于当代增加了 188.37%，但中、高度适生区却有一定程度的收缩。

在 SSP5-8.5 情境下，连翘的潜在适生区总面积均呈现增加趋势，其中 2090s 年代适生区总面积（$269.58 \times 10^4 km^2$）增加最为显著，占当代面积的 131.83%。低度适宜生长区也呈现增加趋势，然而中度适生区面积在逐渐减小，在未来 3 个年代的值依次为 $39.61 \times 10^4 km^2$（2050s）、$34.17 \times 10^4 km^2$（2050s）和 $21.01 \times 10^4 km^2$（2050s），占当代对应面积的比例分别为 51.82%、44.71% 和 27.49%。高度适生区也是有所减少，2090s 年代仅占 $1.24 \times 10^4 km^2$。

四、相对稳定适生区

相对稳定适生区是指物种受气候变化影响相对较小的区域，通过叠加不同年代适生区二元预测图并取完全重叠部分而得到的。在 DIVA-GIS v7.5 软件（http://www.diva-gis.org）中，叠加所研究的不同年代潜在适生区分布图，将物种存在概率值大于 MTSPS 阈值的空间单元重新定义为物种的适生区，而将概率值小于阈值的空间单元重新定义为非适生区，从而建立连翘非适宜与适宜矩阵，选取叠加图层中完全重叠部分。本研究预测了连翘当代与未来（2050s、2070s、2090s）四种不同共享社会经济路径（SSP1-2.6、SSP2-4.5、SSP3-7.0、SSP5-8.5）的相对稳定适生区。随着气候严峻程度的增大（SSP1-2.6、SSP5-8.5），连翘的相对稳定适生区的分布面积也在不断缩小（$127.46 \times 10^4 \rightarrow 56.42 \times 10^4 km^2$），占当代潜在适生区总面积的比例也从 62.33% 下降到 27.59%。然而，预测结果也表明，无论在何种气候情境下，陕西南部、山西南部、山东东部、宁夏南部、甘肃东南部等地始终是适应连翘生长的相对稳定适生区。此外，河北北部、四川和重庆的部分地区等作为相对稳定适生区也受到了3种气候情境的支持。

表 6-3　不同社会共享经济模式下连翘相对稳定适生区的面积和比例

统计方式	社会共享经济路径（SSPs）			
	SSP1–2.6	SSP2–4.5	SSP3–7.0	SSP5–8.5
占地面积（×10^{4}km^2）	127.46	104.52	87.59	56.42
占当代适宜生长区面积百分比（%）	62.33	51.11	42.83	27.59
占 SSP1–2.6 面积百分比（%）	100.00	82.00	68.72	44.26

以上结果与杨洋等基于连翘的地理分布点和气候、土壤、地形因子，利用随机森林、广义线性、推进式回归树以及人工神经网络对连翘在我国的潜在地理分布区进行预测的结论相吻合。此外，崔颢通过产地调研，采用 MaxEnt 模型研究影响附子产量和质量的生态环境因子，结果表明影响附子分布的主要环境因子依次为 10 月份降水量、海拔、植被类型、11 月份降水量以及 5 月份降水量，与我们在环境变量筛选中得到的结果相吻合，揭示了连翘生长受温度变化和降水量的影响。通过对未来 2050s、2070s 和 2090s 不同情景的研究，发现在 CO$_2$ 低排放情景下，随时间推移，连翘适宜区面积呈逐渐减少趋势，而在 CO$_2$ 中等和高排放情景下，连翘适宜区面积呈增加趋势。这表明气候变暖对连翘生长具有一定正面影响，适度增温可促进连翘生长，可能与连翘喜欢温暖湿润气候的生物学特性相关。与此同时，气候变化对不同等级适宜区的影响也各有不同，随时间推移，3 种气候情景下的高适宜区面积逐渐减少，中适宜区略微增加，而低适宜区面积则呈增加趋势。由于目前对未来气候变化下连翘潜在适生区的预测研究较少，本研究结果有助于深入了解未来全球气候变暖条件下连翘可能发生的分布变化，对于连翘资源的可持续利用具有重要的现实意义。

第二节　连翘适宜种植区规划

一、不同产地的连翘中药用成分含量的差别

通过高效液相色谱（HPLC）法对 32 个不同产地（包括山西省、陕西省、

甘肃省、湖北省、河南省）连翘中的连翘酯苷 A 和连翘苷含量进行测定，通过索氏提取法对连翘中挥发油的含量测定，查阅文献资料整理了全国各地连翘中药用成分含量，共同总结如下 3 个图（图 6-3~ 图 6-5）所示。

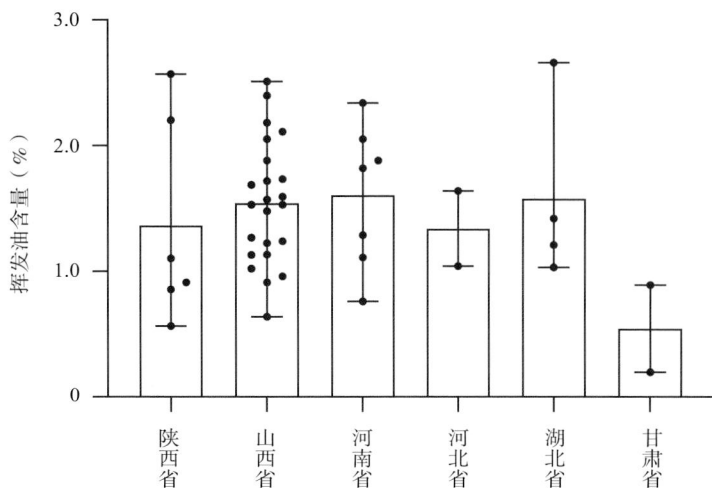

图 6-3　不同产地连翘挥发油含量

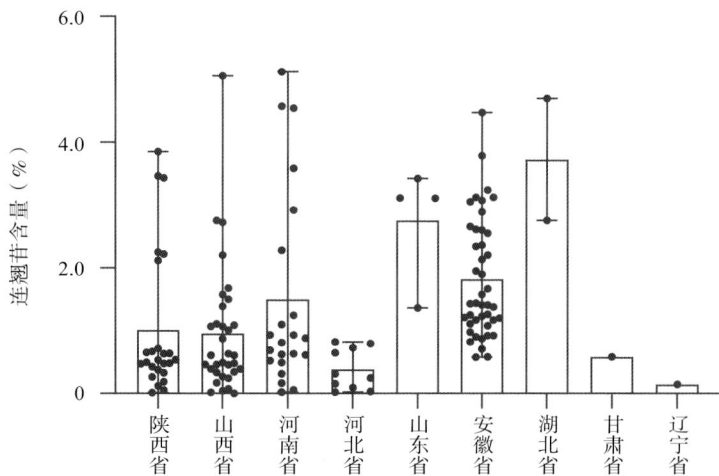

图 6-4　不同产地连翘连翘苷含量

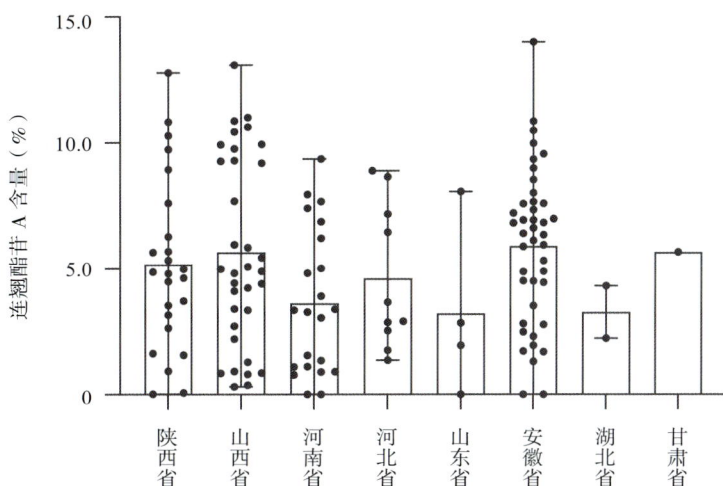

图 6-5 不同产地连翘连翘酯苷 A 含量

不同产地的连翘中连翘苷、连翘酯苷 A 和挥发油的含量有明显的差异，其中陕西省（西安市）、湖北省（武汉市）、山东省（日照市、泰安市、临沂市）和河南省（洛阳市、信阳市）的连翘中连翘苷含量明显高于其他产地，陕西省西安市、河南省（信阳市）、山西省（临汾市、太原市、长治市）、安徽省（六安市）、山东省（临沂市、泰安市）的连翘中连翘酯苷 A 含量整体高于其他产地，湖北省青翘与陕西省（渭南市、商洛市）、山西省（运城市、长治市）、河南省（三门峡市）等地的连翘挥发油含量较高。整体来说，陕西省、山东省、河南省部分地区的连翘苷、连翘酯苷 A 和挥发油的含量比较高。

二、连翘适宜种植区的规划

适宜种植区域是指适宜连翘生长且关键有效成分含量较高的区域，本研究以 2020 年至 2024 年实地野外调查获取的经纬度数据为基础，结合 ENMTools v1.4.1 软件筛选的环境因子和经 R v3.6.3 软件优化的要素类型和正则化乘数，运用了 Maxent v3.4.1 重新构建的连翘最大熵模型（maxent modeling）。通过这一过程，与过往研究相比，我们能够更为有效地预测适宜种植区域，有助于规划高品质药用植物人工种植地域的地理范围。本研究模拟了当代连翘的适宜种植区域，向药用连翘的种植规划迈出了一大步。

根据之前关于连翘适宜生长区的预测，在全国范围内采集的样本和文献中涉及的不同产区，以及其中连翘苷、连翘酯苷 A 和挥发油含量的差异，我们进一步预测了连翘的最适种植区域，即在这些地区既能实现连翘稳定生长又能获得高药用价值产量。在预测中，我们发现连翘苷、连翘酯苷 A 和挥发油含量较高的适宜种植区域主要位于河南东南部、安徽南部、山东西北部以及陕西和山西的少部分地区。这些地区的连翘展现出了高水平的药用成分。中度适宜种植区域中，三种药用成分高的地区相近，但在新疆地区挥发油含量高的区域面积较大。至于低度适宜种植区域也有相似趋势，挥发油含量高的区域占比略高。

综合分析可知，在适宜种植区和连翘适宜生长区之间，存在着明显的范围缩小趋势。适宜种植区被定义为能够最大程度产出具有高含量连翘苷、连翘酯苷 A 和挥发油的连翘地区。图表对比显示，某些适宜生长区并不适合作为最佳的种植地点，比如青海中部的部分地区，虽然适宜连翘生长，但其连翘酯苷 A 含量偏低，导致其不符合最佳种植区的标准。

当前，尽管连翘的野生资源及人工种植区域分布广泛，但由于缺乏科学种植规划和技术指导，种植用地选择存在混乱，无法形成可规模化种植的生产体系。因此，本研究采用严谨的模型方法预测出了连翘的适宜种植区域，为连翘的种植地选择提供了科学依据。这一研究成果有望为促进连翘种植业的科学发展和规范化生产提供重要支持。

参考文献

［1］ Ye XZ, Zhao GH, Zhang MZ, et al. Distribution pattern of endangered plant *Semiliquidambar cathayensis*（Hamamelidaceae）in response to climate change after the last interglacial period［J］. Forests, 2020, 11（4）: 434.

［2］ Zhang K, Zhang Y, Tao J. Predicting the potential distribution of *Paeonia veitchii*（Paeoniaceae）in China by incorporating climate change into a maxent model［J］. Forests, 2019（10）: 190.

［3］ Poirazidis K, Bontzorlos V, Xofis P, et al. Bioclimatic and environmental suitability models for capercaillie（*Tetrao urogallus*）conservation: Identification of optimal and marginal areas in Rodopi Mountain-Range National Park（Northern Greece）［J］. Global Ecology and Conservation, 2019（17）: e00526.

［4］ Qin A, Liu B, Guo Q, et al. Maxent modeling for predicting impacts of climate change on the potential distribution of *Thuja sutchuenensis* Franch., an extremely endangered conifer from southwestern China [J]. Global Ecology and Conservation, 2017 (10): 139-146.

[5] Shcheglovitova M, Anderson RP. Estimating optimal complexity for ecological niche models: A jackknife approach for species with small sample sizes [J]. Ecological Modelling, 2013 (269): 9-17.

[6] Yang Z, Bai Y, Alatalo JM, et al. Spatio-temporal variation in potential habitats for rare and endangered plants and habitat conservation based on the maximum entropy model [J]. Science of The Total Environment, 2021 (784): 147080.

[7] Wei Y, Zhang L, Wang J, et al. Chinese caterpillar fungus (*Ophiocordyceps sinensis*) in China: Current distribution, trading, and futures under climate change and overexploitation [J]. Science of The Total Environment, 2021 (755): 142548.

[8] Phillips SJ, Anderson RP, Dudík M, et al. Opening the black box: an open-source release of Maxent [J]. Ecography, 2017 (40): 887-893.

[9] Yan H, Feng L, Zhao Y, et al. Predicting the potential distribution of an invasive species, *Erigeron canadensis* L, in China with a maximum entropy model [J]. Global Ecology and Conservation, 2020 (21): e00822.

[10] Sun S, Zhang Y, Huang D, et al. The effect of climate change on the richness distribution pattern of oaks (*Quercus* L.) in China [J]. Science of the Total Environment, 2020 (744): 140786.

[11] Cobos ME, Peterson AT, Barve N, et al. Kuenm: An R package for detailed development of cological niche models using Maxent [J]. PeerJ, 2019 (7): e6281.

[12] Arenas-Castro S, Goncalves JF, Moreno M, et al. Projected climate changes are expected to decrease the suitability and production of olive varieties in southern Spain [J]. Science of the Total Environment, 2020 (709): 136161.

[13] Akpoti K, Kabo-Bah AT, Dossou-Yovo ER, et al. Mapping suitability for rice production in inland valley landscapes in Benin and Togo using environmental niche modeling [J]. Science of the Total Environment, 2020 (709): 136165.

[14] Liu B, Gao X, Ma J, et al. Modeling the present and future distribution of arbovirus vectors *Aedes aegypti* and *Aedes albopictus* under climate change scenarios in Mainland China [J]. Science of the Total Environment, 2019 (664): 203-214.

[15] Guo Y, Li X, Zhao Z, et al. Predicting the impacts of climate change, soils and vegetation types on the geographic distribution of *Polyporus umbellatus* in

China [J]. Science of the Total Environment, 2019 (648): 1-11.

[16] Tang CQ, Matsui T, Ohashi H, et al. Identifying long-term stable refugia for relict plant species in East Asia [J]. Nature Communications, 2018 (9): 4488.

[17] Ye X, Yu X, Yu C, et al. Impacts of future climate and land cover changes on threatened mammals in the semi-arid Chinese Altai Mountains [J]. Science of the Total Environment, 2018 (612): 775-787.

[18] Wu YM, Shen XL, Tong L, et al. Impact of past and future climate change on the potential distribution of an endangered montane shrub *Lonicera oblata* and its conservation implications [J]. Forests, 2021 (12): 125.

[19] Santos-Hernández AF, Monterroso-Rivas AI, Granados-Sánchez D, et al. Projections for Mexico's tropical rainforests considering ecological niche and climate change [J]. Forests, 2021 (12): 119.

[20] Zurell D, Franklin J, König C, et al. A standard protocol for reporting species distribution models [J]. Ecography, 2020 (43): 1261-1277.

[21] Pan J, Fan X, Luo S, et al. Predicting the potential distribution of two varieties of *Litsea coreana* (leopard-skin camphor) in China under climate change [J]. Forests, 2020 (11): 1159.

[22] 杨洋, 卫海燕, 王丹, 等. 连翘潜在地理分布预测模型的比较. 生态学杂志, 2016, 35 (9): 2562-2568.

[23] 崔颢, 景志贤, 周华. 基于MaxEnt模型附子的全国药材生态适应性区划研究 [J]. 西南农业学报, 2022, 35 (8): 1920-1928.

[24] 赵艳丽. 连翘生长和结果习性浅析 [J]. 园艺与种苗, 2020, 40 (8): 28-29.

[25] 陈虹宇. 3个种源地连翘在石家庄山区的适应性评价 [D]. 河北农业大学, 2023.

[26] 王雪, 唐波, 赵鲁元, 等. 不同产地连翘的质量分析 [J]. 北方园艺, 2019 (24): 124-129.

[27] 符冰, 刘锐锋, 唐蕾, 等. 不同产地连翘饮片质量比较研究 [J]. 浙江中医杂志, 2021, 56 (6): 467.

[28] 胡金婉. 基于活性成分差异的不同产地全株连翘的评价 [D]. 河南科技大学, 2021.

[29] 陈瑾, 谭丽媛, 张淑蓉, 等. 不同产地连翘主要成分分析及抗菌作用研究 [J]. 时珍国医国药, 2018, 29 (2): 427-430.

[30] 王琳, 贺献林, 张海新, 等. 产地、采收期及干燥方式对连翘药用成分含量的影响 [J]. 湖南农业科学, 2020 (2): 76-78.

［31］张晓燕，谢勇，祝宇，等.超高效液相色谱法分析不同产区青翘主成分含量［J］.医药导报，2020，39（3）：380-383.

［32］祝宇，熊先明，余世荣，等.多指标层次分析结合 UPLC 法评价不同产地连翘质量［J］.湖北医药学院学报，2020，39（1）：34-38.

［33］骆霞，赵利军，祝宇，等.秦巴山不同产区连翘叶中多酚类化合物含量分析［J］.职业与健康，2023，39（15）：2017-2025.

［34］刘银，刘晓兰，李欧，等.十堰地区连翘叶 HPLC 指纹图谱的建立及抗氧化抑菌谱效关系研究［J］.饲料研究，2023，46（21）：124-129.

［35］胡金婉，原江锋，王大红，等.不同产地连翘中主要活性成分含量的比较［J］.河南科技大学学报（自然科学版），2021，42（1）：81-86+7.

［36］裴晓丽，张淑蓉，王秀文，等.不同产地连翘中挥发油及其 β-蒎烯含量的比较研究［J］.药物分析杂志，2010，30（1）：127-129.

［37］魏珊，吴婷，李敏，等.不同产地连翘挥发油主要成分分析及抗菌活性研究［J］.中国实验方剂学杂志，2016，22（4）：69-74.

［38］石素贤，何福江.连翘挥发油化学成分的研究［J］.药物分析杂志，1995（3）：10-12.

第七章
连翘规范化栽培技术

2023 年新版《中药材生产质量管理规范》开始实施，该行业管理法规是一项从保证中药材品质出发，控制中药材生产和品质的各种影响因子，规范中药材生产全过程，以保证中药材真实、安全、有效及品质稳定可控的基本准则，也是中药材规范化生产和质量管理的基本要求。目前我国中药市场上的连翘以野生资源为主。随着连翘在医疗和保健等方面的需求增加，人工栽培连翘的面积也快速扩大。按照新版《中药材生产质量管理规范》开展连翘的野生抚育与人工栽培是生产高品质连翘的基本保证。

第一节　基地选择

基地选择是一个综合性的决策过程，需要考虑多个因素如气候条件、土壤条件、地形地貌等，以确保连翘的生长质量、产量和经济效益。

一、气候条件

1. 温度
连翘适合生长在无霜期高于 170 天的亚热带地区，气候温和，四季分明。温度过高时连翘易枯萎，而温度过低时连翘生长缓慢，在不同的生长地区，连翘开花和结实情况差异较大。常选择亚热带地区作为连翘的人工种植基地。

2. 光照
连翘是落叶灌木，生长期需要充足的光照来进行光合作用和积累养分，对光照要求较高，因此选择的基地年日照时间应达到 1500h 左右。

3. 降水

连翘耐旱怕涝，降水过多、湿度过大容易使连翘倒伏，产生霉菌，会出现开花少和花蕾萎缩的问题。因此应选择年降水量为 800~1000mm，相对湿度 60%~75% 地区建设基地。

二、土壤条件

1. 土壤类型

连翘耐干旱，一般在土层深厚、有机质含量高、疏松透气的沙质土或沙壤土中生长良好，生长于黏重和排水不良的土质中容易引起根腐病及黑斑病等病害发生。因此在选择种植连翘土壤时，应选择疏松透气、有机质含量高的沙质土或沙壤土，并注意基地的排水通畅。

2. 土壤酸碱度

连翘生长的土壤 pH 大多为 5.5~8，因此种植连翘时应尽量使土壤 pH 保持在 5.5~8。

三、生境特征

连翘生长环境多为海拔 250~2200m 的向阳坡和半阴坡、沙地、丘陵、灌木林或田埂。当海拔低于 250m 时，人工开垦耕地较多；当海拔高于 2500m，温度较低且紫外线较强，连翘生长状况差。因此种植连翘选择基地时应注意海拔和地形。

第二节 育苗与移栽

一、种子育苗

1. 采种

（1）选择优势母株：选择生长强健、枝条紧凑且粗壮、花果密集且饱满、无病虫害侵扰、品种纯正无杂的单株作为母株。

（2）采集要及时，避免种子成熟后自行脱落。一般于9月下旬到10月完成种子采集。

（3）采集发育成熟、籽粒饱满、粒大且重的果实，薄摊在通风阴凉处风干脱粒，除去瘪粒和果皮、枯芽、小枝条等杂质，挑拣大小整齐一致、籽粒饱满、没有病虫害的种子，于阴凉通风干燥处贮藏。

2.种子处理

连翘的种皮比较坚硬，出芽时间较长，播种前需进行催芽处理。一般可以用湿沙催芽法，将用0.5%的高锰酸钾溶液消毒后的种子和湿沙按1∶3的比例充分混合，上面盖上草帘或塑料薄膜，置于背风处，每天翻动2次，保持低温、湿润，一般10天左右萌芽。

3.连翘种子质量检验

（1）扦样：采用"四分法"扦取样品。

（2）种子性状特征：将健康饱满的种子置于体视显微镜下，测定100粒种子的长和宽，并观察种子颜色、形态及表面特征。

（3）净度测定：将扦样的种子过12~18目筛，并将净种子与果皮、果梗、短枝、石子等杂质分开，使用电子天平进行精密称重，计算种子的净度［式（1）］，重复3次，取其均值为种子净度。

$$净度（\%）=干净种子的重量 / 种子总重量 \times 100\% \qquad （1）$$

（4）千粒重的测定：将净种子混合均匀，采用徒手减半法从样本中每次取250粒，取4份共1000粒为1组，用分析天平称重，重复3次，取平均值。

（5）含水量的测定：采用高温烘干法，称取0.5g种子放入干燥培养皿中，放置在温度(131±2)℃的恒温烘箱内烘1h后取出，放入干燥器内冷却后称重，计算种子含水量［式（2）］。

$$种子含水量（\%）=（M2 - M3）/（M2 - M1）\times 100\% \qquad （2）$$

式中M1为培养皿质量，M2为培养皿及样品质量，M3为干燥后的培养皿与样品质量。

（6）生活力的测定：将连翘种子纵切成两半，取其一半放入试管中，滴入配成1%的TTC药液淹没种子，保持液温50℃，8~10min显色，观察种子染色情况。凡胚全部染成红色的为有活力；胚不染色则为无活力；胚部分染色但胚根、胚芽或盾片不染色的一般视为失去活力，根据式（3）计算连翘种子生活力。

$$生活力=有生活力种子数 / 供试验种子数 \times 100\% \qquad （3）$$

（7）发芽率测定：从收集的连翘果实中收取种子，置于干燥处贮藏。把样品种子置于培养皿中，加自来水浸泡 2h，取沉于水中的饱满种子，使用 1% 高锰酸钾溶液消毒 30min，最后使用自来水、蒸馏水依次冲洗备用。将培养皿、镊子以及滤纸放入高压灭菌锅中灭菌，在培养皿的底部放 2 层划有网格线的湿滤纸作为发芽基质，将处理好的连翘种子放入培养基中，用滴管定期补清水，使种子保持湿润状态，连翘种子以胚根露白为发芽标准。每个培养皿（d=90mm）放入 50 粒种子，重复 3 次，在温度 25℃、湿度 60% 的人工气候培养箱内进行培养，光照强度均为 12000lx。记录种子发芽情况，观察 14 天后，统计种子的总发芽数，计算发芽率［式（4）］和发芽势（发芽期间日发芽数达到的最大值）。

发芽率（%）＝发芽种子数 / 供试种子数 ×100%。　　　　　　（4）

4. 播种

（1）播种时间：春季播种通常在 3~4 月份进行，即清明节前后，具体时间依据当地气候条件而定。而初冬播种是在土壤封冻前进行，以便种子在土壤中越冬后萌发。

（2）种子处理：春季播种前，种子需要进行消毒处理，以减少病害的发生。初冬播种时，种子不需要浸种，消毒后即可播种。

（3）湿沙催芽：湿沙催芽是通过控制湿度和温度加速种子的萌发的一种预处理方法。选择健康、成熟的种子，去除杂质，用稀释的漂白剂溶液或其他消毒剂对种子进行消毒处理。再将干净的沙子与水混合，使沙子达到湿润状态。将消毒后的种子与湿沙按照 1∶3 的比例混合。将装有种子和湿沙的容器（布袋、塑料网袋或纸盒）放置在 5~10℃ 的低温条件下，以模拟冬季的自然条件。定期检查湿度，必要时补充水分，确保沙子保持湿润但不积水。定期翻动种子和沙子的混合物，以确保种子均匀受湿，避免发霉。定期检查种子的萌发情况，当大部分种子开始露白（即胚根开始突出种皮），即可准备播种。

（4）播种方法：在整好的畦面上，按照 20~25cm 的行距，开 1cm 深的沟。将经过处理的种子掺入细沙或草木灰，确保播种均匀。将种子均匀撒入沟内，然后覆土，轻轻镇压以确保种子与土壤接触。每亩地用种量 2~3kg。

（5）覆土和保湿：覆土厚度一般为 1cm 左右，不宜过厚，以免影响种子的萌发。播种后覆盖草帘或其他保湿材料，以保持土壤湿润。

（6）出苗管理：种子出土后，及时揭去覆盖的草帘。出苗前要注意适当灌溉，避免水分过多或过少，表层土发白时开始喷灌，10~15 天幼苗可出土。

（7）灌溉和排水：灌溉要适度，需保持土壤湿润但不可积水，以免影响种子萌发和幼苗生长。确保排水良好，避免积水导致根部病害。

二、扦插育苗

扦插育苗是连翘种苗培育的主要手段，相较于传统的种子育苗方式，具有保持母株优良特性、显著缩短植株开花结实时间的优点。连翘种子苗往往需要3~4年才能开花，而采用扦插方式培育的幼苗在扦插后的第二年往往就能开花结果，甚至在某些情况下，当年扦插的幼苗就能开花。根据所用插条类型和扦插时间不同，扦插育苗一般分为两种：硬枝插（老枝扦插）和软枝扦插（嫩枝扦插）。

1. 硬枝扦插育苗

（1）插条选择：选用连翘植株上生长健壮、无病虫害的1~2年生木质化枝条作为插条。在冬季落叶后至春季萌芽前采集最为适宜，因为此时枝条内养分充足，有利于生根。

（2）处理方法：插条采集后，需进行适当修剪，去除多余叶片和细弱部分，保留部分芽眼。可用生根粉等植物生长调节剂处理插条基部，以提高生根率。

（3）扦插时间：主要在春季进行，此时气温回升，土壤温度适宜，有利于插条生根。

（4）优点：硬枝扦插使用的是较为成熟的枝条，其生根能力相对稳定，且成活率较高。同时，由于插条来源广泛，便于大量繁殖。

2. 软枝扦插育苗

（1）插条选择：选用当年生半木质化的嫩枝作为插条。一般在生长旺季采集，此时枝条细胞分裂活跃，生根潜力大。

（2）处理方法：嫩枝采集后需立即进行处理，以免失水过多影响生根。处理方法包括修剪叶片、保留顶芽和少量叶片，以及使用生根粉等促进生根。

（3）扦插时间：主要在夏季或雨季进行，此时温度高、湿度大，有利于嫩枝生根。

（4）优点：软枝扦插使用的是生长旺盛的嫩枝，其生根速度快、生根率高，且能较好地保持母株的优良性状。此外，嫩枝扦插还具有繁殖周期短、能迅速扩大种苗数量的优点。

三、分株繁殖

连翘具有旺盛的萌芽能力，可以通过分株的方式进行繁殖。分株繁殖的优点在于能够快速培育出生长旺盛、成活率高、快速成型及早日结果的苗木。然而，由于本法繁殖能力有限，这种方法更适合小规模的实验研究，而不是大规模的品种扩繁。

1. 繁殖前的准备

虽然连翘的分蘖能力很强，但为了确保分株繁殖的有效性，在分株前2~3年的秋季需要对母株进行预处理。在根部周围增加土壤覆盖，或者在主根60~100cm处挖坑、截根并回填有机肥土，以促进母株根部产生新的不定芽，形成新的植株。

2. 分株繁殖时间

春季是连翘分株繁殖的最佳时期。春季的根系养分储备充足，地温适宜，有利于根系的快速恢复和生长。随着温度升高，分株幼苗能够快速修复伤口愈合，适应新环境，恢复生长活力。

3. 分株繁殖方法

在进行连翘分株操作时，小心挖掘小苗根系周围的土壤，尽可能减少对母株和小苗根系的损伤。将分株的小苗置于阴凉处1~2天，让根部稍微失水，便于修剪去除老根、病根。

分株后的连翘小苗按1.5~2m的间隔进行栽植，每穴种植一株小苗。种植时需确保土壤覆盖紧实，随后进行充分灌溉以稳固根系。土壤覆盖应略高于地面，以便排水。为了增强土壤的保湿性，可以在小苗根部覆盖一层枯草或落叶。

四、压条繁殖

压条繁殖，也称为压枝法，一般将连翘的枝条部分埋入湿润的土壤中，或者用苔藓这类物质来保湿并包裹枝条，从而营造一个利于生根的阴暗湿润环境。枝条一旦生根，就可以从母株上分离，形成独立的新个体。这种方法的好处在于，枝条在生根期间仍然依附于母株，确保了养分的持续供应，有助于不定根的形成，从而提高了成活率。然而，压条繁殖的过程相对复杂和耗时，繁殖的效率较低，不适合大规模快繁。

1. 压条前期准备

在进行压条繁殖之前，对枝条进行适当的预处理可以促进不定根的快速生成，从而加速新植株的形成和与母株的分离，提高繁殖的效率。通常在预期生根的部位（芽或枝的下方）进行创伤处理，以刺激该部位的细胞分裂和根的发育。常用环剥、环割、绞缢等方法对生根部位进行处理。

环剥是指在枝条上剥去一圈树皮，暴露出木质部，这样可以中断有机物质向下的运输，促使营养物质在剥口上方积累，形成高浓度的营养区，有利于不定根的形成。环割是在枝条上进行一系列纵向切口，但不完全剥去树皮，这种方法可以减少有机物质的向下运输，同时保持一定的水分和营养供给，促进切口处生根。绞缢是通过在枝条上绑扎细线或金属丝，逐渐切断树皮和部分木质部，限制有机物质的运输，同时保持水分和矿物质营养的供应，为生根创造条件。

2. 压条繁殖的时间

压条繁殖一般在连翘的生长季节进行，从5月中下旬开始，一直持续到8月中旬。这段时间内，植物的生理活动较为旺盛，有利于枝条生根和新植株的形成。

3. 压条繁殖方法

（1）水平压条：选择健康、成熟一年生或二年生的枝条，在枝条多个节点上进行环剥处理，将处理过的枝条水平放置在地面上，使用重物、U型钉或园艺线等工具将枝条固定在地面上，确保其与基质紧密接触。同时，保持基质湿润，必要时覆盖塑料薄膜或湿布以保持湿度，定期检查枝条的生根情况。水平压条法的优点是可以在多个节点同时促进生根，提高繁殖效率。

（2）波状压条：将连翘枝压在沟内上下弯曲呈波状，在向下弯曲处用木杈或铁钩固定压入沟底踩实，以利生根。连翘枝条向上弯曲处有饱满的芽，会萌发出新梢成苗。但在压条前要进行环割处理，以促进生根。

当连翘的压条部分成功长出苗壮的根系，说明其已具备独立生长的条件。此时，可以将这段已生根的连翘从母体植株上小心剪下，并去除掉原先包裹其生长的外层材料。紧接着，应立即将这段分离出的连翘移植到事先准备好的栽培土壤中，遵循每株间隔1.2m，每行间隔2m的种植布局进行栽种，以确保植株之间有足够的生长空间和良好的通风透光性。完成栽种后，应立即进行一次充分的浇水，确保土壤完全湿透，为连翘的后续生长提供必要的水分支持。

第三节 田间管理

一、中耕除草

苗期要经常松土除草，保持苗床无杂草。定植后每年冬季土壤结冻前要中耕除草1次，可保持土壤疏松，有利于根系生长，植株周围杂草可铲除或用手拔除。

二、整形修剪

修剪是指对连翘植株的某些器官，如茎、枝、叶、花、果、芽、根等部分进行剪截或剪除的措施。整形是指对连翘植株施行一定的修剪措施而形成某种树体结构形态。整形方法有短剪、疏剪、缩剪，用以处理主干或枝条；在造型过程中采用曲、拉、吊等办法限制生长，改变树形，以培植有利于多开花、多结果的植株树形；采用的树形以自然开心形、自然圆头形为主。

1. 自然开心形（移栽定植的幼树）

自然开心形主枝角度加大，枝条开张，骨架开心形，通风透光，从而能够早结果、多结果。

（1）修剪时间：冬季落叶后。

（2）修剪对象：幼龄树高达 1m 时。

（3）修剪方式：主干离地面 70~80cm 处剪去顶梢，第二年选择 3~4 个发育充实、分布均匀、方向正、位置好的侧枝，将其培养成主枝，其余的枝条全部疏除。培养主枝和侧枝的同时，对一年生的壮花枝，当年开花后，缓放不剪。第二年将其上萌发的旺枝和壮花枝全部疏除，留下中、短花枝开花，冬剪时对中花枝在分枝处短截，通过几年的整枝修剪，使其形成矮干低冠的外型。

（4）后期维护：在每年冬季，将枯枝、重叠枝、交叉枝、纤弱枝、并生枝和病虫枝剪除。对已经开花结果多年、开始衰老的结果枝也要截短或重剪，即剪去枝条的 2/3，可促使剪口以下抽出壮枝，恢复树势，增加结果枝。

2. 多主干形（多年生野生连翘树）

多主干形主枝数较多，一般 4~6 个。

（1）修剪时间：夏季花谢后。

（2）修剪对象：3~4年植株。

（3）修剪方式：枝头进行中短截，其余枝条全部疏除，第一年在剪口下可萌生新梢3~4个，选背上枝作枝头，并进行短截，与枝头竞争枝要疏除；位置低的枝条可以缓放。对于内膛萌生的直立枝，除可利用的外，其余枝条全部剪去。内膛枝及其他枝条采用旺枝疏除、壮花枝缓放，留中、短枝开花。

（4）后期维护：若壮花枝缓放以后及时回缩，回缩后再出现旺枝，可再疏、再放、再缩，用这种方法不断地增加中短枝，使其开花结果。

3. 自然圆头形

此种整形因主枝丛生、分枝多又长，近乎自然树形，故起名为"丛壬扁圆形"或自然圆头形。

（1）修剪时间：冬季。

（2）修剪对象：3~4年植株。

（3）修剪方式：只进行回缩或疏剪，一般不短截，特别要疏除过密枝、干枯枝、病虫枝、伤残枝、细弱枝和扰乱树形的长枝。

（4）后期维护：这种整形方式容易留枝过多，造成树冠内不通风透光、内膛小，枝条容易枯死，所以修剪时要大量疏除过密和衰老无用的枝条，才能维持良好的树形。

三、施肥与浇水

每年冬季施肥1~2次，以堆肥、厩肥等农家肥为主，有条件的拌入过磷酸钙等速效肥，在植株旁开沟，施入肥料后覆土。结果期可施农家肥和磷钾肥，促其坐果早熟。干旱时需及时灌水，保持土壤湿润；雨季需及时开沟排水，以免积水烂根。

第四节　病虫害防治

连翘在生长过程中容易面临多种病害和虫害的威胁。这些病虫害不仅影响连翘植株的健康，还可能导致其生长受阻、产量下降以及果实品质变差。以下是连翘生长过程中可能面临的主要病害与虫害问题，以及针对这些问题可采取的有效防治措施。

一、常见病害

1. 叶斑病

叶斑病是由半知菌类真菌侵染引起的植物病害，一般从 5 月中下旬开始发病，7 月、8 月为发病高峰期。发病初期叶片表面出现圆形或不规则形的黄色或暗绿色的病斑，病斑周围有黄色晕圈，边缘呈放射状，病斑小，受叶脉限制，直径 2~10mm；病斑后期逐渐变为褐色或黑色，中央浅黄色，边缘褐色，具浅黄色晕，病斑逐步向叶中部扩展，最终导致叶片枯黄脱落，致使个别枝条枯死。

对于叶斑病的防治方法主要有以下几点。

（1）加强田间管理，确保植株间距合理，维持良好通风与光照，减少病原菌滋生。

（2）及时清除病叶病枝及枯枝落叶，集中烧毁，减少病源。

（3）发病初期，采用 75% 百菌清可湿性粉剂 1200 倍液，或 10% 多抗霉素可湿性粉剂 1000 倍液，或 50% 多菌灵可湿性粉剂 800 倍液等药剂喷洒防治，每隔 7~10 天喷药 1 次，连续喷药 3~4 次，可以有效控制病害发展。

2. 炭疽病

炭疽病侵染叶缘和叶尖，病斑呈圆形或椭圆形，边缘不明显，中间呈灰白色至黄褐色，边缘呈深褐色，表面散生轮纹状排列的小黑点，严重时一个叶片上有十几个至数十个病斑，后期病斑穿孔，病斑多时融合成片导致叶片干枯脱落。

对于炭疽病的防治方法主要有以下几点。

（1）发病初期，剪除病叶，及时烧毁病残体，消除病源。

（2）施足腐熟有机肥，增施磷、钾肥，提高植株抗病性。

（3）发病期间可喷洒 75% 甲基硫菌灵可湿性粉剂 1000 倍液，每隔 7~10 天喷药 1 次，连续喷药 3~4 次。

3. 锈病

锈病由真菌中的锈菌寄生引起，主要危害连翘叶片，也可对叶柄、嫩梢和果实造成损害。初期，叶片背面会出现淡黄色圆形或椭圆形的小斑点，随后逐渐变为锈褐色，并隆起形成小脓包状病斑。病斑破裂后，会有褐色粉末散出。这些病斑正面凹陷，背面隆起，形成夏孢子堆，产生灰褐色的毛状物。严重时会导致叶片枯萎和植株死亡。在高温高湿环境下发病尤为严重。

对于锈病的防治方法主要有以下几点。

（1）加强田间管理，及时清除病叶和残株，减少病原菌的传播源。

（2）保持植株通风透光，降低田间湿度，有助于减少病害的发生。

（3）使用腐熟的有机肥，避免偏施氮肥，以提高植株的抗病性。

（4）在发病初期，可选用合适的药剂进行喷雾防治。常用的药剂包括波美0.3度石硫合剂、25% 粉锈宁可湿性粉剂 1000 倍液、75% 百菌清可湿性粉剂600 倍液等，每 7~10 天喷药 1 次，连喷 2~3 次。

4. 根腐病

根腐病是一种由半知菌亚门腐皮镰孢霉菌引起的严重病害，主要危害根部。发病初期，部分支根和须根开始变褐腐烂，随后逐渐蔓延至整个根部。随着根部腐烂程度的加剧，地上部分的茎叶自下而上逐渐枯萎，最终可能导致全株枯死。拔出病株时，可见主根上部和茎地下部分变黑色，病部凹陷，纵剖病根维管束呈褐色。

对于根腐病的防治方法主要有以下几点。

（1）加强田间管理，发现病株及时拔除，减少病源，并进行土壤消毒处理。

（2）使用 50% 多菌灵或 70% 甲基托布津 1000 倍液等药剂对土壤进行消毒处理，改良土壤结构，提高土壤透气性和保水能力，有利于根系生长和发育。

（3）在发病初期，可使用 75% 百菌清 600 倍液等药剂进行喷雾防治，每隔 10 天喷 1 次，连续喷 2~3 次。注意喷洒茎基部和土壤表面，以彻底杀灭病原菌。

5. 白粉病

白粉病是由白粉菌所引起的病害。初期，在连翘叶片的正面和背面会出现白色粉末状的菌丝，这些菌丝会逐渐覆盖整个叶片表面。随着病情的发展，叶片会逐渐变黄、干枯，并最终可能导致叶片的死亡。

对于白粉病的防治方法主要有以下几点。

（1）选用抗病力强的优质连翘品种进行种植，从根本上降低白粉病的发生概率。

（2）加强田间管理，保持田间通风透光，降低湿度和温度，定期进行深松耕作，增强土壤通气性，有利于根系生长和植株健康。

（3）合理施肥，避免过量使用氮肥，增加磷、钾肥的施用量，提高植株的抗病能力。

（4）及时清除病残体和死叶，减少病菌的侵染源。

（5）发病初期，可用 15% 三唑酮可湿性粉剂 1500 倍液或 45% 硫黄超微粒胶悬液 150~300 倍液进行喷洒治疗。每隔 4~5 天喷药 1 次，连续喷 2~3 次。

二、常见生物侵害

1. 蚜虫

蚜虫通过刺吸式口器刺入连翘组织，吸取汁液，使其营养不良。初期，受害叶片上会出现黄绿色的斑点，随后逐渐扩大并连成一片，导致叶片变黄、卷曲，最终导致连翘叶片变薄、卷曲、皱缩、发黄、生长缓慢，严重时叶片脱落，甚至导致植株萎蔫死亡。蚜虫在温暖、湿润环境中易繁殖和发生。

对于蚜虫的防治方法主要有以下几点。

（1）选择抗蚜虫能力强的连翘品种进行种植，从源头上减少蚜虫的危害。

（2）加强田间管理，定期清理田间杂草和病残体，减少蚜虫的滋生环境。

（3）通过轮作和间作的方式，减少土壤中蚜虫的数量，降低其对连翘的危害。

（4）利用瓢虫、食蚜蝇等天敌昆虫来控制蚜虫的数量。

（5）利用蚜虫对黄色的趋性，在田间悬挂黄色黏虫板进行诱杀。

（6）及时清理残枝落叶，减少蚜虫越冬场所。

（7）当蚜虫大量发生时，可选 0.30% 苦参碱水剂 5000 倍液、50% 吡虫啉可湿性粉剂 2000 倍液进行防治。每隔 4~5 天喷药 1 次，连续喷 2~3 次。

2. 钻心虫

钻心虫幼虫主要蛀食连翘的枝干木质部（髓部），侵害枝干髓心，致使连翘不能正常生长而枯萎，幼虫还会钻蛀连翘的幼果和花芽，造成落果和花芽脱落。严重时导致连翘不能开花结果，甚至造成连翘死亡。钻心虫一年发生一代，以蛹在土壤中越冬，成虫在春季出现，产卵于连翘的花蕾和幼果中。

对于钻心虫的防治方法主要有以下几点。

（1）每年冬季清除连翘的枯枝败叶，破坏钻心虫的生存空间，消灭越冬虫卵。

（2）在 4 月份使用频振式杀虫灯诱杀成虫，降低成虫数量。

（3）在 6 月上旬人工检查并抹去连翘枝干上的虫卵。

（4）在 7 月上旬如发现茎秆上有虫孔排出粪便，可用棉球蘸 90% 美曲膦酯 5~10 倍液堵塞虫孔。

（5）在 7~8 月进行修剪、摘心和抹芽，剪除受害枝，以减少钻心虫的侵染机会。

（6）在虫卵孵化期喷洒 50% 敌敌畏乳油 1500 倍液或 40% 乐果乳油 1000 倍液，每隔 5~7 天喷洒一次，连喷 1~3 次。

3. 叶螨

连翘发生叶螨危害严重时，可在寄主植物地上任何部位造成危害。叶螨有吐丝结网的习性，常吐丝结网栖息于网内刺吸植物汁液和产卵，有群集的习性，严重时可见在植株叶片尖端、叶缘和茎、枝端部聚集成球或厚厚的一层。成螨羽化后即可交配产卵，卵多产于叶片背面，孵化后的幼螨和前期若螨活动少，后期若螨活泼贪食，并有向植株上端爬行危害的特点。

对于叶螨的防治方法主要有以下几点。

（1）应及时清除田间及周围杂草，秋后及时清理残株落叶，集中烧毁或深埋；深翻土地，破坏叶螨越冬场所，减少越冬虫源。

（2）天气干旱时，应增加灌溉，改变田间适于叶螨发生的干燥小气候。

（3）在叶点发生初期，应及时喷药防治，喷药要注意喷叶片背面，可用 1.8% 农螨丹乳油 2000 倍液，或 20% 复方浏阳霉素乳油 1000 倍液，或 73% 炔螨特乳油 2000 倍液，或 50% 溴螨酯乳油 1000 倍液等喷洒。

4. 白粉虱

白粉虱口器为刺吸式，成虫和若虫吸食连翘植株汁液，被害叶片褪绿、变黄、萎蔫，甚至全株枯死。此外由于其繁殖力强、繁殖速度快，种群数量庞大，有群聚危害，分泌大量蜜液，严重污染叶片和果实，往往引起煤污病的大发生。

对于白粉虱的防治方法主要有以下几点。

（1）可以引入小蜂生物防治。

（2）成虫对黄色有较强的趋性，可用黄色板诱捕成虫并涂以黏虫胶杀死成虫。

（3）可以用 600~800 倍蓟虱净、啶虫脒、0.3% 苦参碱等喷洒，注意叶片背面也要充分喷洒。

5. 蛴螬

蛴螬为鞘翅目金龟甲科的幼虫，对连翘主要是危害幼苗，重者咬断幼苗根茎，使植株枯萎而死；轻者也往往因咬食伤口感染其他病原微生物而引起腐烂，造成缺苗断垄。

对蛴螬的防治方法主要有以下几点。

（1）粪土消毒。多数地方使用的粪肥为未腐熟粪肥，是蛴螬寄生场所。因此，在施用前需用 80% 美曲磷酯可湿性粉剂 800~1000 倍液或 50% 辛硫磷乳油 500 倍液喷洒均匀，24h 即可全部杀死。

（2）田间发生时可使用毒饵诱杀。

（3）人工捕杀。根据成虫活动规律，利用其假死进行捕杀。一般在黄昏时进行，大面积连续进行几次可显著减轻其危害。

（4）捕杀幼虫。种植连翘备用地要进行多次翻耕，使卵、蛹翻入深层，改变生态条件致死，翻到地表的幼虫及蛹可被鸟吃掉。

6. 蜗牛

3 月中下旬，蜗牛开始为害，主要侵害连翘的幼果和花，严重影响连翘的产量。

对蜗牛的防治方法主要有以下几点。

（1）石灰粉可以刺激蜗牛的软体部分，使用石灰粉进行触杀可导致蜗牛脱水死亡。

（2）使用 5% 的灭梭威颗粒剂进行触杀，灭梭威是一种常用的杀蜗剂，可以有效控制蜗牛数量。

（3）采取人工捕杀的方式来减少蜗牛的数量。

7. 菟丝子

连翘枝条被菟丝子缠绕而生缢痕，导致生长发育不良，树势衰落，严重时嫩梢甚至全株枯死。

菟丝子的防治方法主要有以下几点。

（1）菟丝子种子先于连翘种子发芽，应先对其进行摘除或结合苗圃管理，于菟丝子种子未萌发前中耕深埋，使之不能发芽出土（一般埋于 3cm 以下便难以出土）。

（2）春末夏初检查苗圃，一经发现连同寄生受害部分彻底清除。

（3）在菟丝子发生时，选择无风的晴天，每 20g 菟丝净兑水 25kg 稀释后进行喷雾防治。

第五节　连翘野生抚育技术

野生抚育可以提高连翘的产量和质量，同时可以保护其生态环境，实现经济效益和生态效益的双赢。但野生连翘由于自然分布不均匀、环境胁迫、外来破坏等因素，常存在结果极少、产量极低、采收困难等问题。因此，在野生抚育过程中，仍要经过选择地块、就地补种、合理施肥等步骤，以达到野生抚育连翘的增产丰收。

1. 地块选择

选择坡向以阳坡、半阳坡背风中山为好，切忌风口低洼地段，坡度不宜太陡。选择土地性质为四荒地、山坡地、林地等。原地块应具有一定数量的连翘野生资源，便于人工管理和采摘。

2. 就地补种

针对野生连翘种群植株自然分布不均匀的问题，在抚育区内采用就地补播、就地移植、就地扦插等方式进行补种。

（1）就地补播：利用原生环境中的野生连翘种子，在原生适宜地域进行播种。大概于 4 月上旬，在补种的地方挖好小坑，深度为 3cm 左右。选取饱满无病虫害的种子，每穴播 5~10 粒种子，覆土后稍镇压，使种子与土壤紧密结合。

（2）就地移植：利用原生境密度过大的连翘幼苗、幼株或种根，在原生境适宜地域进行移植。栽植时，按照自然坡形，沿等高线水平放线、定点，坡度大的地块采用鱼鳞坑整穴，鱼鳞坑规格长 60~80cm、宽 50~60cm、深 40~60cm；平整地块则穴状整地，穴深和穴径均为 60cm。

（3）就地扦插：在春季剪取健壮枝条进行扦插繁殖，插入深度为 18~20cm，确保枝条最上面的一节露出地面。然后埋土压实，以保持插穗稳定，提高繁殖效率。

3. 限灌露翘

一般于 6~8 月，通过对抚育区内的非目标灌木进行修剪或疏伐，降低除连翘以外其他灌木比例，减少其对光照、水分和养分的竞争，使连翘获得更多的生长资源。根据林分状况，适时进行间伐，调整林木密度，保持适宜的郁闭度，避免连翘被其他灌木过度压制，从而为连翘留出足够的生长空间，有效提升连翘在林分中的比重。

4. 整形修剪

对新定植的幼树需进行整形修剪，形成低干矮冠、内空外圆、通风透光良好的树形，提高结果率。

连翘基部的萌芽能力强，每年都能抽出若干徒长枝，造成养分分散、结果率下降。为了提高结果率，必须进行合理修剪。冬季修剪时以疏剪为主，去分蘖、去弱枝、枯老枝、重叠枝、交叉枝、病虫枝等。夏季修剪时采取去分蘖、去徒长枝、打顶、摘心等措施。

对老树需进行更新复壮。首先去除交叉的、杂乱的、枯死的枝条、树干，去除老化结果枝条，促进萌发新枝。第二对于过于杂乱的野生老连翘，需进行重截，在离地 1m 左右处将主杆截断，促使其重新萌生新枝，培养新树形。第三对于野生连翘单株或丛生较为稀少的连翘丛，可进行重剪，从距离主干分支三分之一处剪断，促重新萌生新枝结果。第四清理丛内过密植株，避免植株生长造成枝条过快交叉、郁闭不见光，影响结果。

5. 合理施肥

在连翘的种植过程中，可将根系附近杂草或枯枝落叶填埋来培肥土壤，增加土壤有机质和土壤微生物。

在秋末冬初，结合土壤耕翻，每亩地施加腐熟农家肥或有机肥 2000~3000kg，同时可加入适量的复合肥（如 50~80kg 三元复合肥）。施肥深度为25~30cm，以确保肥料能够充分与土壤混合并被根系吸收。

春季追肥时，可以根据连翘的生长情况选择适量的速效含氮、磷、钾等元素复合肥进行追施。一般采用穴施或沟施的方法，将肥料均匀撒在植株周围并覆土。追肥的施用量应根据植株的生长状况和土壤条件进行调整，避免过量施肥导致植株生长过旺或出现病虫害。

6. 病虫害防治

叶斑病是连翘常见的植物病害，主要危害叶片，要及时清除病株残叶，集中清扫落叶，减少越冬菌源。

菟丝子也是为害连翘最严重的有害生物之一，一旦寄生成功，菟丝子会迅速覆盖连翘树冠，严重影响连翘的光合作用和正常生长。需在 5 月底及时拔除菟丝子，在缠绕上树之前消除；对已被缠绕的枝条，要及时剪去为害枝，集中带到空旷安全地段进行火烧或深埋处理。

参考文献

[1] 纪宝玉，董诚明. 连翘植物资源综合开发利用研究进展 [C] // 中国植物学会药用植物和植物药专业委员会. 第六届全国药用植物和植物药学术研讨会论文集. 河南中医学院药学院，2006：3.

[2] 刘岩明，李春媛，张国兰. 浅谈道地药材连翘优质高产栽培技术 [J]. 农业工程技术，2017，37（8）：58.

［3］陈景宏. 连翘的综合利用价值及种苗繁育技术［J］. 现代农业科技，2015(17):2.

［4］国家技术监督局. GB/T 3543–1995 农作物种子检验规程［S］. 北京：国家标准出版社，1995.

［5］李书敏. 连翘种子质量检验方法和分级标准研究［J］. 中药材，2019（9）：4.

［6］赵艳，李安平，孙斌，等. 连翘种子质量标准研究［J］. 园艺与种苗，2014（4）：29–33.

［7］张翠萍. 连翘育苗及栽培技术［J］. 山西林业，2022（S2）：72–73.

［8］牛芳芳，唐秀光，任士福，等. 连翘种子萌发特性研究［J］. 河北林果研究，2013，28（2）：150–153.

［9］赵心田. 经济植物连翘种子繁殖技术［J］. 中国林副特产，2017（3）：49–50.

［10］卢瑞克，高雪飞，刘灵娣，等. 插穗类型及直径对连翘扦插育苗的影响［J］. 中国农业科技导报，2019，21（2）：41–45.

［11］周亚男，尚惠香，贺怡琼，等. 连翘扦插育苗与栽培管理技术要点［J］. 农业科技通讯，2021（9）：273–274+304.

［12］牛红霞. 连翘优质丰产栽培管理技术［J］. 林业科技通讯，2016（5）：64–67.

［13］刘钢，任伟. 连翘育苗与栽培技术［J］. 农村科技，2011（7）：57–58.

［14］高文静. 连翘育苗与栽培技术［J］. 山西林业，2017（5）：40–41.

第八章

青翘采收与加工技术

由于地理、气候等因素的不同，不同地区青翘最佳采收时间不同。此外，虽然历版药典指出"秋季果实初熟尚带绿色时采收，除去杂质，蒸熟，晒干，习称'青翘'"，但在实际生产中有直接阴干、烘干，以及水煮、蒸、微波处理等多种方法，也有水煮后先经高温脱水，再静置一段时间，最后烘干的方法。方法不同，产生的连翘质量有差异。本章将系统描述连翘最佳采收期及相关加工工艺。

第一节　不同采收期青翘的质量变化

一、不同采收期青翘的连翘苷与连翘酯苷 A 含量

一般将青翘的收获分为三个阶段，每个阶段大约持续 15 天。就山西长治而言，7 月 10 日至 25 日属于早期采摘，7 月 25 日至 8 月 10 日为中期采摘，而 8 月 10 日至 25 日则是晚期采摘。"抢青"是指在 6 月底开始的青翘采摘活动。普遍认为，8 月下旬至 9 月上旬采摘的尚未完全成熟的青色果实，经过加工后，其药效更佳。研究表明，连翘酯苷 A 在 6 月和 9 月分别达到一个高峰。

不同时期的青翘中连翘酯苷 A 和连翘苷的含量变化如下（图 8-1、图 8-2）。在山西长治，从 6 月 30 日到 9 月 20 日的时间段内，随着生长时间的增加，连翘苷和连翘酯苷 A 的含量持续降低，其中 6 月 30 日左右连翘苷、连翘酯苷 A 的含量最高，分别达 0.85%、12.66%，是 2020 版《中国药典》规定的 5.5 倍和 3.5 倍。但 9 月 20 日，连翘苷和连翘酯苷 A 均达到最低值，分别为 0.14%、

6.20%，此时的连翘苷已不符合药典规定值（图8-1、图8-2）。青翘的折干率随采收期不同而异，随着生长时间的延长，青翘折干率增加（图8-3）。7月30日以后，青翘折干率增长较慢，趋于平缓，表明此时青翘的膨大几乎停止，转向木质化生长；折干率在9月20日达到最高。通过生物产量结合连翘苷和连翘酯苷A的含量进行综合比较分析，建议在8月中下旬至9月上旬进行青翘的采收。

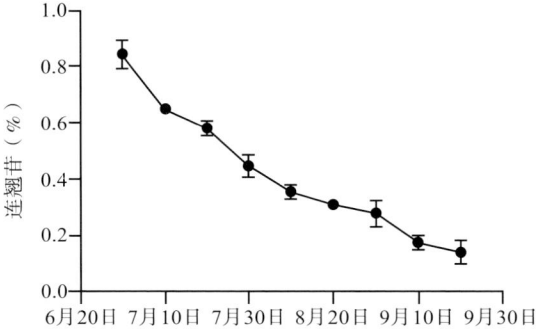

图 8-1　不同采收期青翘的连翘苷含量

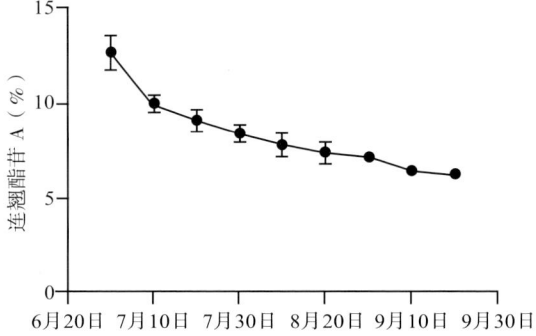

图 8-2　不同采收期青翘的连翘酯苷 A 含量

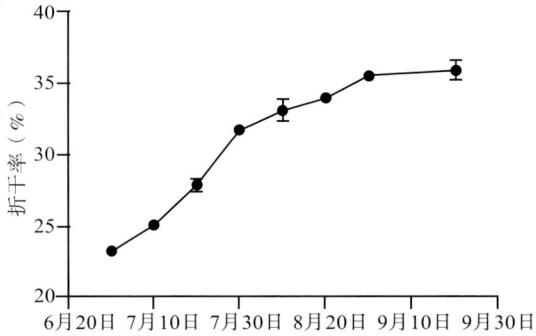

图 8-3　不同采收期青翘的折干率

二、不同采收期青翘的挥发油含量

于 7 月 15 日、8 月 1 日和 8 月 15 日采摘山西长治青翘样品,分别蒸制 5min、7min、9min、11min、13min,烘干后打粉备用,使用 2020 版《中国药典》通则 2204 甲法测定挥发油含量(表 8-1)。

表 8-1　不同采收期青翘的挥发油含量

加工方式		挥发油含量(%)		
处理方式	处理时长(min)	7 月 15 日	8 月 1 日	8 月 15 日
蒸	5	1.82	2.08	2.22
蒸	7	2.17	2.04	2.32
蒸	9	2.22	1.70	2.22
蒸	11	1.98	2.30	1.88
蒸	13	1.90	2.02	2.62

2020 版《中国药典》规定,青翘挥发油含量不得低于 2%。由表 8-1 可见,随着生长时间延长,青翘挥发油含量有增加的趋势,其中 8 月 15 日采收青翘经蒸制 13min 后,挥发油含量达到 2.62%。前人结合挥发油含量、有效成分和采收期的关系也得出了相近的结论——8 月 10 日为青翘采收的最佳时期。

三、不同采收期青翘的挥发油成分

三个时期采集的青翘,蒸制 5min、7min、9min、11min 和 13min 后,挥发油排名前十的化合物基本一致,含量最高的三个化合物分别是 $\beta-$ 蒎烯、$\alpha-$ 蒎烯和桧烯,构成了挥发油成分的 80% 以上,与多篇文献结果一致,三者均具有良好的抗菌、抗病毒、抗氧化、抗炎、抗肿瘤、免疫调节等生物活性,可广泛应用于医药、农药和香料工业。其中 $\beta-$ 蒎烯的丰度为其余两者的三倍左右,在 50.70%~52.57% 的区间;$\alpha-$ 蒎烯和桧烯的含量差别较小,分别在 15.45%~18.44%,14.02%~18.24% 的区间内,$\beta-$ 蒎烯与 $\alpha-$ 蒎烯的差距在 7 月 15 日时最大。张淑蓉等的研究发现不同采收期青翘挥发油 $\alpha-$ 蒎烯和 $\beta-$ 蒎烯的含量存在明显差异,同样以 7 月中下旬最高。排名第四的化合物为 4- 萜烯醇,其在 8 月 15 日的采收期内占比明显低于前两个采收期,$\gamma-$ 萜品烯的丰度差别较大,在第二采收期时可以达到 2%,但第一、第三采收期时仅在 1.3%、1.1% 左右(表 8-2~ 表 8-4)。

表8-2 7月15日采收青翘挥发油主要成分表

处理方式	时间（min）	化合物相对含量（%）									
		β-蒎烯	桧烯	α-蒎烯	4-萜烯醇	α-侧柏烯	β-月桂烯	柠檬烯	γ-萜品烯	邻伞花烃	β-水芹烯
蒸	5	51.06	15.37	15.45	3.90	1.83	1.72	1.79	1.51	2.18	1.12
蒸	7	52.11	16.42	17.09	2.77	1.92	1.63	1.39	1.01	1.05	0.82
蒸	9	52.09	16.90	16.82	2.59	1.87	1.64	1.45	1.15	1.05	0.98
蒸	11	51.70	17.60	16.40	2.46	1.85	1.73	1.54	1.20	1.02	1.01
蒸	13	52.57	15.26	17.03	3.31	1.83	1.50	1.52	1.47	1.18	0.93

表8-3 8月1日采收青翘挥发油主要成分表

处理方式	时间（min）	化合物相对含量（%）									
		β-蒎烯	α-蒎烯	桧烯	4-萜烯醇	γ-萜品烯	α-侧柏烯	β-月桂烯	柠檬烯	β-水芹烯	邻伞花烃
蒸	5	52.21	17.03	14.02	3.41	2.03	2.09	1.44	1.46	1.04	1.17
蒸	7	52.44	15.93	14.68	3.54	2.09	1.82	1.58	1.56	1.10	0.91
蒸	9	51.09	16.71	15.67	3.33	1.92	1.97	1.55	1.22	1.07	1.14
蒸	11	52.17	15.91	14.55	3.64	2.05	1.87	1.63	1.61	1.17	1.30
蒸	13	50.91	17.38	15.62	2.94	1.95	2.18	1.63	1.55	1.08	0.98

表8-4 8月15日采收青翘挥发油主要成分表

处理方式	时间（min）	化合物相对含量（%）									
		β-蒎烯	α-蒎烯	桧烯	4-萜烯醇	α-侧柏烯	β-月桂烯	柠檬烯	β-水芹烯	γ-萜品烯	邻伞花烃
蒸	5	50.91	16.66	18.24	2.52	1.93	1.86	1.57	1.14	0.93	0.89
蒸	7	51.62	17.58	17.53	2.38	1.98	1.76	1.42	1.02	1.22	0.63
蒸	9	50.81	18.44	16.88	2.32	2.28	1.82	1.45	0.99	1.20	0.91
蒸	11	50.70	17.14	16.66	3.16	1.95	1.74	1.48	1.07	1.16	1.06
蒸	13	50.96	17.07	16.70	2.87	2.02	1.82	1.55	1.09	0.94	0.93

四、不同采收期青翘的水分、浸出物、总灰分含量

以上三个不同时段采集的青翘样品，根据 2020 版《中国药典》通则 0832 第四法测定含水量，通则 2302 测定总灰分含量，通则 2201 项下冷浸法测定醇

溶性浸出物含量。结果表明，醇溶性浸出物在 7 月 15 日后变化较为平缓，呈现出下降趋势，但均符合 2020 版《中国药典》规定的"青翘不得少于 30.0%"要求，其中 7 月 15 日的最大值为 45.58%，8 月 15 日的最小值为 37.61%。总灰分在相同采收期内差异较小，但随着生长时间的增加总灰分含量也在不断增加，除 8 月 1 日采集的蒸制 7min 后的样品的总灰分含量为 4.29% 外，其他含量均符合 2020 版《中国药典》规定的"不得过 4%"的要求。此外，所有样品均符合药典的要求水分"不得过 10.0%"（表 8-5~ 表 8-7）。

表 8-5　不同采收期青翘的含水量

加工方式		含水量（%）		
处理方式	处理时长（min）	7 月 15 日	8 月 1 日	8 月 15 日
蒸	5	6.21	5.50	6.04
蒸	7	6.48	5.62	6.52
蒸	9	6.65	5.37	6.39
蒸	11	6.38	5.84	5.82
蒸	13	6.68	5.23	6.36

表 8-6　不同采收期青翘的醇溶浸出物含量

加工方式		醇溶浸出物含量（%）		
处理方式	水煮时长（min）	7 月 15 日	8 月 1 日	8 月 15 日
蒸	5	45.58	41.51	38.25
蒸	7	41.13	42.55	39.42
蒸	9	43.13	41.87	41.23
蒸	11	43.49	42.17	37.61
蒸	13	44.44	41.41	37.91

表 8-7　不同采收期青翘的总灰分含量

加工方式		总灰分含量（%）		
加工方式	水煮时长（min）	7 月 15 日	8 月 1 日	8 月 15 日
蒸	5	2.94	3.07	3.60
蒸	7	2.98	4.29	3.47
蒸	9	2.96	3.31	3.47
蒸	11	2.91	3.17	3.49
蒸	13	3.66	3.13	3.58

涉县青翘的水分、灰分、浸出物与采收期关系的研究表明，6月14日采收的青翘中水分含量显著高于7月30日及以后采收的青翘；不同采收期青翘中总灰分含量差异明显，且整体上呈现出随着采收期延后总灰分含量增高的趋势，其中9月15日采收的青翘中总灰分含量显著高于之前采收的青翘；不同采收期青翘中浸出物含量差异明显，且整体上呈现出随着采收期延后浸出物含量降低的趋势，其中6月14日采收的青翘中浸出物含量显著高于之后采收的青翘。这与我们测定的结果趋势相近。

综合前人研究基础，通过考察连翘苷、连翘酯苷A、挥发油含量、水分、浸出物、总灰分、挥发油成分等指标的异同，得出山西长治地区青翘最佳采收期应在8月10日左右。

第二节　青翘杀青方法

一、水煮杀青

利用沸水煮制杀青是青翘大规模生产中常用的方法之一。将青翘放入沸水煮制适当时间至透心，能使青翘中的酶因高温而失活。该方法操作简便，能耗较低，对设备要求条件不高，但较难保证大批量处理下的青翘受热均匀，易导致生产出的青翘质量不均一。

二、蒸汽杀青

蒸汽杀青是青翘大规模生产中常用的另一种方法，该方法将青翘放入蒸汽杀青设备中，利用高温蒸汽进行处理，使其迅速失水并破坏酶的活性。杀青温度一般控制在100~110℃，时间为3~5min。蒸汽杀青温度均匀，不易导致青翘表面焦黄，能够较好地保持青翘的绿色和药效成分，但该方法设备成本较高，操作复杂，需要较高的能源消耗。

三、生晒杀青

生晒杀青是将采摘下来的青翘鲜果不经水煮或蒸汽蒸，直接放在地上晒干杀青的方法。青翘生晒一般需要几天到一周，具体时间根据天气情况和果实的干燥程度来决定。通常在晴朗的天气下，每天晒制 8~10h，直到果实完全干燥。这种方法成本低，但容易出现霉变。

四、热风杀青

热风杀青也是常见的杀青方法之一。该方法将采摘后的青翘平铺在杀青设备中，利用热风炉或烘干箱产生的高温热风进行处理，使其迅速失水并破坏酶的活性。热风杀青温度一般控制在 100~120℃，时间为 5~10min。其优点为操作简单、成本低，适合大规模生产，但热风温度不易控制，容易导致青翘表面焦黄，影响外观和质量。

五、微波杀青

微波杀青是利用微波能量对青翘进行处理，使其迅速失水并破坏酶的活性。将青翘放入微波杀青设备中，利用微波能量进行处理。微波频率一般控制在 2450MHz，时间为 2~4min。微波杀青速度快，能够均匀加热，保持青翘的绿色和药效成分，且能耗较低，但设备成本较高，操作需要一定的技术水平。

六、高压蒸汽杀青

利用高压蒸汽对青翘进行处理，使其迅速失水并破坏酶的活性。将青翘放入高压蒸汽杀青设备中，利用高压蒸汽进行处理。温度一般控制在 120~130℃，时间为 1~3min。高压蒸汽杀青速度快，能够均匀加热，保持青翘的绿色和药效成分，但设备成本较高，操作复杂，需要较高的能源消耗。

七、一体化机器杀青

一体化机器杀青采用现代化机械一体式加工，涵盖上料、杀青、冷却、干燥上料、干燥和收集等自动化步骤，全程品质可控，生产效率高，保证了药材质量，但设备成本较高，操作复杂，需要较高的能源消耗，适合于大批量的样品加工。

青翘的生品与杀青品中的化学成分差异较大，主要涉及 10 种代谢物，杀青品中连翘酯苷 A、连翘酯苷 C、连翘苷、芦丁、蔗糖的量较高，而生品中连翘环己醇、连翘环己醇苷、连翘环己醇酮、α- 葡萄糖、β- 葡萄糖的量较高，从整体代谢物轮廓分析"杀青"对连翘化学组成的影响，证实了传统青翘产地加工"杀青"环节的合理性和必要性。然而，不同的杀青方式对于青翘的化学成分及含量积累的影响不同。例如，青翘果实蒸、生晒品所含成分总量几乎没发生变化，但在连翘苷的含量上前者明显高于后者，这充分说明青翘蒸品在连翘苷含量上优于生品。韦永浩等人的研究也发现，生晒组连翘苷含量低于 2020 版《中国药典》规定，蒸汽、水煮组有效成分含量明显高于生晒组，表明青翘产地加工可以水煮杀青作为蒸制加工的替代方式，生晒会致使有效成分含量大幅降低而严重影响药材质量。另外也有研究发现，青翘的微波炮制品与传统炮制品中连翘苷和连翘酯苷 A 的含量无显著性差异，且连翘酯苷 A 水解酶灭活率均在 95% 左右，同时微波炮制工艺更节省时间和能源。

第三节　不同方法加工对青翘质量的影响

一、不同方法加工青翘的连翘苷类化合物含量

目前青翘在产地加工的方法多样，包括直接阴干、烘干，以及水煮、蒸、微波处理等。此外也有用水煮后先经高温烘干至水分 20%~25% 后，再静置 1h 以上，最后烘干的方法。2023 年 8 月 1 日采收山西长治的青翘采用表 8-8 和表 8-9 的方法进行加工，分别测定连翘苷等化合物、挥发油含量以及挥发油组分等，对比不同方法加工的青翘中化合物状况。

表 8-8　青翘简单加工方法

处理方式	第一阶段	第二阶段	标准
烘干	90℃烘干	—	至水分 10%
晒干	晒干	—	至恒重
阴干	阴干	—	至恒重
煮	分别煮 5、7、9、11、13min	90℃烘干	至水分 10%
蒸	分别煮 5、7、9、11、13min	90℃烘干	至水分 10%
微波杀青	中低火、中火、中高火分别处理 3、6、9min	90℃烘干	至水分 10%

注：—没有相关内容。

表 8-9　青翘复杂加工方法

水煮温度	水煮时间	烘干脱水	是否静置	烘干
60、80、100℃分别水煮杀青	分别为 7、9、11min	沥水，分别用 70、80、90℃烘干至水分 20%~25%	常温静置 70min 或不静置	分别用 70、80、90℃烘干至水分 10%

相比于阴干处理，直接烘干的青翘连翘酯苷 I、连翘酯苷 A、(+)- 松脂素 –β–D– 吡喃葡萄糖苷、槲皮素及连翘脂素的含量更高，但按照药典规定"青翘的连翘酯苷 A 含量不得低于 3.5%，连翘苷的含量不得低于 0.15%"，两种处理方式均不符合药典要求（表 8-10）。

表 8-10　阴干和烘干处理各成分含量（%）

化合物	阴干	烘干
连翘酯苷 I	0.06	0.27
连翘酯苷 B	0.14	0.13
连翘酯苷 A	2.02	4.69
(+) – 松脂素 –β–D– 吡喃葡萄糖苷	0.29	0.31
连翘苷	0.27	0.14
槲皮素	0.19	0.26
连翘脂素	0.21	0.35

按照 2020 版《中国药典》"按干燥品计算，含连翘苷不得少于 0.15%，青翘含连翘酯苷 A 不得少于 3.5%"的要求，微波处理的所有组这两种化合物的含量都合格。中高火力档处理 9min 时不仅连翘苷和连翘酯苷 A 的含量最高，连翘酯苷 I 和连翘酯苷 B 的含量均远高于其他组。同样处理 9min，中高火力处理的连翘酯苷 I、连翘酯苷 B、连翘酯苷 A 和连翘苷的含量明显高于中火和中低火处理。同样处理 6min，中高火力处理的连翘酯苷 I 和连翘酯苷 A 的含量也明显高于中火和中低火处理，而在处理 3min 时则低于中火和中低火处理。在三种微波火力处理下，连翘酯苷 B、(+)- 松脂素 –β–D– 吡喃葡萄糖苷、槲皮素和连翘脂素在相同的处理时间下，含量接近（表 8-11）。综合以上结果，如果用微波处理青翘，较优的方法为：采集青翘后用中高火力处理 9min。

表 8-11　微波处理方式各成分含量（%）

微波档位	中高			中火			中低		
时长（min）	9	6	3	9	6	3	9	6	3
连翘酯苷 I	0.70	0.54	0.28	0.54	0.44	0.49	0.44	0.35	0.35

微波档位	中高			中火			中低		
连翘酯苷 B	0.26	0.14	0.15	0.14	0.19	0.14	0.24	0.18	0.18
连翘酯苷 A	8.34	7.18	3.74	6.84	5.27	5.50	6.13	4.91	4.54
(+)- 松脂素 –β–D– 吡喃葡萄糖苷	1.24	1.31	1.12	0.98	1.22	1.19	1.28	1.31	1.18
连翘苷	0.52	0.40	0.42	0.38	0.41	0.37	0.46	0.40	0.44
槲皮素	0.01	0.01	0.04	0.01	0.02	0.03	0.02	0.03	0.04
连翘脂素	0.01	0.01	0.04	0.01	0.02	0.02	0.02	0.03	0.04

无论蒸煮，槲皮素都检测不到，而连翘脂素在所有的处理中含量都很低。同样处理 13min，蒸制青翘的连翘酯苷 I、连翘酯苷 B、连翘酯苷 A、(+)- 松脂素 –β–D– 吡喃葡萄糖苷和连翘苷含量高于水煮处理。同样处理 5min，蒸制的青翘的这几个组分含量反而低于水煮处理。同样处理 9min 和 7min，两种处理方式下这几个成分的含量差异没有明显的规律（表 8–12）。韦永浩等人研究了不同炮制方法对连翘中连翘苷及连翘酯苷 A 含量的影响发现，蒸和水煮均优于传统的晒干方式，而蒸和水煮二者的优劣却难以细分；而白吉庆等人的研究表明，产地加工方法对青翘中连翘苷、连翘酯苷 A 的影响中煮法优于蒸法，这样的差异可能与产地、加工方法和加工时间有关。

表 8–12　煮、蒸处理各成分含量（%）

处理方式	煮					蒸			
处理时长（min）	13	11	9	7	5	5	7	9	13
连翘酯苷 I	0.93	0.91	0.91	0.78	0.78	0.67	0.71	0.84	1.00
连翘酯苷 B	0.12	0.15	0.17	0.15	0.19	0.17	0.16	0.18	0.14
连翘酯苷 A	8.50	8.22	9.09	8.39	9.06	8.40	9.65	9.05	9.39
(+)- 松脂素 –β–D– 吡喃葡萄糖苷	1.28	1.22	1.23	1.12	1.12	1.04	1.23	1.13	1.38
连翘苷	0.38	0.36	0.45	0.44	0.50	0.44	0.49	0.49	0.45
槲皮素	nd	nd	nd	nd	nd	nd	nd	nd	nd
连翘脂素	nd	0.01	0.01	0.01	0.01	0.01	0.01	0.01	0.01

注：nd 未检测到。

不同水煮温度、水煮时长、烘干温度和是否静置处理对青翘中各成分含量的影响见表 8–13。

表 8-13 青翘复杂杀加工处理各成分含量（%）

加工方式			非静置处理							静置处理						
水煮温度（℃）	水煮时长（min）	烘干温度（℃）	连翘酯苷 I	连翘酯苷 B	连翘酯苷 A	(+)-松脂素-β-D-吡喃葡萄糖苷	连翘苷	槲皮素	连翘脂素	连翘酯苷 I	连翘酯苷 B	连翘酯苷 A	(+)-松脂素-β-D-吡喃葡萄糖苷	连翘苷	槲皮素	连翘脂素
100	11	90	0.74	0.17	9.66	1.07	0.43	0.04	0.03	0.86	0.17	9.62	1.08	0.57	0.02	0.03
100	11	80	0.59	0.13	7.54	0.90	0.47	0.03	0.03	0.50	0.11	6.91	0.80	0.41	0.05	0.04
100	11	70	0.62	0.23	8.87	1.10	0.61	0.04	0.05	0.59	0.22	8.43	1.05	0.56	0.04	0.05
100	9	90	0.71	0.23	8.89	1.15	0.45	0.02	0.03	0.76	0.26	9.75	1.20	0.56	0.03	0.05
100	9	80	0.99	0.31	11.26	1.49	0.72	0.04	0.04	0.60	0.13	7.35	0.86	0.45	0.08	0.08
100	9	70	0.62	0.21	8.65	1.06	0.60	0.04	0.05	0.72	0.26	9.59	1.16	0.63	0.05	0.05
100	7	90	0.58	0.24	9.02	1.22	0.44	0.04	0.03	0.64	0.25	9.29	1.25	0.46	0.03	0.04
100	7	80	0.75	0.15	8.87	1.12	0.55	0.04	0.04	0.83	0.14	9.15	1.09	0.57	0.04	0.05
100	7	70	0.60	0.26	9.28	1.14	0.61	0.08	0.09	0.62	0.25	8.52	1.14	0.46	0.03	0.03
80	11	90	0.69	0.23	8.09	0.98	0.45	0.04	0.04	0.73	0.25	8.57	0.96	0.53	0.04	0.06
80	11	80	0.71	0.13	7.20	0.96	0.33	0.00	0.01	0.42	0.14	7.57	0.97	0.54	0.06	0.06
80	11	70	0.40	0.26	7.84	1.19	0.63	0.06	0.08	0.47	0.30	8.88	1.27	0.67	0.07	0.09
80	9	90	0.69	0.26	9.36	1.15	0.50	0.05	0.06	0.75	0.28	12.99	nd	nd	nd	nd
80	9	80	0.55	0.30	10.09	1.27	0.63	0.05	0.07	0.53	0.16	9.29	1.13	0.52	0.05	0.06

加工方式			非静置处理							静置处理						
水煮温度(℃)	水煮时长(min)	烘干温度(℃)	连翘酯苷I	连翘酯苷B	连翘酯苷A	(+)-松脂素-β-D-吡喃葡萄糖苷	连翘苷	槲皮素	连翘脂素	连翘酯苷I	连翘酯苷B	连翘酯苷A	(+)-松脂素-β-D-吡喃葡萄糖苷	连翘苷	槲皮素	连翘脂素
80	9	70	0.50	0.32	8.90	1.31	0.61	0.04	0.05	0.35	0.22	6.70	0.89	0.51	0.08	0.10
80	7	90	0.36	0.21	6.13	0.94	0.41	0.11	0.11	0.66	0.27	9.30	1.18	0.58	0.04	0.07
80	7	80	0.48	0.15	9.01	1.04	0.54	0.06	0.06	0.64	0.32	10.96	1.39	0.67	0.06	0.07
80	7	70	0.39	0.26	7.34	1.12	0.59	0.04	0.04	0.27	0.27	6.04	1.26	0.58	0.04	0.03
60	11	90	0.53	0.22	7.77	0.90	0.34	0.11	0.09	0.70	0.23	8.22	0.89	0.38	0.11	0.11
60	11	80	0.34	0.22	6.31	0.96	0.49	0.10	0.11	0.46	0.14	7.37	1.02	0.56	0.06	0.05
60	11	70	0.22	0.12	4.29	0.38	0.19	0.19	0.23	0.28	0.13	5.49	0.49	0.24	0.17	0.21
60	9	90	0.36	0.22	6.50	0.70	0.32	0.15	0.17	0.57	0.22	7.31	0.92	0.37	0.12	0.12
60	9	80	0.32	0.21	5.57	0.55	0.29	0.17	0.20	0.42	0.16	7.24	0.80	0.37	0.17	0.17
60	9	70	0.14	0.15	3.21	0.25	0.18	0.24	0.29	0.20	0.18	4.23	0.58	0.28	0.18	0.18
60	7	90	0.27	0.18	4.67	0.55	0.28	0.13	0.17	0.76	0.27	9.97	1.19	0.62	0.06	0.09
60	7	80	0.32	0.15	5.86	0.57	0.31	0.19	0.22	0.40	0.21	6.92	0.62	0.34	0.18	0.22
60	7	70	0.21	0.16	4.72	0.50	0.24	0.26	0.28	0.23	0.14	4.83	0.52	0.24	0.22	0.25

注：nd 未检测到。

100℃水煮 9min、80℃烘干的连翘酯苷 I、连翘酯苷 B、连翘酯苷 A、(+)-松脂素 -β-D- 吡喃葡萄糖苷和连翘苷含量在所有处理中最高。同样 100℃水煮，9min 时长的连翘酯苷 I、连翘酯苷 B、连翘酯苷 A、(+)- 松脂素 -β-D-吡喃葡萄糖苷和连翘苷平均含量高于 11min 和 7min 的，槲皮素含量则低于 11min 和 7min 的。80℃烘干的连翘酯苷 I、连翘酯苷 A、(+)- 松脂素 -β-D-吡喃葡萄糖苷高于其他两种烘干温度的，而 70℃烘干的连翘酯苷 B、连翘苷、槲皮素和连翘脂素则高于 90℃和 80℃烘干的。

80℃水煮的各处理组整体差异没有明显的规律。同样 80℃水煮，9min 时长的连翘酯苷 B、连翘酯苷 A、(+)- 松脂素 -β-D- 吡喃葡萄糖苷和连翘苷平均含量高于 11min 和 7min 的，槲皮素和连翘脂素含量居于 11min 和 7min 的中间。80℃烘干的连翘酯苷 A，70℃烘干的连翘酯苷 B、(+)- 松脂素 -β-D- 吡喃葡萄糖苷高于其他两种烘干温度的，而连翘苷、槲皮素和连翘脂素则高于 90℃和 80℃烘干的。连翘酯苷 I、(+)- 松脂素 -β-D- 吡喃葡萄糖苷和连翘苷平均含量高于另两种烘干温度的。

与 80℃水煮处理组类似，60℃水煮的各处理组整体差异没有明显的规律。同样 60℃水煮，11min 时长的连翘酯苷 I、连翘酯苷 A、(+)- 松脂素 -β-D- 吡喃葡萄糖苷和连翘苷平均含量高于 9min 和 7min 的，槲皮素和连翘脂素含量低于 9min 和 7min 的。90℃烘干的连翘酯苷 I、连翘酯苷 B、连翘酯苷 A 和 (+)-松脂素 -β-D- 吡喃葡萄糖苷平均含量高于 80℃和 70℃烘干的，而槲皮素和连翘脂素则低于另外两种烘干温度处理的。

在三个水煮温度处理下，100℃水煮的连翘酯苷 I、连翘酯苷 A、(+)- 松脂素 -β-D- 吡喃葡萄糖苷和连翘苷平均含量高于 80℃和 60℃水煮的，而 60℃水煮的槲皮素和连翘脂素含量则明显高于 100℃和 80℃水煮的。同样的水煮时间下，100℃、80℃和 60℃水煮 11min 和 9min 的各处理组的化合物的含量差异没有明显的规律，但水煮 7min，随着温度的降低，连翘酯苷 I、连翘酯苷 B、连翘酯苷 A、(+)- 松脂素 -β-D- 吡喃葡萄糖苷和连翘苷平均含量降低，而槲皮素和连翘脂素平均含量则增加。在同样的烘干温度下，100℃、80℃和 60℃水煮后，90℃和 70℃烘干的各处理组的化合物的含量差异没有明显的规律，但 80℃烘干的连翘酯苷 I、连翘酯苷 B、连翘酯苷 A、(+)- 松脂素 -β-D- 吡喃葡萄糖苷和连翘苷平均含量随着水煮温度的降低而降低，而槲皮素和连翘脂素平均含量则随着水煮温度的降低而增加。

与以第一次烘干初步脱水后非静止处理相比，静置后的 100℃水煮 11min、90℃烘干，80℃水煮 11min、80℃烘干，80℃水煮 7min、90℃烘干，60℃水煮

11min、90℃烘干，60℃水煮 7min、90℃烘干增加连翘酯苷 I 含量，80℃水煮 7 min、80℃烘干增加连翘酯苷 B 含量，100℃水煮 9min、80℃烘干明显降低连翘酯苷 B 含量，60℃水煮 7min、90℃烘干明显增加连翘酯苷 A 含量。其他的化合物含量在静置与非静置处理间没有明显的差别。

二、不同方法加工青翘的挥发油含量

青翘复杂加工处理挥发油含量见表 8-14。

表 8-14　青翘复杂加工处理挥发油含量

加工方式				挥发油含量（%）
水煮温度（℃）	水煮时长（min）	烘干温度（℃）	是否静置	
60	7	70	否	1.67
60	7	80	否	1.95
60	7	90	否	2.00
60	9	70	否	1.74
60	9	80	否	2.67
60	9	90	否	2.37
60	11	70	否	1.88
60	11	80	否	2.67
60	11	90	否	2.18
80	7	70	否	1.78
80	7	80	否	2.52
80	7	90	否	1.89
80	9	70	否	1.74
80	9	80	否	2.29
80	9	90	否	2.09
80	11	70	否	2.13
80	11	80	否	1.92
80	11	90	否	1.63
100	7	70	否	1.72
100	7	80	否	1.88
100	7	90	否	2.12
100	9	70	否	1.81
100	9	80	否	2.07

加工方式				挥发油含量（%）
水煮温度（℃）	水煮时长（min）	烘干温度（℃）	是否静置	
100	9	90	否	2.05
100	11	70	否	1.65
100	11	80	否	2.35
100	11	90	否	2.11
60	7	70	是	1.92
60	7	80	是	1.9
60	7	90	是	1.69
60	9	70	是	1.68
60	9	80	是	2.17
60	9	90	是	2.01
60	11	70	是	1.65
60	11	80	是	2.56
60	11	90	是	1.93
80	7	70	是	1.47
80	7	80	是	2.26
80	7	90	是	1.94
80	9	70	是	1.78
80	9	80	是	2.13
80	9	90	是	2.06
80	11	70	是	1.65
80	11	80	是	2.54
80	11	90	是	1.41
100	7	70	是	2.16
100	7	80	是	2.55
100	7	90	是	2.22
100	9	70	是	1.98
100	9	80	是	2.35
100	9	90	是	1.85
100	11	70	是	1.43
100	11	80	是	2.43
100	11	90	是	1.71

根据 2020 版《中国药典》的规定，青翘的挥发油含量不得低于 2.0%。在非静置组中，采用 60℃水煮 9min、80℃烘干和 60℃水煮 11min、80℃烘干的处理方式时，挥发油含量达到了所有处理组的最高水平，达到了 2.67%。对比静置组和非静置组，前者符合药典规定的组合有 12 组，而后者有 14 组，其中有 9 组在静置与非静置处理时都达到了药典的要求，分别是：60℃水煮 9min、80℃烘干，60℃水煮 9min、90℃烘干，60℃水煮 11min、80℃烘干，80℃水煮 7min、80℃烘干，80℃水煮 9min、80℃烘干，80℃水煮 9min、90℃烘干，100℃水煮 7min、90℃烘干，100℃水煮 9min、80℃烘干和 100℃水煮 11min、80℃烘干（表 8-14）。

就水煮温度而言，当水煮时间延长、烘干温度升高时，60℃的挥发油却高于 80℃和 100℃，例如 60℃水煮 9min、80℃烘干，60℃水煮 9min、90℃烘干，60℃水煮 11min、80℃烘干，60℃水煮 11min、90℃烘干的处理优于其他水煮温度的处理方式。与以第一次烘干初步脱水后非静止处理相比，静置后的青翘挥发油含量虽然变化，但变化不大。

青翘其他处理方式挥发油含量见表 8-15。

表 8-15　其他处理挥发油含量

加工方式		挥发油含量（%）
处理方式	处理时长（min）	
阴干	—	1.58
晒干	—	1.62
烘干	—	1.50
煮	5	1.95
煮	7	1.62
煮	9	1.75
煮	11	1.01
煮	13	2.04
蒸	5	2.03
蒸	7	1.76
蒸	9	1.80
蒸	11	1.73
蒸	13	2.35
微波中火	3	1.66

加工方式		挥发油含量（%）
处理方式	处理时长（min）	
微波中火	6	2.32
微波中火	9	1.76
微波中低火	3	1.98
微波中低火	6	1.63
微波中低火	9	1.77
微波中高火	3	1.85
微波中高火	6	1.61
微波中高火	9	1.52

注：— 没有相关内容。

青翘其他处理方式中仅有煮 13min、蒸 5min、蒸 13min、中火 6min 的挥发油含量符合药典要求，其中蒸 13min 的挥发油最高，为 2.35%，其次为中火 6min，为 2.32%。相同处理时间，蒸的处理方式较优于煮的方式。微波处理中，只有微波中火处理 6min 的挥发油含量达到药典要求。

三、不同方法加工青翘的挥发油成分

在其他加工方式下得到的实验结果详见表 8-16，部分处理方法中检测不到邻伞花烃，但其余九种成分均可稳定检测。与复杂加工处理一致，β- 蒎烯、桧烯和 α- 蒎烯是连翘挥发油的主要成分。其中，β- 蒎烯的相对含量为 50.49%~53.74%，桧烯的相对含量为 16.31%~18.84%，α- 蒎烯的相对含量为 15.62%~18.44%，这三者的含量总和占挥发油成分超过 80%，其中 β- 蒎烯的含量约为 α- 蒎烯的 3 倍。阴干和晒干处理过程中，β- 蒎烯的相对含量较高。

就 β- 蒎烯的相对含量而言，微波处理的均值为 51.66%，煮处理的均值为 51.46%，蒸处理的均值为 50.91%。各处理方式所得含量占比的排序为：阴干>晒干>微波>煮>蒸，其中蒸 13min 的处理的最小，为 50.49%。

就相对含量排名第二的桧烯，微波处理的均值为 17.79%，煮处理的均值为 16.71%，蒸处理的均值为 17.18%。各处理方式所得含量占比的排序为：晒干>阴干>微波>蒸>煮，其中煮 13min 处理的最小，为 16.31%。

对于 α- 蒎烯的相对含量，微波处理的均值为 16.53%，煮处理的均值为

16.93%，蒸处理的均值为 17.53%。各处理方式所得含量占比的排序为：蒸＞煮＞微波＞晒干＞阴干，其中中火 3min 的处理最小，为 15.62%。

表 8-16　其他加工方式的挥发油成分百分比

加工方式	处理时间（min）	化合物相对含量（%）									
		β-蒎烯	桧烯	α-蒎烯	4-萜烯醇	β-月桂烯	α-侧柏烯	柠檬烯	γ-萜品烯	β-水芹烯	邻伞花烃
微波中低火	3	51.74	18.09	17.16	2.21	1.73	1.88	1.42	0.99	1.04	—
	6	52.33	16.69	16.66	2.99	1.71	1.81	1.42	1.14	1.02	1.10
	9	51.37	18.84	16.92	2.08	1.75	1.84	1.45	0.79	1.05	0.97
微波中火	3	51.00	17.23	15.62	3.55	1.83	1.65	0.98	1.25	1.03	1.29
	6	51.49	18.6	17.12	2.17	1.83	1.88	1.41	0.85	1.04	—
	9	50.96	18.63	15.98	2.63	1.93	1.80	1.60	1.08	1.16	1.00
微波中高火	3	51.74	18	16.44	2.47	1.85	1.78	1.53	0.90	1.07	1.10
	6	52.75	16.84	16.45	2.69	1.35	1.65	1.46	0.80	1.06	0.94
	9	51.61	17.19	16.43	2.95	1.83	1.85	1.58	1.12	1.10	1.19
煮	5	51.40	16.87	16.81	2.90	1.84	1.97	1.41	1.58	1.10	0.99
	7	51.10	16.8	17.63	2.66	1.87	2.08	1.50	1.50	1.06	0.82
	9	51.98	16.89	16.64	3.05	1.65	1.73	1.44	1.41	1.05	0.78
	11	51.69	16.68	16.53	2.96	1.82	1.80	1.53	1.48	1.10	—
	13	51.12	16.31	17.08	2.98	1.89	2.03	1.55	1.63	1.11	0.87
蒸	5	50.91	18.24	16.66	2.52	1.86	1.93	1.57	0.93	1.14	0.89
	7	51.62	17.53	17.58	2.38	1.76	1.98	1.42	1.22	1.02	—
	9	50.81	16.88	18.44	2.32	1.82	2.28	1.45	1.20	0.99	0.91
	11	50.70	16.66	17.14	3.16	1.74	1.95	1.48	1.16	1.07	1.06
	13	50.49	16.59	17.83	2.66	1.90	2.20	1.52	1.45	1.06	0.92
晒干	—	52.77	18.46	15.88	2.25	1.71	1.58	1.49	1.15	0.96	
阴干	—	53.74	18.03	15.85	1.99	1.64	1.55	1.46	1.01	1.04	0.82

注：—没有相关内容。

综合分析前三种化合物成分的占比情况，微波中火处理 3min 的相对含量占比最低，仅为 83.84%。而阴干处理的相对含量最高，达到 87.62%，中火处理 6min 的相对含量为 87.21%，居于第二位。微波处理的平均相对含量为 85.98%，其中中低火、中火、中高火的相对含量分别为 86.60%、85.54%、

85.82%。煮处理的平均相对含量为85.10%，蒸处理的平均相对含量为85.61%，各种处理方式得到的含量占比排序为：阴干>晒干>微波>蒸>煮。

通过热图分析可以直观地发现，蒸和煮的处理方式富集了β-月桂烯、α-侧柏烯、柠檬烯、γ-萜品烯和β-水芹烯等成分；在阴干和晒干的处理过程中，β-蒎烯、桧烯、柠檬烯等成分的相对含量较高；而在微波处理过程中，桧烯、柠檬烯、β-月桂烯和邻伞花烃的相对丰度较为显著（图8-5）。

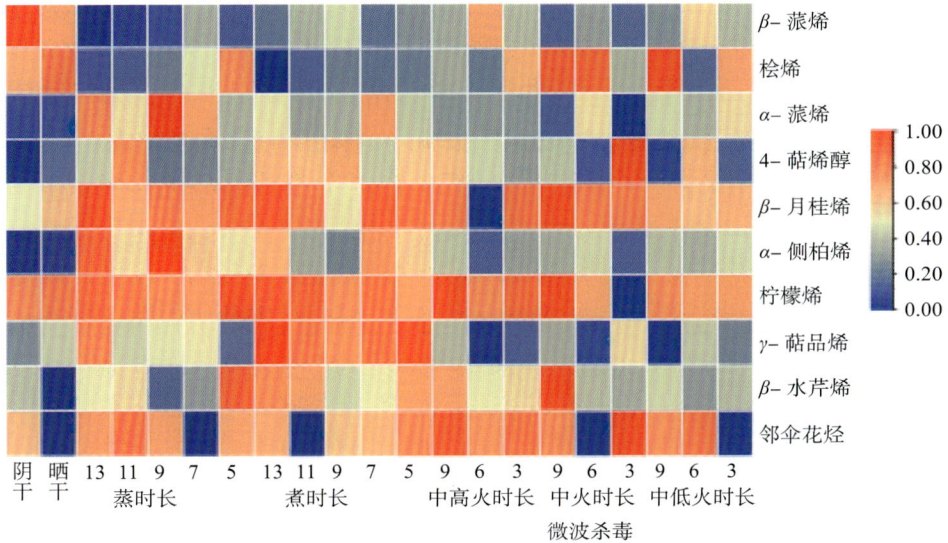

图8-5　其他加工方式挥发油主要成分图

整体来看，100℃和80℃水煮的青翘，其挥发油的主要组成成分类型类似，但与60℃水煮处理的明显不同。此外，在相同水煮温度、时间及相同烘干温度下，静置与不静置处理没有明显差异。无论是否静置，60℃水煮7min、70℃烘干的处理组，挥发油的主要组成成分为β-蒎烯、桧烯和α-蒎烯，占相对总含量的80%以上，相对含量较高的还有β-月桂烯、4-萜烯醇、α-侧柏烯、柠檬烯、β-水芹烯、γ-萜品烯和莰烯。而60℃水煮其他组的主要成分为β-蒎烯、α-松油醇和桉叶油醇，占相对总含量的72%以上。相对含量较高的还有香芹蒎酮、荜澄茄油烯、γ-萜品烯、莰烯、萜品油醇、α-水芹烯和β-月桂烯（表8-17）。100℃和80℃水煮的青翘，其挥发油的主要组成成分为β-蒎烯、桧烯和α-蒎烯，占相对总含量的75%以上，此外还含有β-月桂烯、4-萜烯醇、α-侧柏烯、柠檬烯、β-水芹烯、γ-萜品烯和莰烯。此外，100℃和80℃水煮的青翘经90℃烘干后，多数样品中出现了4-萜烯醇（表8-17）。

表 8-17 不同加工处理下挥发油成分的相对含量（%）

加工处理方式	α-侧柏烯	β-蒎烯	α-蒎烯	4-萜烯醇	香芹派酮	毕澄茄油烯	萜品油醇	松油烯	邻伞花烃	桧烯	β-水芹烯	柠檬烯	γ-萜品烯	α-松油醇	莰烯	桉叶油醇	α-水芹烯	β-月桂烯
60-7-70	1.665	46.74	16.055	1.705	—	—	—	—	—	19.47	1.09	1.4	0.8	—	0.76	—	—	1.835
60-7-70-J	1.665	52.405	16.115	1.805	—	—	—	—	—	19.51	1.095	1.52	0.9	—	0.75	—	—	1.835
60-9-70	—	48.505	—	—	1.855	1.525	1.09	—	—	—	—	—	1.68	18.24	2.42	15.915	0.755	1.09
60-9-70-J	—	40.18	—	—	1.84	1.51	1.09	—	—	—	—	—	1.53	18.545	2.465	16.06	0.76	1.175
60-11-70	—	47.125	—	—	1.81	1.51	0.915	—	—	—	—	—	1.705	19.4	1.65	14.735	0.755	0.675
60-11-70-J	—	53.175	—	—	1.775	1.525	1.09	—	—	—	—	—	1.635	19.05	1.785	15.97	0.755	0.83
60-7-80	—	52.115	—	—	1.915	1.57	1.135	—	—	—	—	—	1.69	18.35	1.76	15.805	0.735	0.815
60-7-80-J	—	51.605	—	—	1.705	1.435	1.01	—	—	—	—	—	1.93	19.06	1.805	17.33	0.795	0.86
60-9-80	—	61.675	—	—	1.855	1.485	1.05	—	—	—	—	—	1.945	19.33	1.295	17.17	0.765	0.665
60-9-80-J	—	51.745	—	—	1.63	1.55	1.135	—	—	—	—	—	1.81	18.785	1.965	16.505	0.76	0.985
60-11-80	—	50.685	—	—	1.795	1.425	1.045	—	—	—	—	—	2.11	20.1	1.305	17.915	0.775	0.765

加工处理方式	α-侧柏烯	β-蒎烯	α-蒎烯	4-萜烯醇	香芹蒎酮	毕澄茄油烯	萜品油醇	松油烯	邻伞花烃	桧烯	β-水芹烯	柠檬烯	γ-萜品烯	α-松油醇	莰烯	桉叶油醇	α-水芹烯	β-月桂烯
60-11-80-J	—	50.755	—	—	1.845	1.46	1.045	—	—	—	—	—	2.075	19.625	1.545	17.55	0.77	0.86
60-7-90	—	52.06	—	0.99	1.79	1.52	1.06	—	—	—	—	—	1.7	—	2.62	16.19	0.78	1.12
60-7-90-J	—	51.545	—	0.95	1.82	1.55	—	—	—	—	—	—	1.74	18.44	2.795	16.03	0.75	1.105
60-9-90	—	52.06	—	0.825	1.855	0.835	1.07	—	—	—	—	—	1.8	19.035	1.945	16.485	—	0.885
60-9-90-J	—	51.175	—	—	1.585	1.475	1.065	—	—	—	—	—	1.885	19.29	1.96	17.035	0.775	0.915
60-11-90	—	52.04	—	0.84	1.845	1.5	1.07	—	—	—	—	—	1.87	18.765	1.925	16.815	—	0.905
60-11-90-J	—	51.88	—	0.81	1.87	1.51	1.11	—	—	—	—	—	1.74	19.64	1.85	16.19	—	0.87
80-7-70	1.67	52.43	12.915	1.855	—	—	—	—	—	17.17	1.085	1.505	0.77	—	0.75	—	—	1.59
80-7-70-J	1.655	47.99	16.12	1.825	—	—	—	—	—	19.29	1.145	1.585	0.745	—	0.735	—	—	1.865
80-9-70	1.61	52.6	15.615	1.94	—	—	—	—	—	17.78	1.125	1.54	0.825	—	0.735	—	—	1.85
80-9-70-J	1.675	47.215	16.07	1.735	—	—	—	—	—	20.03	1.095	1.515	0.78	—	0.665	—	—	1.775
80-11-70	1.815	51.71	16.59	1.56	—	—	—	—	—	19.77	1.06	1.48	0.78	—	0.755	—	—	1.845

加工处理方式	α-侧柏烯	β-蒎烯	α-蒎烯	4-萜烯醇	香芹滠酮	毕澄茄油烯	萜品油醇	松油烯	邻伞花烃	桧烯	β-水芹烯	柠檬烯	γ-萜品烯	α-松油醇	莰烯	桉叶油醇	α-水芹烯	β-月桂烯
80-11-70-J	1.795	52.02	15	1.765	—	—	—	—	—	19.29	1.11	1.565	0.885	—	0.76	—	—	1.825
80-7-80	1.955	51.715	17.695	1.335	—	—	—	—	—	19.38	1	1.38	0.71	—	0.77	—	—	1.73
80-7-80-J	1.89	51.305	16.87	1.67	—	—	—	—	—	19.67	1.065	1.485	0.865	—	0.75	—	—	1.86
80-9-80	1.79	51.955	15.26	1.505	—	—	—	—	—	19.64	1.065	1.475	0.795	—	0.765	—	—	1.79
80-9-80-J	1.85	52.395	17.305	1.54	—	—	—	—	—	18.92	1.02	1.42	0.775	—	0.785	—	—	1.795
80-11-80	1.875	51.475	16.68	1.945	—	—	—	—	—	19.17	1.07	1.525	0.94	—	0.755	—	—	1.78
80-11-80-J	2.09	51.285	17.975	1.465	—	—	—	—	—	19.18	0.995	1.43	0.645	—	0.785	—	—	1.78
80-7-90	1.785	52.115	16.705	2.015	—	—	—	—	0.86	18.62	1.06	1.49	0.94	—	—	—	—	1.845
80-7-90-J	1.615	52.225	16.3	1.805	—	—	—	—	0.84	19.37	1.095	1.535	0.845	—	—	—	—	1.86
80-9-90	1.65	51.56	16.725	2.29	—	—	—	—	0.845	18.29	1.09	1.54	1.075	—	—	—	—	1.89
80-9-90-J	1.745	52.24	16.235	1.92	—	—	—	—	0.885	19.11	1.1	1.535	0.885	—	—	—	—	1.815
80-11-90	1.69	52.455	16.095	2.51	—	—	—	—	0.93	17.66	—	1.56	1.105	—	0.76	—	—	1.83

加工处理方式	α-侧柏烯	β-蒎烯	α-蒎烯	4-萜烯醇	香芹派酮	毕澄茄油烯	萜品醇油醚	松油烯	邻伞花烃	桧烯	β-水芹烯	柠檬烯	γ-萜品烯	α-松油醇	玻烯	桉叶油醇	α-水芹烯	β-月桂烯
80-11-90-J	1.73	52.2	16	3.33	—	—	—	—	1.07	16.47	1.15	1.625	1.38	—	—	—	—	1.815
100-7-70	1.545	52.59	15.25	1.63	—	—	—	—	—	19.18	0.97	1.475	0.8	—	0.645	—	—	1.785
100-7-70-J	1.69	48.825	16.48	1.63	—	—	—	—	—	16.01	1.07	1.465	0.755	—	0.75	—	—	1.79
100-9-70	1.795	52.305	16.69	1.58	—	—	—	—	—	19.24	0.955	1.525	0.84	—	0.76	—	—	1.795
100-9-70-J	1.83	52.26	16.65	1.63	—	—	—	—	—	18.95	1.08	1.53	0.84	—	0.76	—	—	1.77
100-11-70	1.73	47.42	15.28	1.67	—	—	—	—	—	19.14	0.865	1.455	0.78	—	0.765	—	—	1.74
100-11-70-J	1.655	45.71	15.785	1.935	—	—	—	—	—	19.37	1.125	1.585	0.86	—	0.735	—	—	1.855
100-7-80	1.89	51.57	16.83	2.12	—	—	—	—	—	18.38	1.09	1.55	1.075	—	0.755	—	—	1.85
100-7-80-J	2.095	50.465	18.175	1.56	—	—	—	—	—	19.44	0.885	1.47	0.865	—	0.78	—	—	1.805
100-9-80	1.905	51.675	17.21	1.96	—	—	—	—	—	18.47	1.055	1.48	0.995	—	0.77	—	—	1.815
100-9-80-J	2.07	51.155	17.725	1.765	—	—	—	—	—	18.58	1.055	1.505	1.03	—	0.765	—	—	1.815
100-11-80	1.945	51.515	17.16	1.815	—	—	—	—	—	18.92	1.04	1.495	1.02	—	0.77	—	—	1.77

加工处理方式	α-侧柏烯	β-蒎烯	α-蒎烯	4-萜烯醇	香芹蒎酮	荜澄茄油烯	萜品油醇	松油烯	邻伞花烃	桧烯	β-水芹烯	柠檬烯	γ-萜品烯	α-松油醇	莰烯	桉叶油醇	α-水芹烯	β-月桂烯
100-11-80-J	2.07	53.38	14.33	1.715	—	—	—	—	—	16.51	1.06	1.52	1.04	—	0.775	—	—	1.83
100-7-90	1.83	51.365	16.87	1.695	—	—	—	—	0.79	19.93	1.07	1.47	0.81	—	—	—	—	1.83
100-7-90-J	1.855	52.425	17.11	1.425	—	—	—	—	—	19.08	1.085	1.475	0.775	—	0.76	—	—	1.845
100-9-90	1.835	52.015	16.935	1.82	—	—	—	—	—	18.78	1.085	1.525	0.91	—	0.775	—	—	1.795
100-9-90-J	1.825	51.33	16.805	2.06	—	—	—	—	—	19.28	1.075	1.515	0.77	—	0.765	—	—	1.865
100-11-90	1.905	52	17.34	1.575	—	—	—	—	0.78	18.79	1.065	1.525	0.875	—	—	—	—	1.815
100-11-90-J	1.855	51.615	16.655	2.38	—	—	—	—	0.83	18.37	1.105	1.54	—	—	0.765	—	—	1.855

注：加工处理方式下，如60-7-70指60℃水煮7min，70℃烘干，第一次烘干初步脱水后不静置；60-7-70-J指60℃水煮7min，70℃烘干，第一次初步脱水后静置。—没有相关内容。

四、不同方法加工青翘的总灰分、水分、浸出物含量

2020 版《中国药典》规定，青翘的总灰分含量不得高于 4%，最终结果显示不同的加工处理间总灰分差异较小且都符合药典规定，含量为 3.42%，其中非静置的处理组总灰分含量稍低于静置组（表 8-18、表 8-19）。

表 8-18　部分复杂加工处理总灰分含量

加工方式			非静置总灰分（%）	静置总灰分（%）
水煮温度（℃）	水煮时长（min）	烘干温度(℃)		
60	7	70	3.18	3.30
60	9	70	3.12	3.55
60	11	70	3.14	3.38
60	7	80	3.28	3.35
60	9	80	3.15	3.44
60	11	80	3.12	3.31
60	7	90	3.37	3.57
60	9	90	3.25	3.51
60	11	90	3.28	3.53

表 8-19　其他处理方式总灰分相对含量

加工方式		总灰分（%）
加工方式	水煮时长（min）	
煮	5	3.43
煮	7	3.62
煮	9	3.48
煮	11	3.31
煮	13	3.53
蒸	5	3.60
蒸	7	3.47
蒸	9	3.47
蒸	11	3.49
蒸	13	3.58

加工方式		总灰分（%）
加工方式	水煮时长（min）	
微波中低火	3	3.61
微波中火	3	3.61
微波中高火	3	3.43
微波中低火	6	3.45
微波中火	6	3.37
微波中高火	6	3.63
微波中低火	9	3.53
微波中火	9	3.43
微波中高火	9	3.54
晒干	—	3.51
阴干	—	3.41
烘干	—	3.49

注：—没有相关内容。

根据 2020 版《中国药典》规定，青翘的含水量不得超过 10%，而醇溶性浸出物的含量不得低于 30%。所有上述处理方式均符合规定，其含水量落在 6% 到 8% 的范围内，而醇溶性浸出物的含量在 35% 到 41% 之间。在非静置条件下，以 100℃ 水煮 7min、80℃ 烘干处理的含水量仅为 5.98%，而 60℃ 水煮 9min、70℃ 烘干处理的含水量则达到 9.18%。在同样条件下，100℃ 水煮 11min、70℃ 烘干处理的浸出物含量最高，达到 40.92%，而 80℃ 水煮 7min、70℃ 烘干处理的浸出物含量最低，为 33.98%。在静置条件下，以 100℃ 水煮 11min、80℃ 烘干处理的含水量仅为 5.86%，而 60℃ 水煮 9min、70℃ 烘干处理的含水量也较高，达到 9.03%。100℃ 水煮 11min、70℃ 烘干处理的浸出物含量最高，为 40.93%，而 60℃ 水煮 7min、70℃ 烘干处理方的浸出物含量最低，为 34.13%。综合考虑水分和浸出物含量数据，可知使用 100℃ 水煮条件处理的效果较为优越（表 8-20）。

表 8-20 复杂水煮处理水分、醇溶浸出物含量

加工方式			非静置含水量（%）	静置含水量（%）	非静置醇溶浸出物含量（%）	静置醇溶浸出物含量（%）
水煮温度（℃）	水煮时长（min）	烘干温度（℃）				
60	7	70	8.90	7.84	35.70	34.13
60	9	70	9.18	9.03	34.20	37.45
60	11	70	7.22	6.85	37.03	37.90
80	7	70	6.56	8.29	33.98	35.59
80	9	70	7.17	7.63	38.99	38.00
80	11	70	6.27	6.11	38.19	38.34
100	7	70	7.22	7.06	37.87	38.25
100	9	70	7.10	6.96	37.99	38.91
100	11	70	6.70	6.72	40.92	40.93
60	7	80	6.62	6.48	39.24	37.97
60	9	80	6.28	6.37	38.90	39.91
60	11	80	6.37	6.07	38.64	35.09
80	7	80	6.37	6.49	36.63	36.34
80	9	80	6.67	6.50	37.17	35.63
80	11	80	6.54	6.61	38.92	36.76
100	7	80	5.98	6.45	40.53	40.37
100	9	80	6.44	6.46	37.29	38.97
100	11	80	6.18	5.86	38.90	39.57
60	7	90	8.38	6.36	37.74	37.16
60	9	90	6.93	6.39	36.43	37.70
60	11	90	6.70	7.27	40.00	40.30
80	7	90	6.92	7.46	40.44	40.09
80	9	90	6.82	7.52	36.67	36.04
80	11	90	6.12	5.90	38.46	38.87
100	7	90	6.98	6.86	39.88	40.60
100	9	90	7.26	7.14	38.39	38.72
100	11	90	6.25	6.52	38.85	39.41

在上述煮、蒸、微波处理、晒干、阴干和直接烘干的工艺中，只有晒干处理的醇溶浸出物未达到药典规定的 30% 标准。所有处理方法的含水量为 5%~7%，浸出物含量为 30%~41%。阴干和晒干的水分含量分别为 8.27% 和 8.04%，高于其他处理方法；与之相比，煮 13min 的处理方式含水量为 5.62%，相对较低，而煮和蒸的含水量则明显低于微波处理。就浸出物含量而言，蒸煮＞直接烘干＞中高／中低＞阴干＞中火＞晒干（表 8-21）。

表 8-21　其他处理方式水分、醇溶浸出物含量

加工方式		含水量（%）	醇溶浸出物含量（%）
处理方式	处理时长（min）		
煮	5	6.06	39.25
煮	7	6.03	39.90
煮	9	6.09	37.98
煮	11	5.92	39.76
煮	13	5.62	37.06
蒸	5	6.04	38.25
蒸	7	6.52	39.42
蒸	9	6.39	41.23
蒸	11	5.82	37.61
蒸	13	6.36	37.91
微波中低火	3	6.49	33.37
微波中火	3	6.50	30.82
微波中高火	3	7.01	32.83
微波中低火	6	6.73	32.50
微波中火	6	6.76	31.50
微波中高火	6	6.66	32.72
微波中低火	9	6.53	33.87
微波中火	9	6.29	30.41
微波中高火	9	6.07	36.65
晒干	—	8.04	22.07
阴干	—	8.27	31.50
90℃直接烘干	—	6.66	37.49

注：—没有相关内容。

五、最佳加工工艺筛选

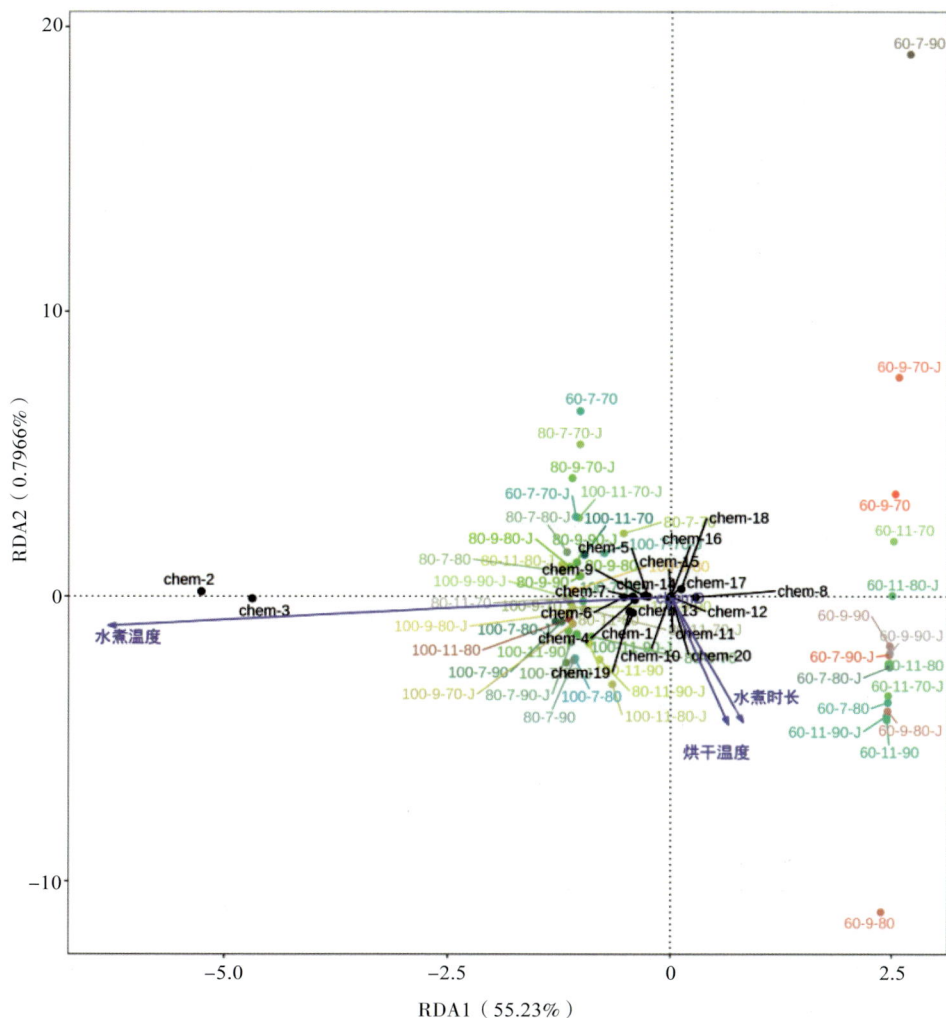

图 8-6 水煮温度、水煮时长、烘干温度及静置情况的 RDA 分析

图 8-6 展示了 RDA 分析的结果，图中的四个箭头分别表示水煮温度、水煮时长、烘干温度和是否静置，线段的长度则表示了处理条件与加工方式分布的相关程度，其中化合物名称如表 8-22 所示。经分析得知，水煮温度、水煮时长以及烘干温度在一定程度上会影响加工过程中连翘的挥发油成分、液相成分、出油率、水分含量以及浸出物的含量，而是否静置处理对这些成分的影响

并不明显。水煮温度对各项指标均有显著影响，影响程度超过烘干温度和水煮时长，并且水煮温度与烘干温度、水煮时长均呈负相关。水煮时长与烘干温度之间存在正相关关系。此外，桧烯和 α- 蒎烯的含量与水煮温度之间存在显著的相关性。

表 8-22　RDA 代号化合物对照表

代号	化合物	代号	化合物	代号	化合物
chem-1	β- 蒎烯	chem-6	α- 侧柏烯	chem-11	连翘酯苷 I
chem-2	桧烯	chem-7	柠檬烯	chem-12	连翘酯苷 B
chem-3	α- 蒎烯	chem-8	γ- 萜品烯	chem-13	连翘酯苷 A
chem-4	4- 萜烯醇	chem-9	β- 水芹烯	chem-14	(+)- 松脂素 -β-D- 吡喃葡萄糖苷
chem-5	β- 月桂烯	chem-10	邻伞花烃	chem-15	连翘苷

在所有处理中，选取符合 2020 版《中国药典》规定要求的加工处理进行 Topsis 分析，根据相对接近度进行排序（表 8-23）。结果表明蒸 13min 的处理为最优加工方式，与药典规定的处理方式契合；80℃水煮 9min、90℃烘干且不静置排名第二；排名第三的处理为 100℃水煮 9min、80℃烘干且不静置。

表 8-23　Topsis 分析结果

加工方式	正理想解距离 D+	负理想解距离 D-	相对接近度 C	排序结果
蒸 -13	0.754039195	1.032738227	0.577989297	1
80-9-90	0.695633712	0.938257683	0.574247276	2
100-9-80	0.795067709	1.033259003	0.56513915	3
80-7-80-J	0.764332781	0.967491103	0.55865444	4
煮 -13	0.855857485	0.996619237	0.537992853	5
80-9-80	0.792024768	0.900430845	0.532026269	6
100-7-90	0.794226172	0.886205247	0.527367697	7
100-11-90	0.801706089	0.88248858	0.523982528	8
100-7-80-J	0.83150524	0.891295162	0.517352539	9
蒸 -5min	0.868597262	0.905943817	0.510522877	10
80-11-70	0.849684763	0.848958481	0.499786217	11
100-7-90-J	0.871886792	0.834626153	0.489082814	12
100-9-80-J	0.847391106	0.808584843	0.488282963	13

加工方式	正理想解距离 D+	负理想解距离 D−	相对接近度 C	排序结果
80-7-80	0.871632949	0.808044766	0.481071314	14
80-11-80-J	0.90783808	0.792796901	0.466176993	15
100-9-90	0.915632052	0.790817501	0.463428584	16
80-9-80-J	0.900091951	0.765993819	0.459756534	17
100-11-80	0.916278147	0.773012734	0.457595991	18
60-9-80	1.057393513	0.878076635	0.453676145	19
100-7-70-J	0.916280009	0.758047098	0.452747313	20
100-11-80-J	0.940380479	0.77049592	0.450351598	21
60-11-80	0.991441994	0.772454933	0.437925211	22
60-9-80-J	1.031031913	0.756233126	0.423123101	23
微波中火 -6	0.998232475	0.726652394	0.421275882	24
60-9-90	1.006904067	0.732752759	0.421205348	25
60-11-90	0.998854821	0.662924111	0.398924368	26
60-11-80-J	1.041962711	0.6833264	0.396064866	27
60-9-90-J	1.030291923	0.668688359	0.393582178	28
60-7-90	1.180468494	0.614382542	0.342302804	29

参考文献

[1] 赵艳, 雷振宏, 王栋, 等. 青翘适宜采收期的研究 [J]. 现代农业科技, 2019 (8): 54-56.

[2] 庞维荣, 赵平, 刘养清, 等. 不同生长期的连翘中连翘酯苷及芦丁含量动态研究 [J]. 世界中西医结合杂志, 2007 (5): 277-279.

[3] 曲欢欢, 李白雪, 燕菲, 等. 不同采收期连翘、金钟花果实中连翘酯苷和连翘苷的含量测定 [J]. 中国中医药信息杂志, 2008 (8): 47-48.

[4] 朱红, 周旭, 袁海龙, 等. UPLC 法测定连翘中连翘苷的含量 [J]. 中国药房, 2012, 23 (31): 2922-2923.

[5] 宗建新, 李鑫, 崔晓云, 等. 采收期及干燥温度对连翘质量的影响 [J]. 实

用中医内科杂志，2023，37（9）：3-6+175.

［6］崔旭盛，李鑫，王伟，等. 连翘适宜采收期研究［J］. 安徽农业科学，2017，45（11）：107-108+137.

［7］白吉庆，王小平，曹林林，等. 产地加工方法对青翘中连翘苷、连翘酯苷A的影响［J］. 中国中药杂志，2011，36（23）：3258-3261.

［8］封燮，石欢，杨贵雅，等. 基于GC-MS与化学计量学的不同采收时期连翘挥发油类成分动态变化研究［J］. 中国中药杂志，2022，47（1）：54-61.

［9］张淑蓉，裴晓丽，王华阳. 不同采收期连翘挥发油中 α- 蒎烯和 β- 蒎烯含量的比较［J］. 中国药房，2013，24（47）：4469-4471.

［10］巩丽丽，蒋海强，张宏萌，等. 产气相色谱 - 质谱联用对连翘挥发性成分的分析［J］. 山东中医药大学学报，2015，39（3）：256-257+276.

［11］孙迎娜，班书贤，王瑞明，等. 青翘与老翘挥发油化学成分的比较研究［J］. 中国药房，2016，27（15）：2087-2090.

［12］魏珊，吴婷，李敏，等. 不同产地连翘挥发油主要成分分析及抗菌活性研究［J］. 中国实验方剂学杂志，2016，22（4）：69-74.

［13］贾金萍，张福生，李震宇，等. 基于[1]H-NMR代谢组学技术研究"杀青"对连翘化学成分的影响［J］. 中草药，2016，47（8）：1375-1381.

［14］卢玉兰. 不同炮制方法对连翘中连翘苷含量的影响［J］. 西部中医药，2011，24（8）：23-24.

［15］韦永浩，周安，韩荣春，等. 不同炮制方法对连翘中连翘苷及连翘酯苷A含量的影响［J］. 长春中医药大学学报，2018，34（3）：446-449.

［16］张小天，丁越，张昕宇，等. 微波炮制工艺代替青翘产地加工的可行性研究［J］. 中药材，2018，41（8）：1857-1863.

第九章
连翘质量控制策略与方法

中药材和中药饮片的质量是整个中医药产业的基石，中药质量的稳定、均一、可控是保障中药安全性和有效性的基础，关系着人民健康及中医药行业的兴衰。中药质量的有效控制是中药稳定发挥临床疗效的基本保障，也是中药研究、生产、监管关注的重点。连翘的生产周期包括育苗、移栽、种植、采收、加工等多个环节，如何结合每个环节的特点制定相应的质量控制体系并将这些体系严格应用于连翘相应的生产环节是目前连翘质量控制的重点所在。本章基于相关的政策、法规，以及前人的研究基础，结合自身多年的从业经验，介绍连翘质量控制的相关策略与方法。

第一节　连翘质量控制策略

一、构建连翘质量标准

以管理与技术规范关联、技术规范与质量标准关联、质量标准与药用价值关联为核心的系统关联管理模式逐渐成为解决中药质量复杂性问题的现实途径，并成为中药标准化研究和质量管理的重要内容。其中，基于"三性"指标的综合质量指标体系的确立，是中药材和饮片的质量标准和规范体系建立的前提。

根据中药质量标准的"三性"理念，中药材和饮片质量标准体系包括名称、来源、性状、鉴别、检查、指纹图谱（特征图谱）、浸出物、含量测定、炮制、性味与归经、功能与主治、用法与用量、注意、贮藏等内容。"来源"是中药材和饮片质量的源头保障；"性状""鉴别""特征图谱"检验中药材和饮片来源的正确性，是让老百姓吃真药的保障；"检查"控制中药材和饮片的杂质、水分和有毒有害物质，是让老百姓吃安全药的保障；"指纹图谱""浸出物""含量测定"主要控制中药材和饮片的内在物质，是让老百姓吃有效药的保障。因此，中药材和饮片的质量标准是一个体系，有一项不合格即为不合格药品。

目前，除了《中国药典》提出的连翘的质量标准，也有从表观性状、多成分组合、表观＋多成分、药效学等方面提出的多种连翘质量标准，这些质量标准已经应用于评价不同产地、不同方法加工的连翘质量。

二、形成连翘多维度、全方位的质量评价标准

质量控制指标的确立是质量等级标准制定的重要研究内容，如何找寻科学合理且实用可行的质量控制指标是质量等级标准研究的难点。通过综合评价表观性状、化学成分含量和生物活性是目前中药材质量评价的"理想"方式。传统对连翘的质量评价主要是从形状、颜色、大小、味道、质地、气味等外在特征分辨药材质量，对评价人员的理论和实践经验要求较高，且过度依赖于评价人员的主观判断，没有严格统一的评价标准，难以实现产业化评价的客观公正。化学成分是中药材发挥药效的物质基础，其含量高低是用来评价中药基础药效及质量的常用手段。目前除了采用药典规定的连翘酯苷 A、连翘苷和挥发油的含量高低外，也有用芦丁、连翘酯苷 B 等多种化学成分含量高低及相关比例来评价连翘质量。这些指标多是连翘中含量较高的成分，但不一定是有效成分，缺乏与连翘功能主治的科学关联。此外，也有通过评价连翘抗菌、抗病毒药效的好坏来评价连翘质量的方法，但在实际生产中，通过综合评价连翘的表观性状、化学成分含量和生物活性成本高。因此，以连翘核心功效为导向，通过多维度、全方位评价连翘质量，建立简单、高效、准确的质量评价标准对于连翘生产具有重要的指导意义。

三、构建"良地＋良种＋良法"的生产模式

目前市场上的连翘主要来源于野生资源，少部分来自人工种植。连翘质量受产地气候、土壤条件、种子种苗质量、野生抚育或人工种植技术水平、采收时期、加工方法等多因素影响。

1."良地"——连翘质量的自然保障

连翘主产于山西、陕西、河南、河北等地。研究表明，不同产地、不同海拔、不同土壤条件生长的连翘其化学成分有差异。特别是近年来在连翘的非传统道地产区开始规模化人工种植连翘，这些区域生产的连翘是否与道地产区的质量有差异尚不可知。基于新版 GAP，在适宜的区域综合评价基地自然环境质量、气候状况、土壤养分状况，遴选最佳的地块进行连翘野生抚育或人工栽培，通过自然条件保证高品质连翘的生产是连翘规模化生产的首要前提。

2."良种"——连翘质量的源头保障

研究表明，不同的连翘种质资源其产量和化学成分特性不同。对长角椭圆形、椭圆形、纺锤形、狭长形、圆形等果形连翘的经济指标和性状进行了评价分析和描述，结果表明纺锤形产量较高，属丰产型。主成分分析不同果形连翘中连翘苷、连翘酯苷 A、醇溶性浸出物及农业经济指标百果重，表明纺锤形综合评价较好。此外，在实际生产中不同种质、不同品种的连翘，其抗病性能等也有差异。收集、评价连翘种质资源，选育优良品种，能从源头上提升连翘质量。

3."良法"——连翘质量的技术保障

良法主要包括种苗繁育、种植过程、采收与加工、储存、运输、质量评价等方面的技术。种植过程整地、播种（移栽）、修剪、灌溉、施肥、病虫草害防治等会影响连翘次生代谢物的积累与产量；而农药等的施用则会导致连翘重金属、农残量的积累，影响用药安全。此外，不同时期采收、不同方法加工的连翘质量差异较大，不同条件储存的连翘挥发油差异较大。所以要形成种苗繁育、种植过程、采收与加工、储存、运输、质量评价等方面的技术规程，指导连翘全产业链生产环节，在"过程中"保障连翘质量。

四、形成基于影响连翘质量的关键因素的追溯体系

中药材追溯系统是一套以中药材质量为中心，从不同维度、不同层面将中药材的生产、流通、使用、管理过程串联起来的信息系统，以追溯系统为主线，充分结合信息科技手段和人力劳作，从生产到消费各环节均对影响中药材质量的因素进行记录，以满足不同人群对追溯药材质量的需求，从而实现药材的"来源可知、去向可追、质量可查、责任可究"。

影响连翘质量的因素很多，主要包括产地气候、海拔、土壤、光照、温度、降雨、坡向、采收时间、加工方法、储存条件等。在这些因素中，产地

气候、海拔、采收时间、加工方法、储存条件等是影响连翘质量的关键因素。因此，建立聚焦于这些关键因素的连翘质量追溯系统，对保障连翘从生产点到消费点的安全、有效、稳定、可控起着重要作用，是规范连翘生产的有效工具。

第二节　连翘质量控制方法

一、连翘质量标准及评价方法

1. 连翘表观性状指标

2020版《中国药典》中对连翘的表观性状要求为：呈长卵形至卵形，稍扁，长1.5~2.5cm，直径0.5~1.3cm。表面有不规则的纵皱纹和多数突起的小斑点，两面各有1条明显的纵沟。顶端锐尖，基部有小果梗或已脱落。青翘多不开裂，表面绿褐色，突起的灰白色小斑点较少；质硬；种子多数，黄绿色，细长，一侧有翅。老翘自顶端开裂或裂成两瓣，表面黄棕色或红棕色，内表面多为浅黄棕色，平滑，具一纵隔；质脆；种子棕色，多已脱落。气微香，味苦。此外，在【鉴别】项下要求：果皮横切面外果皮为1列扁平细胞，外壁及侧壁增厚，被角质层。中果皮外侧薄壁组织中散有维管束；中果皮内侧为多列石细胞，长条形、类圆形或长圆形，壁厚薄不一，多切向镶嵌状排列。内果皮为1列薄壁细胞。照薄层色谱法（通则0502）试验，供试品色谱中，在与对照药材色谱相应的位置上，日光下显相同颜色的斑点，紫外光下显相同颜色的荧光斑点。

此外，研究表明青翘与抢青连翘的外观性状差异明显，主要体现在大小、表面斑点特征及胚的发育状况，青翘个大饱满，质重，表面斑点多，种子较大，胚较为饱满；抢青连翘个小，质轻，表面斑点较少或无，种子较小，胚较为干瘪。比较山西、河南和河北产的连翘果实横径、果实纵径、百果重以及单株产量，发现山西连翘果实体积较大，百果重及单株产量均显著大于其他两地连翘；河南连翘果实大小与山西连翘无显著性差异，但百果重及产量显著小于山西连翘；而河北连翘果实较小，百果重及单株产量均低于其他两个产地。这些研究为通过表观性状评价连翘质量提供了思路。

随着人工智能的发展，借助图像识别、机器学习等技术，将连翘表观性状数据与连翘核心功效密切相关的化学成分含量相关联，可能遴选出准确、快速评价连翘质量的表观性状指标。

2. 连翘理化指标检测

2020 版《中国药典》在【检查】项下的杂质：青翘不得过 3%，老翘不得过 9%（通则 2301）；水分：不得过 10.0%（通则 0832 第四法）；总灰分：不得过 4.0%（通则 2302）。【浸出物】项下，照醇溶性浸出物测定法（通则 2201）项下的冷浸法测定，用 65% 乙醇作溶剂，青翘不得少于 30.0%；老翘不得少于 16.0%。

3. 化学成分指标检测

（1）2020 版《中国药典》的标准：【含量测定】项下，照挥发油测定法（通则 2204 甲法）测定，青翘含挥发油不得少于 2.0%（ml/g）。照高效液相色谱法（通则 0512）测定，按干燥品计算，含连翘苷（$C_{27}H_{34}O_{11}$）不得少于 0.15%；青翘含连翘酯苷 A（$C_{29}H_{36}O_{15}$）不得少于 3.5%；老翘含连翘酯苷 A（$C_{29}H_{36}O_{15}$）不得少于 0.25%。

依据药典标准，对山西不同地区连翘中连翘苷、连翘酯苷 A 的含量分析表明，山西产连翘的连翘苷和连翘酯苷 A 含量自山西省南部至北部逐渐减少；综合品质以山西省南部地区较高，其中山西省南部临汾市、长治市、运城市和晋城市地区品质较高。相比之下，山西产青翘和老翘的连翘苷及连翘酯苷 A 的含量明显高于其他产地。此外，依据药典的方法，发现青翘与抢青连翘的质量差别明显，青翘的连翘苷含量 ≥ 0.53%，连翘酯苷 A 含量 ≥ 4.36%，抢青连翘的连翘苷含量 ≥ 0.79%，连翘酯苷 A ≥ 6.71%。药典的连翘苷和连翘酯苷 A 的测定方法与含量要求为连翘的质量控制提供了基本的标准。

（2）基于多种化学成分指标的评价：连翘的质量评价指标中，除了药典要求的连翘酯苷 A 和连翘苷外，也有用多种化学成分组合进行连翘质量评价的报道。研究表明，连翘的芦丁、连翘酯苷 A、连翘苷、槲皮素和牛蒡子苷元 5 个 HPLC 特征峰专属性强，且方法简便、可靠，重复性好，可用于控制连翘药材的内在质量。挥发油中含量较高的 $\beta-$ 蒎烯：$\alpha-$ 蒎烯：香桧烯的相对含量比例（3.34 ± 0.5）：1 :（0.8 ± 0.3）也可作为鉴定连翘挥发油成分的辅助指纹性指标。

对质量差异较大的青翘与老翘质 HPLC 指纹图谱分析表明，(-)- 松脂醇 $-\beta-D-$ 葡萄糖苷、连翘酯苷 A、芦丁、连翘苷、连翘酯苷 I 5 种差异性成分在青翘和老翘中均稳定存在，并且与连翘主要药理作用密切相关，其中连翘酯苷 A、连翘苷、松脂醇 $-\beta-D-$ 葡萄糖苷和芦丁可作为区分青翘和老翘的质量标志物。此外 HPLC 指纹图谱中，连翘酯苷 I、连翘酯苷 A、(+)- 松脂素 –β–D– 吡喃葡萄糖苷、芦丁、连翘苷、连翘脂素可作为青翘的特征峰，RS– 连翘梾木苷甲基醚、芦丁、连翘酯苷 A、连翘苷和连翘脂素可作为老翘的特征峰。这些特征峰也能用与区分青翘与老翘。通过构建 HPLC-PDA 指纹图谱结合 UFLC-Q-TOF-MS 定性鉴定连翘中化学成分，发现不同的加工方式对连翘药材质量影响较大，与水煮烘干、直接烘干相比，以生晒为加工方式的药材质量明显下降，相似度约为 0.58。不同规格的连翘药材质量也有区别，老翘相似度约为 0.78，老翘中有效成分如连翘酯苷 A、连翘苷等含量明显降低。此外，青翘与老翘质量的差异也可用挥发油含量以及挥发油中 β– 蒎烯和 4– 萜烯醇的相对含量进行评价。

评价不同产地、不同方法加工的连翘质量中多种化学成分组合，采用较多的是高效液相色谱法。就山西产连翘而言，松脂醇 –β–D– 葡萄糖苷、连翘酯苷 A、连翘酯苷 B、芦丁、连翘苷和连翘脂素主要成分含量测定的一测多评法可比较准确评价山西连翘药材品质。同时测定连翘苷、(+)- 松脂素 –β–D– 吡喃葡萄糖苷、芦丁、连翘酯苷 A 的含量的 UPLC 法比较简便、准确，可用于不同产地、不同炮制方式连翘药材的区分及质量评价。通过测定连翘的连翘酯苷 A、连翘苷、槲皮素的含量，结合多指标层次分析法计算 3 种主成分的权重，根据权重计算每个样品的综合评分也可用于评价各产地连翘的综合质量。采用超快速液相色谱 – 三重四极杆 / 线性离子阱质谱法（UFLC-QTRAP-MS/MS）同时测定不同产地连翘药材中苯乙醇苷、木脂素、黄酮及酚酸类共 21 种活性成分的含量，根据 21 种目标成分的含量，用聚类分析（HCA）、主成分分析（PCA）及单因素方差分析（One-way ANOVA）对不同产地连翘药材进行综合评价。结果表明所构建的多元活性成分同时测定，结合多元统计分析的综合评价体系，可应用于不同产地连翘药材的质量评价。此外，也可综合连翘主要化学成分、微量元素和重金属残留量状况对连翘质量评价。如杨允等人对不同产地连翘中 4 种主要化学成分（总挥发油、连翘酯苷 A、连翘酯苷 B、连翘苷）、10 种微量元素（钠、锰、锌、铁、镁、钾、钙、铬、锗、硒）和 5 种重金属（铅、镉、砷、汞、铜）的含量比较结果表明，山西、河南、陕西、河北作为连翘的主要产区，多种化学成分的质量分数普遍高于其他产区，品质更为优良。

除 HPLC 指纹图谱外，高效毛细管电泳指纹图谱也可用于评价不同产地连翘的质量。如河北产连翘药材高效毛细管电泳指纹图谱较相似，山西、河南产连翘与河北连翘质量相近。连翘的指纹图谱和化学模式识别模式的构建，为连翘药材质量控制提供了更全面的参考。

（3）基于表观性状与化学成分综合评价：表观性状评价连翘质量简单、快速，但需要遴选与质量密切相关的表观性状指标。分析青翘与抢青连翘间中连翘苷、连翘酯苷 A 含量并建立指纹图谱，结合外观形态等特征，发现青翘与抢青连翘在外观性状和化学成分含量上具有显著差别，UPLC 法指纹图谱快捷、方便，可用于不同种质来源连翘质量评价。

连翘石细胞显微特征常数在 600~800 之间的连翘的连翘苷、连翘酯苷 A 含量明显高于 400~600 和 800 以上的区段，石细胞常数可初步预测连翘质量的优劣，可以作为连翘质量评价的一种新方法。连翘表面斑点特征与药材质量相关性表明，连翘表面斑点特征与药材质量有一定的相关性。连翘性状特征与内在质量的相关性研究显示，果实色泽、表面斑点的分布情况与连翘苷、连翘酯苷 A 含量有一定的相关性，药材绿褐色、表面斑点密集者的质量明显优于绿色、斑点散生者。所以连翘药材表面斑点密集度可作为重要的性状鉴别指标。

4. 连翘生物指标

有研究发现，老翘在逆转胆汁淤积模型中引起了大鼠一系列组织、循环、肠道代谢和微生态的变化，这些变化比青翘带来的更优。尤其表现在老翘能更好地改善单只淤积模型引起动物表观情况异常、脏器组织损伤、肝脏氧化应激等情况。还发现青翘和老翘对胆汁淤积模型大鼠的肠道微生态轮廓有相似和不同的影响，均表现为有较高丰度的厚壁菌和较低丰度的放线菌，而胆汁淤积模型降低了拟杆菌的丰度，老翘提高了拟杆菌的丰度，而青翘使拟杆菌丰度更低，老翘对于胆汁淤积模型的改善效果更佳。目前，使用生物手段评价连翘质量的报道较少。

5. 多性状指标综合评价

目前采用多种性状指标进行连翘质量评价的研究报道不多。采用琼脂扩散法对不同产地连翘抗菌效果进行比较，并结合指纹图谱初步分析了连翘中化学成分与抗菌活性之间的相关性，结果发现咖啡酸、连翘酯苷 A、连翘苷、连翘脂素与抗菌活性相关较密切。对不同商品规格的连翘抗氧化活性进行分析，表明青翘抗氧化活性优于老翘，"心"优于"皮"，连翘酯苷 A 含量最高，且连翘酯苷 A 及槲皮素含量越多，连翘商品的抗氧化性越强，将抗氧化活性与化学成分关联的方法可对不同规格连翘商品的品质进行评价。

吴婷从遗传信息、活性成分和生物效应等方面对山西、陕西、河北、河南等产地连翘进行道地性研究，发现山西连翘药材"道地性"体现在 DNA 遗传信息、活性成分及抗菌、抗病毒药效作用等方面。进一步建立的一测多评法，同步测定连翘多指标成分，方法简便、快速、灵敏、可重复，可用于连翘质量评价。刘雪晴起草了连翘药材商品规格等级标准（草案），主要包括性状、鉴别、检查、浸出物、含量测定、生物效价、有害成分等方面，形成了一个集感官鉴定、性状鉴定、理化鉴定、药效学试验和常规试验为一体的连翘药材商品等级规格标准草案。连翘饮片的等级标准与松脂素 $-\beta-D-$ 吡喃葡萄糖苷、连翘苷、连翘酯苷 A 3 项指标与聚类类别间存在显著的正相关，因此选取这3 个指标为连翘饮片等级的质量关联的指标成分，最终结合外观指标和理化指标制定了连翘饮片等级标准草案。不同等级连翘饮片提取物的体外抗炎作用实验也验证了等级划分的合理性。这些工作为连翘质量综合评价体系的建立提供了科学的思路。

伴随着目前连翘产业高质量发展的需求，急需构建表观性状检测、化学成分检测和核心功效检测综合的质量控制和评价新模式。表观性状指标用于表观、微观、气味等外在性状特征，化学指标通过指纹图谱、一测多评、关键指标成分分析等技术手段来评价物质基础内涵，核心功效指标通过以核心功效相关的药效实验和细胞实验来评价连翘核心功效。通过系统研究三者的相关性，揭示关键物质基础、核心功效和表观性状之间的关系，寻找出能够评价连翘质量的关键指标或综合指标，建立能够在实际生产中应用的标准与评价技术体系，对于连翘产业的高质量发展具有重要的指导意义。

二、形成"良地 + 良种 + 良法"的生产技术体系

1. 形成"良地"选址规程

在符合国家和地方生态环境保护要求的连翘道地产区，种植或野生抚育地块能满足连翘对海拔、气候类型、年降水量、年平均日照、年总辐射量、年平均气温、无霜期、土壤类型等的要求。基地空气和水质需符合《环境空气质量标准》二类区、《土壤环境质量农用地污染风险管控标准（试行）》《农田灌溉水质标准》和《生活饮用水卫生标准》国家标准。编制连翘生产基地选择选址规程。

2. 建立"良种"繁育规程

选用健壮连翘［*Forsythia Suspensa*（Thunb.）Vahl］植株成熟的果实。建立连翘种子、种苗质量标准与检测方法，确定种子种苗适宜的运输与保存条件。编制连翘种子种苗繁育规程。

3.构建"良法"技术体系

对于栽培连翘，明确套作等种植制度、灌排水等设施建设与维护、土地整理与移栽中耕除草等田间管理要求，建立针对主要病虫草害等的种类及危害规律等采取的防治方法，形成肥料与农药的种类、用量、施肥时期和施用方法。编制连翘种植技术规程。

对于野生抚育连翘，确定年允采收量、种群补种和更新、田间管理、病虫草害等的管理措施。编制连翘野生抚育技术规程。

在采收和加工环节，明确栽培与野生抚育连翘采收年限、采收时间、采收方法，形成采收后临时保存方法，建立拣选、去除非药用部位、蒸、煮等流程。编制连翘采收与加工技术规程。

对于连翘包装与放行，明确包括采收、加工、贮存各阶段的包装材料要求及包装方法，形成标签要求与放行制度。编制连翘包装与放行技术规程。

针对储运环节，明确包括采收后临时存放、加工过程中存放、成品存放等环境条件要求，以及运输、装卸和发运要求。编制连翘储运技术规程。连翘仓储示范如图9-1所示。

图9-1 连翘仓储

对于质量检验，明确检验指标、检验方法和报告出具等要求。编制连翘质量检验技术规程。

三、建立连翘质量追溯系统

中药材质量追溯系统包括基地管理、种子种苗管理、农药化肥物资管理、物联网设备管理、种植过程管理、采收管理、加工管理、质量管理、赋码管理、贮存养护管理、出库运输管理、溯源档案管理、文件管理系统、药材管理技术规程管理、追溯数据统计、应急召回、企业信息管理、组织架构管理、人员账号管理等 25 个特色功能模块，128 项质量追溯控制点，可为中药材基地数字化管理和全过程追溯提供保障。

以振东集团为例，其已建立了以连翘为代表的 GAP 基地管理及质量追溯平台，如图 9-2~ 图 9-8 所示。该平台以中药材生产质量管理规范为指导，应用了以大数据、互联网、人工智能、物联网先进技术为代表的新质生产力，精细化构建药材基地管理及质量保障提升体系，实现从基地环境、种子种苗、种植管理、投入品管控、采收加工和包装贮存全生命周期服务，确保"基地六统一、药材可溯源"的全链闭环、道地性与规范性的精准匹配，提升中药材质量控制水平，保障中药产品的质量。在加工管理环节，通过工艺管理的温度传感和视频监控对加工点和药材加工状况进行实时监管预警。以连翘为例，当烘箱温度超过 85℃时，会造成挥发油、连翘苷、连翘酯苷等含量的流失，品质将下降，系统把 80~85℃设置为预警线，若温度超过预警线，立刻发出短信预警给加工部、质量部，要求第一时间进行处置；若 2h 内未整改，将联办抄送加工督办处线下处置，进行闭环管控，以确保药材加工合格率达到 100%，促进了中药材产品提质增效。在流通管理中，以质量追溯为目的，打破农业种植、工业加工、市场流通等环节的数据壁垒，建立中药材电子"身份证"，通过"一物一码"实现全链条一键追溯。以连翘为例，可以查看到每批次药材的产品介绍、加工日期、质检报告、种源信息、采收信息、加工储运信息等，让查看者对药材的来源和品质一目了然，实现来源可查、去向可追、责任可究。

图 9-2　连翘质量追溯平台

图 9-3　中药材质量管理驾驶舱

图 9-4　追溯体系中展示的企业价值理念

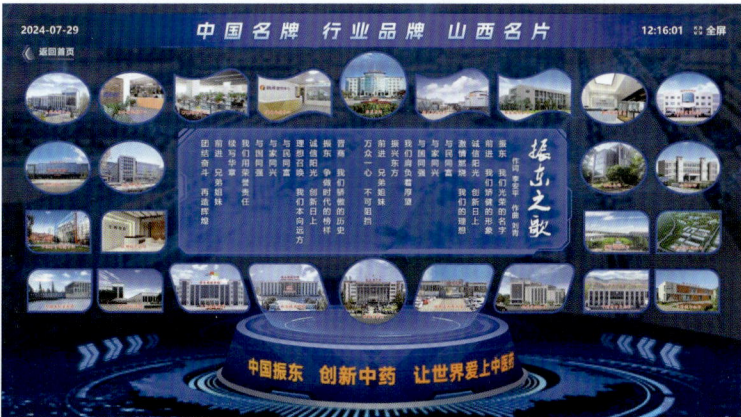

图 9-5　追溯体系中展示的企业目标

图 9-6　中药材阳光基地平台

图 9-7　中药材质量溯源平台

图 9-8　连翘溯源展示

第三节　连翘标准沿革

一、历版药典中连翘标准

从 1963 年第二版《中国药典》至今日 2020 版《中国药典》对连翘均有记载，并且从 2005 年起，将连翘提取物也收录其中。

1963 版《中国药典》首次收录了连翘，并对青翘和老翘分别描述，并对其来源、鉴别、炮制、性味等方面进行了规范。从 1977 版《中国药典》开始，对连翘采收时增加了"除去杂质"的要求，删除"或已熟透时"；在性状方面将"呈长卵形，长 5~7 分，直径 2~3 分"的描述具体化并规范单位为"呈长卵形至卵形，稍扁，长 1.5~2.5cm，直径 0.5~1.3cm"；将"小柄"规范描述为"小果梗"。对于青翘的描述由"青翘以色青绿、无枝梗者为佳"更新为"青翘以色较绿、不开裂者为佳"；对老翘的描述由"老翘以色黄、壳厚、无种子、纯净者为佳"更新为"老翘以色较黄、瓣大、壳厚者为佳"。这些修改至今仍然使用。1985 版则在"性味"的基础上增加了"归经"的阐述。

在鉴别方面，自 1995 版起，除了对连翘性状进行鉴别，还增加了使用薄层色谱法对连翘进行鉴别，使鉴别更为精准。而鉴别时使用的浸提液有所更新：1995 版规定使用乙醚，2000 版规定使用氯仿，2005 版规定使用三氯甲烷，而 2010 版后均规定使用石油醚。自 2005 版起，《中国药典》对于连翘的检查规定了水分含量不得过 10.0%，总灰分不得过 4.0%，酸不溶性灰分不得过 1.0%，首次规定了水分含量和酸不溶性灰分标准。

1995 版《中国药典》（1998 年增补版）首次增加了使用高效液相色谱法对连翘有效成分（连翘苷）含量进行测定的方法。而 2020 版《中国药典》首次增加了对连翘挥发油含量不得少于 2.0% 的规定；并对青翘和老翘中连翘酯苷 A 的含量分别要求："青翘含连翘酯苷 A 不得少于 3.5%；老翘含连翘酯苷 A 不得少于 0.25%"。

二、连翘商品等级标准

中华中医药学会发布《中药材商品规格等级 连翘》对于青翘和老翘商品等级标准明确了青翘和老翘选货与通货的外形、大小、质地、气味等（表9-1）。

表 9-1　连翘商品等级标准（中华中医药学会发布）

规格	等级	性状描述		
		共同点	区别点	
			果柄残留率	
青翘	选货	呈狭卵形至卵形，两端狭长，长1.5~2.5cm，直径0.5~1.3cm。表面有不规则的纵皱纹且突起的灰白色小斑点较少，两面各有1条明显的纵沟；多不开裂，表面青绿色或绿褐色。质坚硬，气芳香、味苦，无皱缩	< 10%	
	统货		不做要求	
老翘（黄翘）	统货	呈长卵形或卵形，两端狭尖，多分裂为两瓣，长1.5~2.5cm，直径0.5~1.3cm。表面有一条明显的纵沟和不规则的纵皱纹及凸起小斑点，间有残留果柄，表面棕黄色，内面浅黄棕色，平滑，内有纵隔。质坚脆，种子多已脱落，气微香，味苦	—	

注1：青翘采收后经汽蒸或水煮，然后烘干或晒干，称为水煮货；采收后直接炕烤干燥称为炕货；采收后直接晒干称为生晒货。水煮货颜色较亮，色泽均匀；炕货颜色较深，内表面多为黑褐色；生晒货颜色较淡，色泽不均。

注2：当前市场连翘药材存在水煮货、炕货和生晒货三种混合情况。

注3：青翘统货的果柄残留半范围在30%~80%。

注4：— 没有相关内容。

三、连翘质量控制标准

目前已出台一系列关于连翘的标准，涵盖了种植、采收、加工等质量控制关键步骤。

1.种植标准

在种植方面，选择海拔400~1500 m，年日照时数为2288.6h左右，年平均气温12.4℃，温度在0℃以上的活动积温4700℃，年平均降雨量550mm，土壤以黄棕壤和黄褐土为主，pH值6.5~8，土壤肥力中等的山地。

2.种子种苗标准

（1）种子质量：对连翘种子感官要求为种子长条形或半月形，表面黄褐色或红褐色，平滑，腹面平直，背面突起，外延成翅状。对连翘种子的理化要求如表9-2所示，不符合表中指标的为不合格种子。

表9-2　连翘种子理化要求

项目	指标
纯度（%）	≥ 95
净度（%）	≥ 80
发芽率（%）	≥ 80
含水量（%）	≤ 9

（2）种苗质量：对种苗的外观要求为苗木根系健壮、苗干通直、无机械损伤、无病虫害。根据株高、地径可将一年生连翘实生苗和两年生连翘实生苗分别划分为两级。种苗分级指标见表9-3、表9-4。

表9-3　一年生连翘实生苗质量分级

级别	Ⅰ级	Ⅱ级
株高（cm）	≥ 55.0	≥ 40.0
地径（mm）	≥ 7.50	≥ 4.00

表9-4　两年生连翘实生苗质量分级

级别	Ⅰ级	Ⅱ级
株高（cm）	≥ 150.0	≥ 90.0
地径（mm）	≥ 20.00	≥ 8.50

3. 连翘加工标准

对青翘和老翘加工分别要求：采回青翘后用干净的沸水煮20min，或笼蒸30min，运到干净的晒场晒干；采回老翘后净枝叶，除去种子，运到清洁卫生的水泥晒场晾晒。

四、连翘其他标准

1. 连翘炮制标准

我国天津、内蒙古、上海、江西、山东、河南等省市分别出台过多个连翘炮制标准，其炮制标准主要内容如下。

老翘：将老翘除去果柄、种子等杂质，洗净，干燥，筛去灰屑。青翘：将青翘除去果柄等杂质，洗净，干燥，筛去灰屑。朱砂拌老翘：将老翘壳喷潮，略润，用朱砂拌匀至色泽一致，晾干，每100g老翘壳用朱砂4g。功能主治：清热解毒，消肿散结；用于痈疽、瘰疬、乳痈、丹毒、风热感冒、温病初起、温热入营、高热烦渴、神昏发斑、热淋尿闭；朱砂拌增强安神作用。储存方法：老翘、青翘置干燥处；朱砂拌老翘置阴凉干燥处，密闭。

连翘心为木犀科植物连翘的干燥成熟种子，秋季果实熟透时采收，晒干，分离果壳，留取种子。近年上海市、安徽省和福建省中药饮片炮制规范对于连翘心炮制方法为：将连翘心药材除去杂质，筛去灰屑。朱砂拌连翘心：将连翘心用朱砂拌匀，每100g连翘心用朱砂5g。功能主治：清心安神，用于发热烦躁、夜不安眠；朱砂拌增强安神作用。贮藏方法：连翘心置干燥处；朱砂拌连翘心置阴凉干燥处，密闭。

连翘叶炮制：7~10月采收，除去杂质，阴干或晾干。功能主治：清热解毒，用于心烦尿赤、咽喉肿痛、口舌生疮。

连翘粉炮制方法：取连翘原药材，除去杂质，取净连翘，研细粉，过筛，即得。功能主治：祛"希拉"、止泻，用于腑热、肠刺痛、热泻。

2. 连翘加工品标准

有标准对于连翘叶茶的采摘、加工等做出要求。

采摘时间：连翘鲜叶采收始于清明，采收期为1个月，采摘于4月5日~4月14日的确定为一级茶，采摘于4月15日~4月24日的确定为二级茶，采摘于4月25日~5月4日的确定为三级茶。应采摘叶型小、均一、新鲜的嫩叶，易于茶叶做型，应无劣变、无异味。鲜叶储存于竹筐中，工具应清洁、卫生，运输过程中应轻放，避免挤压、日晒、雨淋，不应与有异味、有毒害等影响原料品质的物品混运。

工艺控制要求：加工基本条件如加工场地、加工用水、厂区布局和加工车间等，加工过程中的设备、用具和人员要求应符合GH/T1077的规定。

另有标准对连翘茶加工工艺规程做出要求为：连翘叶绿茶（杀青工艺）以连翘鲜叶为原料，经挑选、晾制、摇青、杀青、揉捻、干燥等工序加工而成；连翘叶红茶（发酵工艺）以连翘鲜叶为原料，经挑选、晾制、摇青、揉捻、发酵、烘干、包装等工序加工而成。

参考文献

[1]周勤梅，朱欢，耿昭，等. 中药材及饮片质量控制和评价的关键技术评析[J]. 环球中医药，2023，16（3）：379-386.

[2]陈佳，程显隆，李明华，等. 中药材及饮片质量等级标准研究思路和方法[J]. 中国现代中药，2023，25（9）：1847-1852.

[3]王姝君. 连翘质量控制标准研究［D］. 山西大学，2019.

[4]杨允，王园，王晓婷，等. 不同产地连翘质量的研究现状分析［J］. 西北药学杂志，2024，39（3）：1-9.

[5]姜涛. 连翘炮制方法及过程规范化研究［D］. 山西大学，2013.

[6]李寒冰，刘亚敏，吴宿慧，等. 基于抗氧化活性与有效成分关联分析的连翘商品规格品质评价［J］. 中国医院药学杂志，2017，37（23）：2368-2373.

[7]夏伟，董诚明，李汉伟，等. 连翘不同果形质量评价［J］. 中国实验方剂学杂志，2017，23（6）：60-64.

[8]国家药典委员会. 中国药典［M］. 北京：中国医药科技出版社，2020.

[9]赖锟阳，肖建才，闫滨滨，等. 基于中药材质量影响因素的中药材追溯体系建设［J］. 中国实验方剂学杂志，2024，30（7）：215-224.

[10]王星，葛珈铭，宋天宝，等. 不同种质来源连翘外观性状与质量相关性研究［J］. 时珍国医国药，2023，34（6）：1389-1392.

[11]陈虹宇. 3个种源地连翘在石家庄山区的适应性评价［D］. 河北农业大学，2024.

[12]索晓雄，刘彩霞，赵一萌，等. 基于MaxEnt模型和ArcGIS的山西省连翘品质区划研究［J］. 中国中医药信息杂志，2024，31（10）：1-7.

[13]王雪，唐波，赵鲁元，等. 不同产地连翘的质量分析［J］. 北方园艺，2019（24）：124-129.

[14]李月婷，任易，彭治添，等. 连翘药材的高效液相色谱特征图谱研究［J］. 中国医院用药评价与分析，2016，16（10）：1297-1299.

[15]冯帅. 基于化学—生物指纹图谱技术的连翘药材质量评价与品—质相关研究［D］. 山东中医药大学，2014.

[16]苏亚菲，张云，薛柯，等. 不同采收期连翘HPLC指纹图谱建立及质量标志物预测分析、网络药理学研究［J］. 中成药，2023，45（4）：1177-1183.

［17］沈菲，邹立思，文红梅，等. HPLC-PDA 指纹图谱结合 UFLC-Q-TOF-MS 定性鉴别评价连翘药材质量［J］. 中国中药杂志，2019，44（20）：4495-4503.

［18］封燮，石欢，杨贵雅，等. 基于 GC-MS 与化学计量学的不同采收时期连翘挥发油类成分动态变化研究［J］. 中国中药杂志，2022，47（1）：54-61.

［19］张淑蓉，吴婷，魏珊，等. 以连翘苷为内参物的一测多评法用于山西连翘药材品质评价研究［J］. 中国现代应用药学，2016，33（3）：304-308.

［20］王智颖，荆绮，曹宝瑞，等. 不同产地、不同炮制方式连翘的主要化学成分含量及抗菌活性比较评价［J］. 湖南中医药大学学报，2023，43（11）：2041-2047.

［21］祝宇，熊先明，余世荣，等. 多指标层次分析结合 UPLC 法评价不同产地连翘质量［J］. 湖北医药学院学报，2020，39（1）：34-38.

［22］魏丽芳，梅余琪，邹立思，等. 基于多元活性成分同时测定结合多元统计分析评价不同产地连翘药材的质量［J］. 中国药学杂志，2021，56（4）：276-284.

［23］崔洋，张兰桐，孔德志，等. 河北道地药材连翘的高效毛细管电泳指纹图谱研究［J］. 中国中药杂志，2010，35（18）：2440-2443.

［24］杨菁华，刘杨，范晓凡，等. 连翘显微特征常数与化学成分相关性研究方法初探［J］. 现代中药研究与实践，2019，33（04）：5-8.

［25］冯帅，耿燕楠，李峰，等. 连翘表面斑点特征与药材质量相关性研究［J］. 中药材，2018，41（5）：1083-1086.

［26］王涛. 连翘治疗胆汁淤积性肝病的潜力挖掘及青翘、老翘应用效果比较研究［D］. 山西大学，2024.

［27］吴婷. 山西连翘药材道地性和品质评价研究［D］. 山西中医学院，2015.

［28］刘雪晴. 连翘药材商品规格等级标准研究［D］. 河南大学，2019.

［29］高威风. 连翘饮片炮制生产工艺与等级标准的研究［D］. 河南大学，2019.

［30］中华中医药学会. 连翘种苗扦插繁育技术规程［S］. 2023.

［31］河北省医药行业协会. 中药材种苗质量连翘［S］. 2023.

［32］平顺县地方特产发展协会. 平顺县连翘规范化生产技术规程［S］. 2022.

［33］平山县富农中药材协会. 平山连翘［S］. 2021.

［34］平定特产协会. 连翘种植加工技术规程［S］. 2020.

［35］河北省医药行业协会. 中药材种子质量连翘［S］. 2023.

［36］山西省品牌研究会. 连翘叶茶［S］. 2021.

［37］平定特产协会. 连翘茶加工工艺规程［S］. 2020.

［38］平定特产协会. 连翘叶青茶加工技术规程［S］. 2023.

第十章
连翘资源综合利用

连翘作为中药材在我国的历史源远流长，被视为"疮家圣药"。连翘除作为双黄连注射液、银翘解毒片、连花清瘟胶囊等人用中药的主要原料外，近年来在家畜、水产动物的饲料和药中也被大量使用。连翘叶做成的绿茶、红茶也备受人们青睐。此外，连翘在改善生态环境、减少水土流失等方面效果明显。本章对连翘资源的综合利用进行阐述。

第一节　药用

一、饮片

青翘和老翘是对中药材连翘果实不同成熟阶段的称呼，它们在采摘时间、外观特征、药用特性上有所区别。在秋季果实初熟尚带绿色时采收，除去杂质，蒸熟，晒干，习称青翘。果实熟透时采收，晒干，除去杂质，则为老翘。

青翘通常在白露前采摘，此时果实尚未完全成熟，青翘的颜色较浅，一般为青绿色或绿褐色，表面可能带有较少的灰白色小斑点，质地较硬。通常认为其清热解毒的功效较强，更适合用于治疗热性疾病。采摘后即蒸熟晒干，筛取籽实作连翘心用。青翘制成的连翘饮片呈长卵形至卵形，稍扁；长度为1.5~2.5cm，直径为0.5~1.3cm；表面有不规则的纵皱纹及多数凸起的小斑点，两面各有1条明显的纵沟；顶端锐尖，基部有小果梗或已脱落（图10-1）。

图 10-1　青翘

　　老翘在寒露前采摘，此时果实已经完全成熟。老翘的颜色较深，表面为黄棕色或红棕色，内表面多为浅黄棕色，质地较脆。老翘由于成熟度较高，其清热解毒的功效可能与青翘有差异。老翘制成的连翘饮片呈长卵形至卵形，稍扁；长度为 1.5~2.5cm，直径为 0.5~1.3cm；表面有不规则的纵皱纹及多数凸起的小斑点，两面各有 1 条明显的纵沟；顶端锐尖，基部有小果梗或已脱落。表面黄棕色或红棕色，内表面多浅黄棕色；质脆，种子棕色，多已脱落；气微香，味苦（图 10-2）。

图 10-2　老翘

　　青翘和老翘在性味和归经上都具有苦味和微寒的性质，归肺、心、胆经。在中医药的应用中，根据其特性被用于不同的药方和治疗。

《中国药典》收录了青翘和老翘，青翘中含有的连翘酯苷 A 和连翘苷的含量约为老翘的 5 倍；青翘中含有较高含量苯乙醇苷类物质，而老翘中含有更多的苯乙醇苷的次生代谢产物羟基酪醇和咖啡酸，其含量足足是青翘中的 20 倍。除此之外，青翘中含有较高的罗汉松脂苷，老翘中含有较高的连翘脂素和落叶脂素。但对二者在功效方面差异的科学研究并不多。有报道指出，在抗菌、抗病毒、清上焦肺热方面，青翘可能更擅长使火和毒向上走，排出体外；而含有更多次级代谢物小分子成分的成熟果实老翘可能更善于在中、下焦发挥消肿散结、疏泄解毒的功能，保护肝胆。还有研究发现胆汁淤积模型引起了大鼠的一系列组织、循环、肠道代谢和微生态的变化，老翘在逆转这些变化方面的能力优于青翘。

二、制剂

1.《中国药典》收录的含有连翘的中药复方制剂

2020 版《中国药典》中含有连翘的复方制剂共有 114 种，包括维 C 银翘片、连花清瘟胶囊、双黄连口服液等，根据给药方式有口服制剂、外用制剂以及注射制剂等多种（表 10-1）。连翘作为主药或辅药配入，主要功效仍为清热解毒，消肿散结，疏散风热，可用于痈疽、瘰疬、乳痈、丹毒、风热感冒、温病初起、温热入营、高热烦渴、神昏发斑、热淋涩痛。

表 10-1　2020 版《中国药典》中含有连翘的中药复方制剂

名称	处方	功能与主治
五福化毒丸	水牛角浓缩粉 20g，连翘 60g，青黛 20g，黄连 5g，炒牛蒡子 50g，玄参 60g，地黄 50g，桔梗 50g，芒硝 5g，赤芍 50g，甘草 60g	清热解毒，凉血消肿。用于血热毒盛、小儿疮疖、痱毒、咽喉肿痛、口舌生疮、牙龈出血、痄腮
牛黄上清丸	人工牛黄 2g，薄荷 30g，菊花 40g，荆芥穗 16g，白芷 16g，川芎 16g，栀子 50g，黄连 16g，黄柏 10g，黄芩 50g，大黄 80g，连翘 50g，赤芍 16g，当归 50g，地黄 64g，桔梗 16g，甘草 10g，石膏 80g，冰片 10g	清热泻火，散风止痛。用于热毒内盛、风火上攻所致的头痛眩晕、目赤耳鸣、咽喉肿痛、口舌生疮、牙龈肿痛、大便燥结

名称	处方	功能与主治
牛黄至宝丸	连翘 120g，栀子 120g，大黄 60g，芒硝 60g，石膏 60g，青蒿 60g，陈皮 60g，木香 45g，广藿香 75g，人工牛黄 5g，冰片 10g，雄黄 15g	清热解毒，泻火通便。用于胃肠积热所致的头痛眩晕、目赤耳鸣、口燥咽干、大便燥结
牛黄清宫丸	人工牛黄 1.7g，麦冬 170g，黄芩 170g，莲子心 170g，天花粉 170g，甘草 170g，大黄 170g，栀子 170g，地黄 100g，连翘 100g，郁金 100g，玄参 70g，雄黄 185g，水牛角浓缩粉 340g，朱砂 135g，冰片 35g，金银花 335g，人工麝香 1.7g	清热解毒，镇惊安神，止渴除烦。用于热入心包、热盛动风证，症见身热烦躁、昏迷、舌赤唇干、谵语狂躁、头痛眩晕、惊悸不安及小儿急热惊风
甘露消毒丸	滑石 300g，茵陈 220g，石菖蒲 120g，木通 100g，射干 80g，豆蔻 80g，连翘 80g，黄芩 200g，川贝母 100g，藿香 80g，薄荷 80g	芳香化湿，清热解毒。用于暑湿蕴结、身热肢酸、胸闷腹胀、尿赤黄疸
芎菊上清丸	川芎 20g，菊花 240g，黄芩 120g，栀子 30g，炒蔓荆子 30g，黄连 20g，薄荷 20g，连翘 30g，荆芥穗 30g，羌活 20g，藁本 20g，桔梗 30g，防风 30g，甘草 20g，白芷 80g	清热解表，散风止痛。用于外感风邪引起的恶风身热、偏正头痛、鼻流清涕、牙疼喉痛
芎菊上清丸（水丸）	川芎 20g，菊花 240g，黄芩 120g，栀子 30g，炒蔓荆子 30g，黄连 20g，薄荷 20g，连翘 30g，荆芥穗 30g，羌活 20g，藁本 20g，桔梗 30g，防风 30g，甘草 20g，白芷 80g	清热解表，散风止痛。用于外感风邪引起的恶风身热、偏正头痛、鼻流清涕、牙疼喉痛
导赤丸	连翘 120g，黄连 60g，栀子（姜炒）120g，木通 60g，玄参 120g，天花粉 120g，赤芍 60g，大黄 60g，黄芩 120g，滑石 120g	清热泻火，利尿通便。用于火热内盛所致的口舌生疮、咽喉疼痛、心胸烦热、小便短赤、大便秘结

名称	处方	功能与主治
防风通圣丸	防风 50g，荆芥穗 25g，薄荷 50g，麻黄 50g，大黄 50g，芒硝 50g，栀子 25g，滑石 300g，桔梗 100g，石膏 100g，川芎 50g，当归 50g，白芍 50g，黄芩 100g，连翘 50g，甘草 200g，白术（炒）25g	解表通里，清热解毒。用于外寒内热，表里俱实，恶寒壮热，头痛咽干，小便短赤，大便秘结，瘰疬初起，风疹湿疮
金嗓开音丸	金银花 125g，连翘 125g，玄参 125g，板蓝根 125g，赤芍 50g，黄芩 75g，桑叶 50g，菊花 50g，前胡 50g，燀苦杏仁 50g，牛蒡子 50g，泽泻 50g，胖大海 50g，僵蚕（麸炒）50g，蝉蜕 50g，木蝴蝶 50g	清热解毒，疏风利咽。用于风热邪毒所致的咽喉肿痛、声音嘶哑；急性咽炎、亚急性咽炎、喉炎见上述证候者
复方牛黄清胃丸	大黄 240g，炒牵牛子 200g，栀子（姜炙）80g，石膏 120g，芒硝 80g，黄芩 80g，黄连 20g，连翘 80g，炒山楂 160g，陈皮 160g，姜厚朴 80g，枳实 80g，香附 40g，猪牙皂 120g，荆芥穗 40g，薄荷 40g，防风 40g，菊花 40g，白芷 120g，桔梗 80g，玄参 120g，甘草 40g，人工牛黄 13g，冰片 51.5g	清热泻火，解毒通便。用于胃肠实热所致的口舌生疮、牙龈肿痛、咽膈不利、大便秘结、小便短赤
保和丸	焦山楂 300g，六神曲（炒）100g，半夏（制）100g，茯苓 100g，陈皮 50g，连翘 50g，炒莱菔子 50g，炒麦芽 50g	消食，导滞，和胃。用于食积停滞、脘腹胀满、嗳腐吞酸、不欲饮食
保和丸（水丸）	焦山楂 300g，六神曲（炒）100g，半夏（制）100g，茯苓 100g，陈皮 50g，连翘 50g，炒莱菔子 50g，炒麦芽 50g	消食，导滞，和胃。用于食积停滞、脘腹胀满、嗳腐吞酸、不欲饮食

名称	处方	功能与主治
健脑补肾丸	红参 30g，鹿茸 7g，狗鞭 14g，肉桂 30g，金牛草 12g，炒牛蒡子 18g，金樱子 12g，杜仲炭 36g，川牛膝 36g，金银花 26g，连翘 24g，蝉蜕 24g，山药 48g，制远志 42g，炒酸枣仁 42g，砂仁 42g，当归 36g，龙骨（煅）35g，煅牡蛎 42g，茯苓 84g，炒白术 42g，桂枝 35g，甘草 28g，豆蔻 35g，酒白芍 35g	健脑补肾，益气健脾，安神定志。用于脾肾两虚所致的健忘、失眠、头晕目眩、耳鸣、心悸、腰膝酸软、遗精；神经衰弱和性功能障碍见上述证候者
狼疮丸	金银花 53.6g，连翘 53.6g，蒲公英 53.6g，黄连 13.4g，地黄 53.6g，大黄（酒炒）20.1g，甘草 13.4g，蜈蚣（去头尾足）2.42g，赤芍 26.8g，当归 13.4g，丹参 13.4g，玄参 53.6g，炒桃仁 26.8g，红花 20.1g，蝉蜕 53.6g，浙贝母 26.8g	清热解毒，凉血活血。用于热毒壅滞、气滞血瘀所致的系统性红斑狼疮
桑菊感冒丸	桑叶 558g，菊花 222g，连翘 336g，薄荷素油 1.2ml，苦杏仁 444g，桔梗 444g，甘草 180g，芦根 444g	疏风清热，宣肺止咳。用于风热感冒初起，头痛、咳嗽、口干、咽痛
黄氏响声丸	薄荷，浙贝母，连翘，蝉蜕，胖大海，酒大黄，川芎，方儿茶，桔梗，诃子肉，甘草，薄荷脑	疏风清热，化痰散结，利咽开音。用于风热外束、痰热内盛所致的急、慢性喉痛，症见声音嘶哑、咽喉肿痛、咽干灼热、咽中有痰，或寒热头痛，或便秘尿赤；急慢性喉炎及声带小结、声带息肉初起见上述证候者
黄连上清丸	黄连 10g，栀子（姜制）80g，连翘 80g，炒蔓荆子 80g，防风 40g，荆芥穗 80g，白芷 80g，黄芩 80g，菊花 160g，薄荷 40g，酒大黄 320g，黄柏（酒炒）40g，桔梗 80g，川芎 40g，石膏 40g，旋覆花 20g，甘草 40g	散风清热，泻火止痛。用于风热上攻、肺胃热盛所致的头晕目眩、暴发火眼、牙齿疼痛、口舌生疮、咽喉肿痛、耳痛耳鸣、大便秘结、小便短赤

名称	处方	功能与主治
银翘解毒丸（浓缩蜜丸）	金银花 200g，连翘 200g，薄荷 120g，荆芥 80g，淡豆豉 100g，牛蒡子（炒）120g，桔梗 120g，淡竹叶 80g，甘草 100g	疏风解表，清热解毒。用于风热感冒，症见发热头痛、咳嗽口干、咽喉疼痛
清胃黄连丸（大蜜丸）	黄连 80g，石膏 80g，桔梗 80g，甘草 40g，知母 80g，玄参 80g，地黄 80g，牡丹皮 80g，天花粉 80g，连翘 80g，栀子 200g，黄柏 200g，黄芩 200g，赤芍 80g	清胃泻火，解毒消肿。用于肺胃火盛所致的口舌生疮，齿龈、咽喉肿痛
清胃黄连丸（水丸）	黄连 80g，石膏 80g，桔梗 80g，甘草 40g，知母 80g，玄参 80g，地黄 80g，牡丹皮 80g，天花粉 80g，连翘 80g，栀子 200g，黄柏 200g，黄芩 200g，赤芍 80g	清胃泻火，解毒消肿。用于肺胃火盛所致的口舌生疮，齿龈、咽喉肿痛
清咽利膈丸	射干 100g，连翘 100g，栀子 100g，黄芩 100g，熟大黄 25g，炒牛蒡子 100g，薄荷 100g，天花粉 100g，玄参 100g，荆芥穗 100g，防风 100g，桔梗 200g，甘草 150g	清热利咽，消肿止痛。用于外感风邪、脏腑积热所致的咽部红肿、咽痛、面红腮肿、痰涎壅盛、胸膈不利、口苦舌干、大便秘结、小便黄赤
清膈丸	金银花 60g，连翘 60g，玄参 60g，射干 60g，山豆根 60g，黄连 30g，熟大黄 30g，龙胆 60g，石膏 30g，玄明粉 60g，桔梗 60g，麦冬 60g，薄荷 30g，地黄 45g，硼砂 30g，甘草 15g，人工牛黄 2.4g，冰片 6g，水牛角浓缩粉 6g	清热利咽，消肿止痛。用于内蕴毒热引起的口渴咽干、咽喉肿痛、水浆难下、声哑失音、面赤腮肿、大便燥结
清瘟解毒丸	大青叶 100g，连翘 75g，玄参 100g，天花粉 100g，桔梗 75g，炒牛蒡子 100g，羌活 75g，防风 50g，葛根 100g，柴胡 50g，黄芩 100g，白芷 50g，川芎 50g，赤芍 50g，甘草 25g，淡竹叶 100g	清瘟解毒。用于外感时疫，憎寒壮热、头痛无汗、口渴咽干，疖腮，大头瘟

名称	处方	功能与主治
牛黄上清片	人工牛黄 2g，薄荷 30g，菊花 40g，荆芥穗 16g，白芷 16g，川芎 16g，栀子 50g，黄连 16g，黄柏 10g，黄芩 50g，大黄 80g，连翘 50g，赤芍 16g，当归 50g，地黄 64g，桔梗 16g，甘草 10g，石膏 80g，冰片 10g	清热泻火，散风止痛。用于热毒内盛、风火上攻所致的头痛眩晕、目赤耳鸣、咽喉肿痛、口舌生疮、牙龈肿痛、大便燥结
牛黄化毒片	制天南星 81g，连翘 162g，金银花 162g，白芷 81g，甘草 54g，乳香 27g，没药 27g，人工牛黄 5.4g	解毒消肿，散结止痛。用于疮疡、乳痈红肿疼痛
牛黄净脑片	人工牛黄 0.21g，金银花 21g，连翘 30g，黄芩 52g，黄连 5g，石膏 51g，蒲公英 73g，珍珠 2.1g，朱砂 2.1g，煅石决明 11g，煅磁石 21g，赭石 51g，猪胆膏 2.1g，冰片 5.3g，雄黄 56g，麦冬 52g，天花粉 52g，葛根 30g，地黄 37g，板蓝根 50g，玄参 52g，栀子 30g，大黄 37g，郁金 41g，甘草 51g	清热解毒，镇惊安神。用于热盛所致的神昏狂躁，头目眩晕，咽喉肿痛等症。亦用于小儿内热，惊风抽搐等
双黄连片	金银花 1875g，黄芩 1875g，连翘 3750g	疏风解表，清热解毒。用于外感风热所致的感冒，症见发热、咳嗽、咽痛
芎菊上清片	川芎 40g，菊花 480g，黄芩 240g，栀子 60g，炒蔓荆子 60g，黄连 40g，薄荷 40g，连翘 60g，荆芥穗 60g，羌活 40g，藁本 40g，桔梗 60g，防风 60g，甘草 40g，白芷 160g	清热解表，散风止痛。用于外感风邪引起的恶风身热、偏正头痛、鼻流清涕、牙疼喉痛
芩连片	黄芩 213g，连翘 213g，黄连 85g，黄柏 340g，赤芍 213g，甘草 85g	清热解毒，消肿止痛。用于脏腑蕴热、头痛目赤、口鼻生疮、热痢腹痛、湿热带下、疮疖肿痛

名称	处方	功能与主治
连花清瘟片	连翘 255g，金银花 255g，炙麻黄 85g，炒苦杏仁 85g，石膏 255g，板蓝根 255g，绵马贯众 255g，鱼腥草 255g，广藿香 85g，大黄 51g，红景天 85g，薄荷脑 7.5g，甘草 85g	清瘟解毒，宣肺泄热。用于治疗流行性感冒属热毒袭肺证，症见发热、恶寒、肌肉酸痛、鼻塞流涕、咳嗽、头痛、咽干咽痛，舌偏红，苔黄或黄腻
肾炎解热片	白茅根 450.45g，连翘 180.18g，荆芥 135.14g，炒苦杏仁 135.14g，陈皮 135.14g，大腹皮 135.14g，盐泽泻 135.14g，茯苓 135.14g，桂枝 45.04g，车前子（炒）135.14g，赤小豆 225.23g，石膏 225.23g，蒲公英 180.18g，蝉蜕 90.09g	疏风解热，宣肺利水。用于风热犯肺所致的水肿，症见发热恶寒、头面浮肿、咽喉干痛、肢体酸痛、小便短赤、舌苔薄黄、脉浮数；急性肾炎见上述证候者
明目上清片	桔梗 70g，熟大黄 70g，天花粉 44g，石膏 44g，麦冬 44g，玄参 70g，栀子 44g，蒺藜 44g，蝉蜕 44g，甘草 44g，陈皮 70g，菊花 70g，车前子 44g，当归 44g，黄芩 70g，赤芍 44g，黄连 70g，枳壳 70g，薄荷脑 0.22g，连翘 44g，荆芥油 0.11ml	清热散风，明目止痛。用于外感风热所致的暴发火眼、红肿作痛，头晕目眩，眼边刺痒，大便燥结，小便赤黄
乳癖消片	鹿角 89.02g，蒲公英 59.35g，昆布 231.45g，天花粉 23.74g，鸡血藤 59.35g，三七 59.35g，赤芍 17.80g，海藻 115.73g，漏芦 35.6g，木香 47.48g，玄参 59.35g，牡丹皮 83.09g，夏枯草 59.35g，连翘 23.74g，红花 35.6g	软坚散结，活血消痈，清热解毒。用于痰热互结所致的乳癖、乳痈，症见乳房结节、数目不等、大小形态不一、质地柔软，或产后乳房结块、红热疼痛；乳腺增生、乳腺炎早期见上述证候者
复方鱼腥草片	鱼腥草 583g，黄芩 150g，板蓝根 150g，连翘 58g，金银花 58g	清热解毒。用于外感风热所致的急喉痹、急乳蛾，症见咽部红肿、咽痛；急性咽炎、急性扁桃体炎见上述证候者
保和片	焦山楂 500g，六神曲（炒）166.7g，姜半夏 166.7g，茯苓 166.7g，陈皮 83.3g，连翘 83.3g，炒麦芽 83.3g，炒莱菔子 83.3g	消食，导滞，和胃。用于食积停滞、脘腹胀满、嗳腐吞酸、不欲饮食
桑姜感冒片	桑叶 300g，菊花 120g，紫苏叶 160g，连翘 160g，苦杏仁 160g，干姜 100g	散风清热，宣肺止咳。用于外感风热、痰浊阻肺所致的感冒，症见发热头痛、咽喉肿痛、咳嗽痰白

名称	处方	功能与主治
黄连上清片	黄连 5g, 栀子 40g, 连翘 40g, 炒蔓荆子 40g, 防风 20g, 荆芥穗 40g, 白芷 40g, 黄芩 40g, 菊花 80g, 薄荷 20g, 大黄 160g, 黄柏 20g, 桔梗 40g, 川芎 20g, 石膏 20g, 旋覆花 10g, 甘草 20g	散风清热，泻火止痛。用于风热上攻、肺胃热盛所致的头晕目眩、暴发火眼、牙齿疼痛、口舌生疮、咽喉肿痛、耳痛耳鸣、大便秘结、小便短赤
银翘解毒片	金银花 200g, 连翘 200g, 薄荷 120g, 荆芥 80g, 淡豆豉 100g, 牛蒡子（炒）120g, 桔梗 120g, 淡竹叶 80g, 甘草 100g	疏风解表，清热解毒。用于风热感冒，症见发热头痛、咳嗽口干、咽喉疼痛
羚羊感冒片	羚羊角 3.4g, 牛蒡子 109g, 淡豆豉 68g, 金银花 164g, 荆芥 82g, 连翘 164g, 淡竹叶 82g, 桔梗 109g, 薄荷素油 0.68ml, 甘草 68g	清热解表。用于流行性感冒，症见发热恶风、头痛头晕、咳嗽、胸闷、咽喉肿痛
清降片	蚕沙 21g, 大黄 21g, 青黛 10g, 玄参 21g, 皂角子 21g, 赤芍 21g, 板蓝根 21g, 麦冬 21g, 连翘 21g, 牡丹皮 14g, 地黄 21g, 甘草 7g, 白茅根 21g, 金银花 21g, 薄荷脑 0.052g, 川贝母 3g	清热解毒，利咽止痛。用于肺胃蕴热所致咽喉肿痛、发热烦躁、大便秘结；小儿急性咽炎、急性扁桃腺炎见以上证候者
清胃黄连片	黄连 62g, 石膏 62g, 桔梗 62g, 甘草 31g, 知母 62g, 玄参 62g, 地黄 62g, 牡丹皮 62g, 天花粉 62g, 连翘 62g, 栀子 156g, 黄柏 156g, 黄芩 156g, 赤芍 62g	清胃泻火，解毒消肿。用于肺胃火盛所致的口舌生疮，齿龈、咽喉肿痛
清热解毒片	生石膏 670g, 金银花 134g, 玄参 107g, 地黄 80g, 连翘 67g, 栀子 67g, 甜地丁 67g, 黄芩 67g, 龙胆 67g, 板蓝根 67g, 知母 54g, 麦冬 54g	清热解毒。用于热毒壅盛所致的发热面赤、烦躁口渴、咽喉肿痛；流感、上呼吸道感染见上述证候者

名称	处方	功能与主治
维C银翘片	山银花180g，连翘180g，荆芥72g，淡豆豉90g，淡竹叶72g，牛蒡子108g，芦根108g，桔梗108g，甘草90g，马来酸氯苯那敏1.05g，对乙酰氨基酚105g，维生素C 49.5g，薄荷素油1.08ml	疏风解表，清热解毒。用于外感风热所致的流行性感冒，症见发热、头痛、咳嗽、口干、咽喉疼痛
喉疾灵片	人工牛黄9.1g，板蓝根150g，诃子肉125g，桔梗150g，猪牙皂25g，连翘125g，天花粉250g，珍珠层粉9.1g，广东土牛膝150g，冰片9.1g，山豆根250g，了哥王250g	清热解毒，散肿止痛。用于热毒内蕴所致的两腮肿痛、咽部红肿、咽痛；腮腺炎、扁桃体炎、急性咽炎、慢性咽炎急性发作及一般喉痛见上述证候者
湿热痹片	苍术43.9g，忍冬藤87.8g，地龙43.9g，连翘65.8g，黄柏43.9g，薏苡仁87.8g，防风43.9g，威灵仙52.6g，防己65.8g，川牛膝65.8g，粉萆薢65.8g，桑枝87.8g	祛风除湿，清热消肿，通络定痛。用于湿热痹阻证，其症状为肌肉或关节红肿热痛，有沉重感，步履艰难，发热，口渴不欲饮，小便短赤
鼻炎片	苍耳子520g，辛夷52g，防风52g，连翘104g，野菊花52g，五味子52g，桔梗52g，白芷52g，知母52g，荆芥52g，甘草104g，黄柏52g，麻黄26g，细辛26g	祛风宣肺，清热解毒。用于急、慢性鼻炎风热蕴肺证，症见鼻塞、流涕、发热、头痛
午时茶胶囊	苍术50g，柴胡50g，羌活50g，防风50g，白芷50g，川芎50g，广藿香50g，前胡50g，连翘50g，陈皮50g，山楂50g，枳实50g，炒麦芽75g，甘草50g，桔梗75g，紫苏叶75g，厚朴75g，红茶1600g，六神曲（炒）50g	祛风解表，化湿和中。用于外感风寒、内伤食积证，症见恶寒发热、头痛身楚、胸脘满闷、恶心呕吐、腹痛腹泻

名称	处方	功能与主治
牛黄上清软胶囊	人工牛黄 2g，薄荷 30g，菊花 40g，荆芥穗 16g，白芷 16g，川芎 16g，栀子 50g，黄连 16g，黄柏 10g，黄芩 50g，大黄 80g，连翘 50g，赤芍 16g，当归 50g，地黄 64g，桔梗 16g，甘草 10g，石膏 80g，冰片 10g	清热泻火，散风止痛。用于热毒内盛、风火上攻所致的头痛眩晕、目赤耳鸣、咽喉肿痛、口舌生疮、牙龈肿痛、大便燥结
牛黄清感胶囊	黄芩 166.7g，金银花 166.7g，连翘 333.3g，人工牛黄 50g，珍珠母 166.7g	疏风解表，清热解毒。用于外感风热、内郁化火所致的感冒发热、咳嗽、咽痛
风痛安胶囊	防己 250g，通草 167g，桂枝 125g，姜黄 167g，石膏 500g，薏苡仁 333g，木瓜 250g，海桐皮 167g，忍冬藤 333g，黄柏 250g，滑石粉 250g，连翘 333g	清热利湿，活血通络。用于湿热阻络所致的痹病，症见关节红肿热痛、肌肉酸楚；风湿性关节炎见上述证候者
双黄连胶囊	金银花 1875g，黄芩 1875g，连翘 3750g	疏风解表，清热解毒。用于外感风热所致的感冒，症见发热、咳嗽、咽痛
连花清瘟胶囊	连翘 255g，金银花 255g，炙麻黄 85g，炒苦杏仁 85g，石膏 255g，板蓝根 255g，绵马贯众 255g，鱼腥草 255g，广藿香 85g，大黄 51g，红景天 85g，薄荷脑 7.5g，甘草 85g	清瘟解毒，宣肺泄热。用于治疗流行性感冒属热毒袭肺证，症见发热、恶寒、肌肉酸痛、鼻塞流涕、咳嗽、头痛、咽干咽痛，舌偏红，苔黄或黄腻
金蝉止痒胶囊	金银花 330.7g，栀子 330.7g，黄芩 330.7g，苦参 330.7g，黄柏 248g，龙胆 248g，白芷 330.7g，白鲜皮 330.7g，蛇床子 330.7g，蝉蜕 165.4g，连翘 330.7g，地肤子 330.7g，地黄 496g，青蒿 496g，广藿香 330.7g，甘草 165.4g	清热解毒，燥湿止痒。用于湿热内蕴所引起的丘疹性荨麻疹、夏季皮炎皮肤瘙痒症状

名称	处方	功能与主治
乳癖消胶囊	鹿角 89.1g, 蒲公英 59.4g, 昆布 231.5g, 天花粉 23.7g, 鸡血藤 59.4g, 三七 59.4g, 赤芍 17.8g, 海藻 115.7g, 漏芦 35.6g, 木香 47.5g, 玄参 59.4g, 牡丹皮 83.1g, 夏枯草 59.4g, 连翘 23.7g, 红花 35.6g	软坚散结, 活血消痈, 清热解毒。用于痰热互结所致的乳癖、乳痈, 症见乳房结节、数目不等、大小形态不一、质地柔软, 或产后乳房结块、红热疼痛; 乳腺增生、乳腺炎早期见上述证候者
黄连上清胶囊	黄连 8.78g, 栀子（姜制）70.23g, 连翘 70.23g, 炒蔓荆子 70.23g, 防风 35.11g, 荆芥穗 70.23g, 白芷 70.23g, 黄芩 70.23g, 菊花 140.46g, 薄荷 35.11g, 酒大黄 280.92g, 黄柏（酒炙）35.11g, 桔梗 70.23g, 川芎 35.11g, 石膏 35.11g, 旋覆花 17.57g, 甘草 35.11g	散风清热、泻火止痛。用于风热上攻、肺胃热盛所致的头晕目眩、暴发火眼、牙齿疼痛、口舌生疮、咽喉肿痛、耳痛耳鸣、大便秘结、小便短赤
银翘伤风胶囊	山银花 132g, 连翘 132g, 牛蒡子 79g, 桔梗 79g, 芦根 79g, 薄荷 79g, 淡豆豉 66g, 甘草 66g, 淡竹叶 53g, 荆芥 53g, 人工牛黄 5g	疏风解表, 清热解毒。用于外感风热、温病初起、发热恶寒、高热口渴、头痛目赤、咽喉肿痛
银翘解毒软胶囊	金银花 400g, 连翘 400g, 薄荷 240g, 荆芥 160g, 淡豆豉 200g, 牛蒡子（炒）240g, 桔梗 240g, 淡竹叶 160g, 甘草 200g	疏风解表, 清热解毒。用于风热感冒, 症见发热头痛、咳嗽口干、咽喉疼痛
银翘解毒胶囊	金银花 200g, 连翘 200g, 薄荷 120g, 荆芥 80g, 淡豆豉 100g, 牛蒡子（炒）120g, 桔梗 120g, 淡竹叶 80g, 甘草 100g	疏风解表, 清热解毒。用于风热感冒, 症见发热头痛、咳嗽口干、咽喉疼痛
喉疾灵胶囊	人工牛黄 9.1g, 板蓝根 150g, 诃子肉 125g, 桔梗 150g, 猪牙皂 25g, 连翘 125g, 天花粉 250g, 珍珠层粉 9.1g, 广东土牛膝 150g, 冰片 9.1g, 山豆根 250g, 了哥王 250g	清热解毒, 散肿止痛。用于热毒内蕴所致的两腮肿痛、咽部红肿、咽痛; 腮腺炎、扁桃体炎、急性咽炎、慢性咽炎急性发作及一般喉痛见上述证候者
疏风解毒胶囊	虎杖 450g, 连翘 360g, 板蓝根 360g, 柴胡 360g, 败酱草 360g, 马鞭草 360g, 芦根 270g, 甘草 180g	疏风清热, 解毒利咽。用于急性上呼吸道感染属风热证, 症见发热、恶风、咽痛、头痛、鼻塞、流浊涕、咳嗽

名称	处方	功能与主治
醒脑再造胶囊	黄芪 162.2g，淫羊藿 94.6g，石菖蒲 40.5g，红参 33.8g，三七 27g，地龙 27g，当归 33.8g，红花 27g，粉防己 27g，赤芍 27g，炒桃仁 27g，石决明 27g，天麻 27g，仙鹤草 27g，炒槐花 27g，炒白术 27g，胆南星 27g，葛根 27g，玄参 27g，黄连 27g，连翘 27g，泽泻 27g，川芎 27g，枸杞子 27g，全蝎（去钩）6.8g，制何首乌 40.5g，决明子 27g，沉香 13.5g，制白附子 13.5g，细辛 13.5g，木香 13.5g，炒僵蚕 6.8g，猪牙皂 13.5g，冰片 13.5g，珍珠（豆腐制）20.3g，大黄 13.5g	化痰醒脑，祛风活络。用于风痰闭阻清窍所致的神志不清、言语謇涩、口角流涎、筋骨酸痛、手足拘挛、半身不遂；脑血栓恢复期及后遗症见上述证候者
小儿退热颗粒	大青叶 300g，板蓝根 180g，金银花 180g，连翘 180g，栀子 180g，牡丹皮 180g，黄芩 180g，淡竹叶 120g，地龙 120g，重楼 90g，柴胡 180g，白薇 120g	疏风解表，解毒利咽。用于小儿外感风热所致的感冒，症见发热恶风、头痛目赤、咽喉肿痛；上呼吸道感染见上述证候者
小儿热速清颗粒	柴胡 1250g，黄芩 625g，板蓝根 1250g，葛根 625g，金银花 687.5g，水牛角 312.5g，连翘 750g，大黄 312.5g	清热解毒，泻火利咽。用于小儿外感风热所致的感冒，症见高热、头痛、咽喉肿痛、鼻塞流涕、咳嗽、大便干结
小儿豉翘清热颗粒	连翘 444g，淡豆豉 333g，薄荷 222g，荆芥 222g，炒栀子 189g，大黄 189g，青蒿 333g，赤芍 222g，槟榔 167g，厚朴 333g，黄芩 333g，半夏 333g，柴胡 222g，甘草 189g	疏风解表，清热导滞。用于小儿风热感冒夹滞证，症见发热咳嗽、鼻塞流涕、咽红肿痛、纳呆口渴、脘腹胀满、便秘或大便酸臭、溲黄
小儿感冒颗粒	广藿香 75g，菊花 75g，连翘 75g，大青叶 125g，板蓝根 75g，地黄 75g，地骨皮 75g，白薇 75g，薄荷 50g，石膏 125g	疏风解表，清热解毒。用于小儿风热感冒，症见发热重、头胀痛、咳嗽痰黏、咽喉肿痛；流感见上述证候者
小儿解表颗粒	金银花 300g，连翘 250g，炒牛蒡子 250g，蒲公英 300g，黄芩 300g，防风 150g，紫苏叶 150g，荆芥穗 100g，葛根 150g，人工牛黄 1g	宣肺解表，清热解毒。用于小儿外感风热所致的感冒，症见发热恶风、头痛咳嗽、鼻塞流涕、咽喉痛痒

名称	处方	功能与主治
双黄连颗粒	金银花 1500g，连翘 3000g，黄芩 1500g	疏风解表，清热解毒。用于外感风热所致的感冒，症见发热、咳嗽、咽痛
防风通圣颗粒	防风 75.5g，荆芥穗 37.8g，薄荷 75.5g，麻黄 75.5g，大黄 75.5g，芒硝 75.5g，栀子 37.8g，滑石 453g，桔梗 151g，石膏 151g，川芎 75.5g，当归 75.5g，白芍 75.5g，黄芩 151g，连翘 75.5g，甘草 302g，白术（炒）37.8g	解表通里，清热解毒。用于外寒内热、表里俱实、恶寒壮热、头痛咽干、小便短赤、大便秘结、瘰疬初起、风疹湿疮
连花清瘟颗粒	连翘 170g，金银花 170g，炙麻黄 57g，炒苦杏仁 57g，石膏 170g，板蓝根 170g，绵马贯众 170g，鱼腥草 170g，广藿香 57g，大黄 34g，红景天 57g，薄荷脑 5.0g，甘草 57g	清瘟解毒，宣肺泄热。用于治疗流行性感冒属热毒袭肺证，症见发热、恶寒、肌肉酸痛、鼻塞流涕、咳嗽、头痛、咽干咽痛，舌偏红，苔黄或黄腻
利咽解毒颗粒	板蓝根 91.8g，金银花 91.8g，连翘 30.6g，薄荷 30.6g，牛蒡子（炒）30.6g，山楂（焦）91.8g，桔梗 30.6g，大青叶 91.8g，僵蚕 30.6g，玄参 91.8g，黄芩 45.9g，地黄 61.2g，天花粉 61.2g，大黄 30.6g，浙贝母 45.9g，麦冬 91.8g	清肺利咽，解毒退热。用于外感风热所致的咽痛、咽干、喉核红肿、两腮肿痛、发热恶寒；急性扁桃体炎、急性咽炎、腮腺炎见上述证候者
乳癖消颗粒	鹿角 66.8g，蒲公英 44.5g，昆布 173.5g，天花粉 17.8g，鸡血藤 44.5g，三七 44.5g，赤芍 13.4g，海藻 86.8g，漏芦 26.7g，木香 35.6g，玄参 44.5g，牡丹皮 62.3g，夏枯草 44.5g，连翘 17.8g，红花 26.7g	软坚散结，活血消痈，清热解毒。用于痰热互结所致的乳癖、乳痈，症见乳房结节、数目不等、大小形态不一、质地柔软，或产后乳房结块、红热疼痛；乳腺增生、乳腺炎早期见上述证候者
复方金黄连颗粒	连翘 625g，蒲公英 625g，黄芩 500g，金银花 375g，板蓝根 375g	清热疏风，解毒利咽。用于风热感冒，症见发热、恶风、头痛、鼻塞、流浊涕、咳嗽、咽痛
保和颗粒	焦山楂 333g，六神曲（炒）111g，姜半夏 111g，茯苓 111g，陈皮 56g，连翘 56g，炒麦芽 56g，炒莱菔子 56g	消食，导滞，和胃。用于食积停滞、脘腹胀满、嗳腐吞酸、不欲饮食

名称	处方	功能与主治
黄连上清颗粒	黄连 24g，栀子（姜制）192g，连翘 192g，炒蔓荆子 192g，防风 96g，荆芥穗 192g，白芷 192g，黄芩 192g，菊花 384g，薄荷 96g，酒大黄 768g，黄柏（酒炙）96g，桔梗 192g，川芎 96g，石膏 96g，旋覆花 48g，甘草 96g	散风清热、泻火止痛。用于风热上攻、肺胃热盛所致的头晕目眩、暴发火眼、牙齿疼痛、口舌生疮、咽喉肿痛、耳痛耳鸣、大便秘结、小便短赤
清热灵颗粒	黄芩 250g，连翘 250g，大青叶 250g，甘草 50g	清热解毒。用于感冒热邪壅肺证，症见发热、咽喉肿痛
感冒止咳颗粒	柴胡 100g，山银花 75g，葛根 100g，青蒿 75g，连翘 75g，黄芩 75g，桔梗 50g，苦杏仁 50g，薄荷脑 0.15g	清热解表，止咳化痰。用于外感风热所致的感冒，症见发热恶风、头痛鼻塞、咽喉肿痛、咳嗽、周身不适
感冒退热颗粒	大青叶 435g，板蓝根 435g，连翘 217g，拳参 217g	清热解毒，疏风解表。用于上呼吸道感染、急性扁桃体炎、咽喉炎属外感风热、热毒壅盛证，症见发热、咽喉肿痛
感冒舒颗粒	大青叶 278g，连翘 417g，荆芥 167g，防风 167g，薄荷 167g，牛蒡子 167g，桔梗 167g，白芷 167g，甘草 83g	疏风清热，发表宣肺。用于风热感冒，头痛体困、发热恶寒、鼻塞流涕、咳嗽咽痛
鼻渊通窍颗粒	辛夷 20g，炒苍耳子 60g，麻黄 40g，白芷 60g，薄荷 20g，藁本 10g，黄芩 40g，连翘 40g，野菊花 40g，天花粉 40g，地黄 60g，丹参 40g，茯苓 80g，甘草 10g	疏风清热，宣肺通窍。用于急鼻渊（急性鼻窦炎）属外邪犯肺证，症见前额或颧骨部压痛、鼻塞时作、流涕黏白或黏黄，或头痛，或发热，苔薄黄或白，脉浮
栀芩清热合剂	栀子 400g，黄芩 400g，连翘 400g，淡竹叶 400g，甘草 200g，薄荷油 1ml	疏风散热，清热解毒。用于三焦热毒炽盛、发热头痛、口渴、尿赤等
复方鱼腥草合剂	鱼腥草 100g，黄芩 25g，板蓝根 25g，连翘 10g，金银花 10g	清热解毒。用于外感风热所致的急喉痹、急乳蛾，症见咽部红肿、咽痛；急性咽炎、急性扁桃体炎见上述证候者
桑菊感冒合剂	桑叶 200g，菊花 80g，连翘 120g，薄荷 64g，苦杏仁 160g，桔梗 160g，甘草 64g，芦根 160g	疏风清热，宣肺止咳。用于风热感冒初起，头痛、咳嗽、口干、咽痛

名称	处方	功能与主治
清喉咽合剂	地黄 180g，麦冬 160g，玄参 260g，连翘 315g，黄芩 315g	养阴清肺，利咽解毒。用于阴虚燥热、火毒内蕴所致的咽部肿痛、咽干少津、咽部白腐有苔膜、喉核肿大；局限性的咽白喉、轻度中毒型白喉、急性扁桃体炎、咽峡炎见上述证候者
儿感退热宁口服液	青蒿 250g，板蓝根 300g，苦杏仁 300g，连翘 300g，菊花 300g，桔梗 300g，薄荷 150g，甘草 100g	解表清热，化痰止咳，解毒利咽。用于小儿外感风热、内郁化火、发烧头痛、咳嗽、咽喉肿痛
小儿肺热咳喘口服液	麻黄 50g，苦杏仁 100g，石膏 400g，甘草 50g，金银花 167g，连翘 167g，知母 167g，黄芩 167g，板蓝根 167g，麦冬 167g，鱼腥草 167g	清热解毒，宣肺化痰。用于热邪犯于肺卫所致发热、汗出、微恶风寒、咳嗽、痰黄，或兼喘息、口干而渴
小儿退热合剂（小儿退热口服液）	大青叶 150g，板蓝根 90g，金银花 90g，连翘 90g，栀子 90g，牡丹皮 90g，黄芩 90g，淡竹叶 60g，地龙 60g，重楼 45g，柴胡 90g，白薇 60g	疏风解表，解毒利咽。用于小儿外感风热所致的感冒，症见发热恶风、头痛目赤、咽喉肿痛；上呼吸道感染见上述证候者
小儿热速清口服液	柴胡 250g，黄芩 125g，板蓝根 250g，葛根 125g，金银花 137.5g，水牛角 62.5g，连翘 150g，大黄 62.5g	清热解毒，泻火利咽。用于小儿外感风热所致的感冒，症见高热、头痛、咽喉肿痛、鼻塞流涕、咳嗽、大便干结
小儿消积止咳口服液	炒山楂 100g，枳实 100g，瓜蒌 134g，炒葶苈子 100g，槟榔 100g，蜜枇杷叶 100g，炒莱菔子 100g，桔梗 100g，连翘 100g，蝉蜕 66g	清热肃肺，消积止咳。用于小儿饮食积滞、痰热蕴肺所致的咳嗽，夜间加重，喉间痰鸣、腹胀、口臭
小儿感冒口服液	广藿香 85g，菊花 85g，连翘 85g，大青叶 141g，板蓝根 85g，地黄 85g，地骨皮 85g，白薇 85g，薄荷 56g，石膏 141g	清热解表。用于小儿外感风热所致发热重、微恶风寒、头痛、有汗或少汗、咽红肿痛、口渴，舌尖红，苔薄黄而干，脉浮数
双黄连口服液	金银花 375g，黄芩 375g，连翘 750g	疏风解表，清热解毒。用于外感风热所致的感冒，症见发热、咳嗽、咽痛

名称	处方	功能与主治
克感利咽口服液	金银花 72g，黄芩 72g，荆芥 72g，炒栀子 72g，连翘 72g，玄参 72g，僵蚕（姜制）43g，地黄 108g，射干 22g，桔梗 43g，薄荷 43g，蝉蜕 43g，防风 43g，甘草 22g	疏风清热，解毒利咽。用于风热外侵、邪热内扰所致发热、微恶风、头痛、咽痛、鼻塞流涕、咳嗽痰黏、口渴、溲黄；感冒见上述证候者
抗病毒口服液	板蓝根 128.57g，石膏 57.14g，芦根 60.71g，地黄 32.14g，郁金 25g，知母 25g，石菖蒲 25g，广藿香 28.57g，连翘 46.43g	清热祛湿，凉血解毒。用于风热感冒、温病发热及上呼吸道感染、流感、腮腺炎病毒感染疾患
复方双花口服液	金银花 250g，连翘 250g，穿心莲 250g，板蓝根 250g	清热解毒，利咽消肿。用于风热外感、风热乳蛾，症见发热、微恶风、头痛、鼻塞流涕、咽红而痛或咽喉干燥灼痛，吞咽则加剧，咽扁桃体红肿，舌边尖红苔薄黄或舌红苔黄，脉浮数或数
复方芩兰口服液	金银花 500g，黄芩 500g，连翘 1000g，板蓝根 500g	辛凉解表，清热解毒。用于外感风热引起的发热、咳嗽、咽痛
柴连口服液	麻黄 300g，柴胡 600g，广藿香 200g，肉桂 200g，连翘 600g，桔梗 200g	解表宣肺，化湿和中。用于感冒风寒挟湿证，症见风寒发热、头痛鼻塞、咳嗽、咽干、脘闷、恶心
柴银口服液	柴胡 100g，金银花 75g，黄芩 60g，葛根 50g，荆芥 50g，青蒿 75g，连翘 75g，桔梗 50g，苦杏仁 50g，薄荷 75g，鱼腥草 75g	清热解毒，利咽止咳。用于上呼吸道感染外感风热证，症见发热恶风、头痛、咽痛、汗出、鼻塞流涕、咳嗽，舌边尖红，苔薄黄
清热解毒口服液	石膏 670g，金银花 134g，玄参 107g，地黄 80g，连翘 67g，栀子 67g，甜地丁 67g，黄芩 67g，龙胆 67g，板蓝根 67g，知母 54g，麦冬 54g	清热解毒。用于热毒壅盛所致的发热面赤、烦躁口渴、咽喉肿痛；流感、上呼吸道感染见上述证候者
小儿热速清糖浆	柴胡 250g，黄芩 125g，葛根 125g，水牛角 62.5g，金银花 187.5g，板蓝根 250g，连翘 150g，大黄 62.5g	清热解毒，泻火利咽。用于小儿外感风热所致的感冒，症见高热、头痛、咽喉肿痛、鼻塞流涕、咳嗽、大便干结

名称	处方	功能与主治
小儿感冒宁糖浆	薄荷 80g，荆芥穗 67g，苦杏仁 80g，牛蒡子 80g，黄芩 80g，桔梗 67g，前胡 80g，白芷 27g，炒栀子 40g，焦山楂 27g，六神曲（焦）27g，焦麦芽 27g，芦根 120g，金银花 120g，连翘 80g	疏散风热，清热止咳。用于小儿外感风热所致的感冒，症见发热、汗出不爽、鼻塞流涕、咳嗽咽痛
感冒止咳糖浆	柴胡 100g，山银花 75g，葛根 100g，青蒿 75g，连翘 75g，黄芩 75g，桔梗 50g，苦杏仁 50g，薄荷脑 0.15g	清热解表，止咳化痰。用于外感风热所致的感冒，症见发热恶风、头痛鼻塞、咽喉肿痛、咳嗽、周身不适
小儿感冒茶	广藿香 750g，菊花 750g，连翘 750g，大青叶 1250g，板蓝根 750g，地黄 750g，地骨皮 750g，白薇 750g，薄荷 500g，石膏 1250g	疏风解表，清热解毒。用于小儿风热感冒，症见发热重、头胀痛、咳嗽痰黏、咽喉肿痛；流感见上述证候者
银翘散	金银花 100g，连翘 100g，桔梗 60g，薄荷 60g，淡豆豉 50g，淡竹叶 40g，牛蒡子 60g，荆芥 40g，芦根 100g，甘草 40g	辛凉透表，清热解毒。用于外感风寒、发热头痛、口干咳嗽、咽喉疼痛、小便短赤
少林风湿跌打膏	生川乌 16g，生草乌 16g，乌药 16g，白及 16g，白芷 16g，白蔹 16g，土鳖虫 16g，木瓜 16g，三棱 16g，莪术 16g，当归 16g，赤芍 16g，肉桂 16g，大黄 32g，连翘 32g，血竭 10g，乳香（炒）6g，没药（炒）6g，三七 6g，儿茶 6g，薄荷脑 8g，水杨酸甲酯 8g，冰片 8g	散瘀活血，舒筋止痛，祛风散寒。用于跌打损伤、风湿痹病，症见伤处瘀肿疼痛、腰肢酸麻
伤疖膏	黄芩 300g，连翘 200g，生天南星 100g，白芷 100g，冰片 120g，薄荷脑 60g，水杨酸甲酯 30g	清热解毒，消肿止痛。用于热毒蕴结肌肤所致的疮疡，症见红、肿、热、痛、未溃破。亦用于乳腺炎、静脉炎及其他皮肤创伤

名称	处方	功能与主治
安阳精制膏	生川乌 24g，生草乌 24g，乌药 24g，白蔹 24g，白芷 24g，白及 24g，木鳖子 24g，木通 24g，木瓜 24g，三棱 24g，莪术 24g，当归 24g，赤芍 24g，肉桂 24g，大黄 48g，连翘 48g，血竭 10g，阿魏 10g，乳香 6g，没药 6g，儿茶 6g，薄荷脑 8g，水杨酸甲酯 8g，冰片 8g	消积化癥，逐瘀止痛，舒筋活血，追风散寒。用于癥瘕积聚、风寒湿痹、胃寒疼痛、手足麻木
拔毒膏	金银花 70g，连翘 70g，大黄 70g，桔梗 70g，地黄 70g，栀子 70g，黄柏 70g，黄芩 70g，赤芍 70g，当归 35g，川芎 35g，白芷 35g，白蔹 35g，木鳖子 35g，蓖麻子 35g，玄参 35g，苍术 35g，蜈蚣 5g，樟脑 28g，穿山甲 35g，没药 18g，儿茶 18g，乳香 18g，红粉 18g，血竭 18g，轻粉 18g	清热解毒，活血消肿。用于热毒瘀滞肌肤所致的疮疡，症见肌肤红、肿、热、痛，或已成脓
银屑灵膏	苦参 40g，甘草 40g，白鲜皮 54g，防风 40g，土茯苓 81g，蝉蜕 54g，黄柏 27g，地黄 54g，山银花 54g，赤芍 27g，连翘 40g，当归 40g	清热燥湿，活血解毒。用于湿热蕴肤、郁滞不通所致的白疕，症见皮损呈红斑湿润，偶有浅表小脓疱，多发于四肢屈侧部位；银屑病见上述证候者
双黄连栓	金银花 2500g，黄芩 2500g，连翘 5000g	疏风解表，清热解毒。用于外感风热所致的感冒，症见发热、咳嗽、咽痛；上呼吸道感染、肺炎见上述证候者
银翘双解栓	连翘 1860.46g，金银花 930.23g，黄芩 1023.26g，丁香叶 465.12g	疏解风热，清肺泻火。用于外感风热，肺热内盛所致的发热、微恶风寒、咽喉肿痛、咳嗽，痰白或黄、口干微渴、舌红苔白或黄，脉浮数或滑数；上呼吸道感染、扁桃体炎、急性支气管炎见上述证候者

名称	处方	功能与主治
止喘灵注射液	麻黄 150g, 洋金化 30g, 苦杏仁 150g, 连翘 150g	宣肺平喘, 祛痰止咳。用于痰浊阻肺、肺失宣降所致的哮喘、咳嗽、胸闷、痰多; 支气管哮喘、喘息性支气管炎见上述证候者
注射用双黄连（冻干）	连翘 500g, 金银花 250g, 黄芩 250g	清热解毒, 疏风解表。用于外感风热所致的发热、咳嗽、咽痛; 上呼吸道感染、轻型肺炎、扁桃体炎见上述证候者
双黄连滴眼剂	连翘 500g, 金银花 250g, 黄芩 250g	祛风清热, 解毒退翳。用于风邪热毒型单纯疱疹病毒性树枝状角膜炎
复方黄柏液涂剂	连翘 80g, 黄柏 40g, 金银花 40g, 蒲公英 40g, 蜈蚣 2.4g	清热解毒, 消肿祛腐。用于疮疡溃后, 伤口感染, 属阳证者

2. 含有连翘的古代经典名方

根据医药典籍记载，连翘的使用历史源远流长。国家中医药管理局会同国家药品监督管理局制定的《古代经典名方目录（第一批）》和《古代经典名方目录（第二批）》[古代经典名方目录（第二批）– 汉族医药]中收录有连翘的5个经典名方，分别为新加香薷饮、普济消毒饮子、清胃汤、柴胡清肝汤和宣痹汤（表 10–2）。

表 10–2　含有连翘的古代经典名方目录（第一、二批）

方名	出处	处方	制法及用法	剂型
新加香薷饮	《温病条辨》（清·吴瑭）手太阴暑温, 如上条证, 但汗不出者, 新加香薷饮主之	香薷二钱, 银花三钱, 鲜羊扁豆花三钱, 厚朴二钱, 连翘二钱	水五杯, 煮取二杯, 先服一杯, 得汗止后服, 不汗再服, 服尽不汗, 再作服	汤剂
普济消毒饮子	《东垣试效方》（金·李杲）初觉憎寒体重, 次传头面肿盛目不能开, 上喘, 咽喉不利, 舌干口燥, 俗云大头天行	黄芩、黄连各半两, 人参三钱, 橘红（去白）、玄参、生甘草各二钱, 连翘、鼠粘子、板蓝根、马勃各一钱, 白僵蚕七分（炒）, 升麻七分, 柴胡二钱, 桔梗二钱	为细末, 呋咀, 如麻豆大, 每服秤五钱, 水二盏, 煎至一盏, 去滓, 稍热, 时时服之	煮散
清胃汤	《审视瑶函》（明·傅仁宇）治眼胞红硬。此阳明经积热, 平昔饮酒过多, 而好食辛辣炙煿之味所致也	山栀仁（炒黑）、枳壳、苏子各六分, 石膏（煅）、川黄连（炒）、陈皮、连翘、归尾、荆芥穗、黄芩、防风各八分, 甘草三分（生）	锉散, 白水二钟, 煎至一钟, 去滓, 热服	煮散

方名	出处	处方	制法及用法	剂型
柴胡清肝汤	《医宗金鉴》（清·吴谦）柴胡清肝治怒证，宣血疏通解毒良，四物生用柴翘蒡，黄芩栀粉草节防	柴胡、生地各一钱五分，当归二钱，赤芍一钱五分，川芎一钱，连翘二钱（去心），牛蒡子一钱五分（炒，研），黄芩一钱，生栀子（研）、天花粉、甘草节、防风各一钱	水二钟，煎八分，食远服	汤剂
宣痹汤	《温病条辨》（清·吴瑭）湿聚热蒸，蕴于经络，寒战热炽骨骱烦疼，舌色灰滞，面目萎黄，病名湿痹，宣痹汤主之	防己五钱，杏仁五钱，滑石五钱，连翘三钱，山栀三钱，薏苡仁五钱，半夏三钱（醋炒），晚蚕沙三钱，赤小豆皮三钱	水八杯，煮取三杯，分温三服	汤剂

除此之外，连翘药方在医药典籍中也有记载，包括银翘散、麻黄连翘赤小豆汤、青橘连翘饮等（表10-3）。

表10-3 经典医药名著中含有连翘的方剂

药名	出处	处方	制法及用法
当归补血汤加防风连翘方	《成方切用》（清·吴仪洛）治疮疡有血无脓，瘙痒不止。有血无脓，表气不足也。诸痒属虚，虚者可补	当归、防风各二钱，黄芪五钱，连翘二钱	当归、黄芪，大补其气血，连翘解诸经之客热，防风引归、芪直达于表，二物得之而效愈速也
净液汤（一名连翘防风汤）	《兰室秘藏》（金元·李杲）治皮肤痒，腋下疮，背上疮，耳聋耳鸣	桂枝二分，连翘、生地黄、桔梗、升麻、甘草各五分，当归梢七分，麻黄、草豆蔻仁、羌活、防风、柴胡、苍术各一钱，酒黄芩一钱，红花少许	锉如麻豆大，都作一服。水二盏，煎至一盏，去渣，食后热服
连翘归尾煎	《成方切用》（清·吴仪洛）治一切无名肿毒，丹毒流注等，最宜用之	连翘七八钱，归尾三钱，甘草一钱，金银花红藤四五钱	好酒煎，服如前
连翘金贝煎	《成方切用》（清·吴仪洛）治阳分痈毒，或在脏腑、胸乳、肺膈之间者，此方最佳。甚者速用数服，无有不愈	金银花、土贝母、蒲公英、夏枯草各三钱，红藤七八钱，连翘一两或五七钱	好酒煎服，暖卧片时，不能饮者，酒水各半煎服。热甚者可加花粉

药名	出处	处方	制法及用法
	《杨氏家藏方》（宋·杨倓）治瘰疬结核不消	连翘、鬼箭羽、瞿麦、甘草（炙）各等份	为细末，每服二钱，临卧米泔水调下
连翘散	《严氏济生方》（宋·严用和）治瘰、结核，破或未破者	薄荷（裂取汁，新者）二斤，好皂角（水浸，去皮，裂取汁）一挺，以上二味同于银石器内熬成膏。青皮一两，连翘半两，陈皮（不去白）一两，皂角子（慢火炮，去皮，取皂子仁，捣罗为末）一两半，黑牵牛（半生半炒）一两半	后五味为末，用前膏子为丸，如梧桐子大，每服三十丸，煎连翘汤送下，食后，十日见效
连翘败毒散	《伤寒括要》（明·李中梓）主发颐	连翘、栀子、羌活、玄参、薄荷、防风、柴胡、桔梗、升麻、川芎、当归、芍药、黄芩、牛蒡子	—
连翘消毒散	《外科理例》（明·汪机）（即凉膈散）治积热，疮疡痛，发热，烦渴，大便秘及咽喉肿痛，或生疮毒	连翘一两，山栀子、大黄、薄荷叶、黄芩各五钱，甘草一两五钱，朴硝二钱半	每服一两，水煎，温服
连翘汤	《万氏秘传片玉心书》（清·李子毅）小儿生痈毒肿疖者，旨因气血凝而热乘之。内服解毒汤，外用点药	连翘、人参、川芎、黄连、生甘草、陈皮、白芍、木通	水煎，入竹沥服
连翘丸	《太平惠民和剂局方》（宋·太平惠民和剂局）治男子、妇人脾胃不和，气滞积聚，心腹胀满，干呕醋心，饮食不下，胸膈噎疼痛，酒积面黄，四肢虚肿，行步不能，但是脾胃诸疾，并宜服之	连翘（洗）、陈皮各二百四十两，青皮（洗）、蓬莪术（炮）、肉桂（去粗皮，不见火）、好墨（煅）各一百六十两，槟榔八十两，牵牛子（碾取末）二百二十两，三棱（炮）二百四十九两，肉豆蔻二十五两	为末，面糊为丸，如梧桐子大。每服三十丸，生姜汤下。久患赤白痢及大肠风秘，脾毒泻血，黄连煎汤下。妇人诸疾，姜醋汤下。不拘时。孕妇莫服
连翘饮	《类证活人书》（宋·朱肱）治小儿一切热	连翘、防风、甘草（炙）、山栀子各等份	捣罗为末，每服二钱，水一中盏，煎七分，去滓温服
连翘饮子	《外科理例》（明·汪机）治乳内结核	连翘、川芎、瓜蒌仁（研）、皂角刺（炒）、甘草节、橘叶、青皮（去白）、桃仁各一钱半	水二钟，煎一钟，食远服

药名	出处	处方	制法及用法
凉膈散	《太平惠民和剂局方》（宋·太平惠民和剂局）治上中二焦邪郁生热，胸膈热聚，症见身热口渴、面赤唇焦、胸膈烦热、口舌生疮。或咽痛吐衄，便秘溲赤，或大便不畅、舌红苔黄、脉滑数	川大黄、朴硝、甘草（炙）各二十两，山栀子仁、薄荷（去梗）、黄芩各十两，连翘二斤半	为粗末，每服二钱，水一盏，入竹叶七片，蜜少许，煎至七分，去滓，食后温服。小儿可服半钱，更随岁数加减服之。得利下，住服
	《冯氏锦囊秘录》（清·冯楚瞻）治伤寒燥热，佛结心烦，懊憹不眠，脏腑积热烦渴，头昏唇焦，咽燥喉痹，目赤烦躁，口舌生疮，咳唾稠黏，谵语狂妄，肠胃燥涩，便溺闭结，风热壅滞，疮疹发斑，黑陷将死	连翘一两，山栀、大黄、薄荷、黄芩各五钱，甘草一两五钱，朴硝二钱五分。一方有黄连	为粗末，每服五钱，水煎温服
麻黄连翘赤小豆汤	《医学摘粹》（清·庆恕）表未解而里有瘀热。伤寒水瘀在胸中，身必发黄便不通，表病未除生里热，法宜内外要兼攻	麻黄发表杏仁攻，赤豆连翘水道通，生梓白皮清相火，姜甘大枣善和中	—
	《张卿子伤寒论》（清·张卿子）治身黄	麻黄（去节）二两，赤小豆一升，连翘二两，杏仁（去皮尖）四十个，大枣十二枚，生梓白皮一升，生姜（切）二两，甘草（炙）一两	以潦水一斗，先煮麻黄再沸，去上沫，纳诸药，煮取三升，分温三服，半日则尽
羌活连翘续命汤	《仁术便览》（明·张洁）治六经混淆在少阴、厥阴、杂系中风，肢节挛痛不仁	小续命汤中加羌活、连翘各一钱半	—
青橘连翘饮	《冯氏锦囊秘录》（清·冯楚瞻）	青皮、瓜蒌、橘叶、连翘、桃仁、皂角刺、柴胡、甘草。如破，多加参	水煎，入酒服
射干连翘散	《外科理例》（明·汪机）治寒热瘰疬	射干、连翘、玄参、木香、赤芍药、升麻、前胡、当归、山栀仁、甘草（炙）各七分，大黄（炒）二钱	水二钟，煎八分，食后服
银翘散	《温病条辨》（清·吴瑭）治太阴风温、温热、瘟疫、冬温，初起但热不恶寒而渴者	连翘一两，金银花一两，苦桔梗六钱，薄荷六钱，淡竹叶四钱，生甘草五钱，芥穗（荆芥）四钱，淡豆豉五钱，牛蒡子六钱。	杵为散，每服六钱，鲜苇根汤煎，香气大出，即取服，勿过煮。病重者，约二时一服，日三服，夜一服；轻者三时一服，日三服，夜一服；病不解者，作再服

注：—没有相关内容。

第二节 食用

一、融入饮食

连翘除了药用，还渐渐融入人们的生活中，用于调理身体。目前有以连翘为原料的降火除痘茶、菊花连翘汤、连翘萝卜汤、连翘黑豆汤、墨旱莲连翘饮、熟地黄连翘汤等。

二、以叶做茶

除了传统的连翘果实可以入药外，连翘的茎、叶、花和根也为民间所常用。有资料记载自汉代起连翘叶就被人们当作茶饮，在我国河北、山西、陕西等地有将连翘叶制成茶作为保健饮料饮用的习惯，人们认为连翘叶有较好的保健价值，有延年益寿、美容驻颜之功效。在民间，人们常将连翘嫩叶摘下后制成茶，日常饮用，具有清热解毒、清心明目等功效，有"延年翘""打老儿茶""长寿茶"的美称（图10-3）。

图 10-3 连翘叶茶

1. 连翘叶茶的传统制法

连翘叶茶传统制法主要分为准备和筛选连翘叶茶原料、烘焙处理、陈化与储存处理三个步骤。

（1）原料的准备和筛选：连翘叶茶原料的准备和筛选是加工过程中非常重要的环节。一般在清晨采摘连翘树上的嫩叶，随即对所采摘的连翘叶片进行初检，筛除损伤、变色的叶片，以确保所选叶片完整无缺，从而保证连翘叶加工成连翘叶茶的质量，为后续加工成为高品质的连翘叶茶奠定了坚实的基础。

初检筛选一般有人工筛选和机械筛选两种方式：人工筛选是指工人对叶片进行逐片检查，手动去除杂质、破损叶片，确保茶叶的整体质量；机械筛分则是利用专用的筛分设备，自动筛分叶片，筛分速度更快、准确率更高。

（2）烘焙处理流程：烘烤加工是连翘叶茶加工过程中的关键环节。通过烘烤加工，不但能对连翘叶茶进行杀青处理，还能激化其独特香气的形成。

烘烤工艺一般分为烘青和烘烤两个阶段。在烘青阶段，先将处理好的鲜叶放入烘青机，进行高温处理，在保证茶叶色泽的同时，最大限度地保留叶片中的活性成分和营养成分。烘青时根据品种、工艺要求的不同，烘青的温度、时间等会有所差异，相关人员需要严格把关，以保证茶叶的品质。而在之后的烘烤阶段，则是为了进一步去除茶叶中的水分，锁住茶叶香气和色泽，使茶叶在后续的陈化和储藏时达到适宜的含水量。烘烤时，需要严格控制温度、湿度，防止茶叶变色或变质，避免温度过高破坏茶叶中的活性成分。

（3）陈化与存储技术：陈化与储存技术是决定连翘叶茶品质的主要技术。

茶叶的陈化是指在一定的环境条件下储存新制好的茶叶，从而促进其内部化学物质的变化，丰富茶叶风味的技术。一般连翘叶茶的陈化需要在空气流通且湿度较低的条件下进行。在陈化过程中，要严格控制温度、湿度，以确保茶叶的质量。陈化往往需要耗费若干月乃至数载，茶叶制作手法的差异可能会导致陈化时间各异。储藏方法也是决定茶品质量的主要内容之一。高级的茶叶要在恰当的储藏条件中保存，避免湿润、杂味和直接日照等的影响，以保持其固有的芳香和风味特性。

2. 连翘叶茶的化学成分及保健机制研究

连翘叶茶具有明显的抗氧化及抗衰老作用。目前很多研究证明连翘叶茶确实有保护肝脏、抗油脂氧化、抗衰老、调节免疫功能和增强抗应激能力的作用。对长期饮用连翘茶的人群探索发现，连翘叶茶具有降低身体体温、抗炎、排毒养颜、生津止渴及清心明目等作用与功效，是一种很好的保健茶。

（1）连翘叶茶的化学成分研究：连翘叶的化学成分与连翘也非常相似。连翘叶茶的主要成分为连翘苷、连翘酯苷 A、松脂醇 –β–D– 葡萄糖苷、连翘脂素等。

（2）连翘叶茶的保健机制研究如下。

抗氧化、抗衰老：连翘叶茶具有明显的抗氧化及抗衰老作用。对连翘叶茶的体外抗氧化能力及其作用的物质基础进行分析，发现连翘叶茶提取物可以清除·OH，抑制·OH 所致丙二醛的产生，减少红细胞溶血，减轻肝线粒体膨胀程度，延缓肝损伤小鼠的过氧化程度。连翘叶茶的抗氧化主要作用机制是其主要活性成分连翘苷类物质通过相关信号传导通路介导，起到抗炎抗氧化作用。

保护心脏：高脂血症小鼠受到脂质过氧化损伤导致机体抗氧化能力下降，而连翘叶茶提取物可以提高高脂血症小鼠心肌 POD 活性，降低 MDA 的生成，表明连翘叶茶提取物可保护高脂机体内抗氧化物酶类活性，使心肌存在的自由基代谢紊乱情况得以纠正，从而维持心肌氧化及抗氧化系统的动态平衡，减少自由基的伤害，使心肌细胞免受自由基造成的损伤。此外，连翘叶茶提取物能够延长小鼠游泳至力竭的时间，对力竭状态下小鼠心肌有一定的保护作用。连翘叶绿茶中富含黄酮类物质，其中芦丁可降低毛细血管通透性和脆性，增强其致密性，有改善毛细血管的功效，对毛细血管破裂出血或皮下溢血的情况有止血功效。

保肝作用：连翘叶茶在清除自由基、改善肝脏的代谢等方面有一定的作用，连翘叶茶可延缓高温强化保存的油脂酸价和过氧化值的升高。研究表明连翘叶茶可抑制血清和肝脏中 ALT 和 AST 的异常增高，提高血清和肝脏中 SOD 和 CHE 的活性，增加 GSH、TP 和 ACB 含量，减少 MDA 形成，调节 TBIL 代谢。而且连翘叶红茶可通过降低小鼠血清 TBIL、肝脏 MDA 含量，升高血清 CAT、GSH 及肝脏 SOD 活力，对 CCl_4 致肝损伤小鼠产生保护作用。此外，连翘叶红茶、绿茶能降低血清 TG、肝脏 MDA 含量，升高血清及肝脏 CAT、GSH 和肝脏 SOD 活力，从而对急性酒精肝损伤小鼠有保护作用，可能是因为连翘叶茶阻止了胃肠黏膜对乙醇的吸收，从而保护急性酒精肝损伤小鼠；连翘叶茶具有一定的抗氧化能力，能延缓肝损伤小鼠肝脏的过氧化程度，这也是连翘叶茶具有解酒及保肝作用的原因之一。细胞水平的实验发现酒精肝损伤细胞在茶的作用下生存率提高了，同时其培养液的活力在茶的作用下降低了，也同样证实了连翘叶茶的解酒保肝作用。连翘叶绿茶和连翘叶红茶粗提物及连翘苷和连翘酯苷 A 均能够通过降低 Ki–67 表达抑制肝癌细胞 LM3 的增殖或迁移。

提高免疫、抗应激：连翘叶茶可提高小鼠吞噬碳粒的能力，提高吞噬指数和吞噬百分率，减轻小鼠迟发超敏反应时两耳重量之差，说明连翘叶茶可调节小鼠非特异性免疫功能。连翘叶茶还可延长小鼠在常压缺氧条件下的存活时间，表明连翘叶茶具有一定的抗应激能力。

通便与抑菌：有研究通过给小鼠喂食不同剂量的连翘叶茶水提取物研究其通便功能，发现不同剂量的提取物均对小鼠小肠推进运动起到了促进作用，排粪便的粒数也都有所增加，喂食剂量较小的两组小鼠排出的粪便重量增加，说明连翘叶茶水提取物具有一定的通便功能。连翘叶还可以通过改善肠道菌群结构，减少肠道屏障通透性，进而减少血清炎症水平，起到改善肥胖症的作用。

还有研究通过对连翘叶不同溶剂的提取物进行抑菌性研究，发现连翘叶的不同溶剂提取物对大肠埃希菌、金色葡萄球菌（细菌）和白色念珠菌（霉菌）均表现出了不同程度的抑制作用。

3. 连翘叶茶产品和应用的创新

（1）连翘叶红茶和连翘叶绿茶：按照传统制茶工艺的不同，可将连翘叶茶分为绿茶和红茶。

将一芽二叶、三叶的连翘嫩叶采摘下来，经过摊青、杀青、揉捻、初炒、复炒和干燥等工艺步骤将其制成连翘叶绿茶。连翘叶红茶是将新鲜的连翘叶进行摇青、揉捻、发酵后烘干所得。对连翘叶茶物质基础的研究表明，连翘叶绿茶中连翘酯苷 A、芦丁和连翘苷含量依次为连翘叶红茶的 126 倍、7 倍和 6 倍。因此，连翘脂素可能是连翘叶红茶的主要活性物质之一，而连翘酯苷 A、连翘苷和芦丁等总多酚类物质可能是连翘叶、连翘叶绿茶具有抗氧化活性的化学物质基础。连翘叶红茶中主要活性物质木脂素类化合物能够保护酒精肝损伤细胞，提高酒精肝损伤细胞的生存率。

（2）连翘叶茶生产工艺的创新：对连翘叶茶生产工艺的创新主要从创新加工工艺、优化生产环节、提高原料选择与加工技术的精准度三个方面进行。

有研究表明可采用冷烘焙技术替代传统的高热烤制方法，让茶叶更好地保留其自然风味与营养素，进而在风味层面实现更为明显的提升。还有研究通过探究不同杀青方法和干燥条件对连翘叶中有效成分含量的影响，确定连翘叶的最佳加工方式为蒸制 5min，80℃烘干。新鲜连翘叶最佳发酵条件为连翘叶含水量 55%、发酵温度 30℃、发酵时间 2h，在此条件下连翘苷可有效转化成连翘脂素。

除了对连翘茶的传统加工工艺进行改进，还可在流程上进行创新，主要为对工艺流程进行优化和简化，提高生产效率，如采用连续生产线代替分散式加工，不仅能降低连翘茶的生产成本，还能提高连翘茶的生产效率和质量。

另外，还可引进现代采收技术和管理手段，提高采摘精准度和效率，有助于保证茶叶原料新鲜、完整，还可借助无人机等技术辅助进行空中勘测，提高采摘效率。

（3）连翘叶茶产品的创新具体如下。

速溶茶粉：采用热水提取、无辅料添加的更为安全、环保、健康的方式，通过提取工艺优化，获得抗氧化及抑菌活性较优、品质较好的连翘叶速溶茶，丰富了连翘叶的产品种类，提高了连翘叶食用的便利性。速溶茶产品与茶叶或茶包相比，具有冲泡简单、携带方便、易清理、有效成分更容易被人体吸收等多种优点，受到年轻消费者的喜爱。还有研究为实现速溶茶粉生产作业自动化，设计了一套基于 S7-300PLC 和 WinCC 监控平台的过程控制系统，能够大大提高速溶茶粉的品质和生产效率。

连翘叶爆珠：有研究将具有药食两用价值的连翘叶提取物加入爆珠芯液中制作连翘叶爆珠，并通过实验确定最佳制备工艺，为成球反应时间 10min、海藻酸钠 - 低酯果胶复合溶液浓度 0.6%（w/w）、芯液添加量 400pl；连翘叶风味爆珠芯液的最佳工艺配方为：连翘叶提取物载入量 3%（w/w）、白砂糖载入量 8%（w/w）、黄原胶载入量 0.2%（w/w）。

连翘叶茶漱口水：有研究以连翘叶绿茶为原料，感官评价为考查指标，添加薄荷醇、柠檬酸和丙二醇等辅料，制备具有天然植物成分的抑菌漱口水。通过实验确定最佳配方：连翘叶绿茶提取液 10%，薄荷醇 0.02%，柠檬酸 0.05%，丙二醇 5%，氯化钠 0.1%，木糖醇 0.05%，甘油 10%。按此配方制得的漱口水呈淡黄色，澄清透明，不含酒精成分，刺激性小，且具有天然连翘叶茶的清香和明显的抑菌作用，可有效清洁口腔、清新口气，有广阔的市场前景。

第三节　兽用

一、药用

农业农村部印发的《全国兽用抗菌药使用减量化行动方案（2021—2025年）》中明确提出要稳步推进兽用抗菌药使用减量化行动，切实提高畜禽养殖环节兽用抗菌药安全、规范、科学使用的能力和水平，要实现"饲料无抗、防治减抗、动物产品无抗"，现代化畜牧养殖面临全面禁抗的挑战，而植物提取物具有分布广、无残留和微量高效的特点，是极佳的抗生素替代品。连翘提取物具有抗氧化、抗炎、抗菌、抗过敏、抗应激和增强免疫力等药用功能，在猪和鸡的养殖中有广泛应用。

二、饲料添加剂

连翘及其枝叶含有多种动物生长发育所需要的营养物质，能促进动物生长和提高动物生产性能，能不同程度地优化动物产品品质等诸多方面。同时连翘作饲料添加剂无耐药性、无有害残留、无污染，能较好地清除动物源性食品中的有害残留，由此连翘可完全替代抗生素饲料添加剂。对连翘"替抗"的作用机制分析研究，发现连翘主要作用是抑制或杀灭胃肠道中常规病原菌，既能提高动物健康水平，有利于生长发育，还能阻止或减少病菌对胃肠道中饲料营养的掠夺，从而提高饲料利用率。

连翘在断奶仔猪生产应用的研究表明，断奶仔猪饲粮中添加 200mg/kg 连翘提取物可替代抗生素，能提高断奶仔猪断奶后 1 周的平均日增重和平均日采食量。连翘提取物还可通过提高断奶仔猪的血清 T-AOC、GSH-Px 活性和外周血淋巴细胞的增殖能力，降低 MDA 含量，改善肠道通透性，最终促进其生长。

连翘在妊娠后期母猪中也有应用。妊娠后期母猪代谢加强，内源性 ROS 大量增加，抗氧化和免疫系统功能低下，容易导致机体产生氧化应激，使母猪的繁殖性能和仔猪的生长性能降低。仔猪在断奶阶段又面临来自环境、营养及心理等多方面的刺激，导致机体氧化还原稳态被破坏，肠黏膜结构和功能受损，产生断奶应激综合征，导致严重腹泻、生长迟滞、死亡率上升。然而，在母猪饲粮中添加连翘提取物能显著提高哺乳母猪的繁殖性能和哺乳仔猪的生长性能，还可显著提高母猪的泌乳量和乳中免疫球蛋白含量，继而增加哺乳仔猪的断奶重和免疫力，降低其腹泻率。此外，还可显著改善乳成分（增加乳糖、乳蛋白、乳脂、免疫球蛋白 A 和免疫球蛋白 G 含量）和抗氧化功能（增加抗氧化酶活性），减少 MDA 含量，并通过血液、胎盘和乳汁将免疫球蛋白和营养物质传递给仔猪，提高其生长性能、抗氧化和免疫功能。连翘可以在母猪生产中通过抑制抗氧化通路和抗炎通路来抑制氧化应激和炎症反应，从而降低生产时的死亡率；还可帮助母猪泌乳。

连翘作为饲料添加剂能够改善猪和鸡的抗氧化能力、免疫功能和肠道微生物区系，提高其生长性能。连翘提取物能增强高密度饲养条件下肉鸡的免疫功能和抗氧化能力，改善小肠绒毛形态和肠道菌群结构，增加营养物质消化率，提高其生长性能。日粮中添加连翘提取物可提高肉仔鸡在日粮皮质酮刺激状态下的营养物质表观消化率、抗氧化能力和免疫功能，缓解日粮皮质酮刺激导致的肉仔鸡生长抑制。日粮中添加连翘提取物可提高肌内注射地塞米松、运输和皮下注射皮质酮刺激后的肉鸡胸肌抗氧化能力，在应激状态下有利于缓解肉鸡肉品质下降，能刺激肉鸡血清尿酸浓度，在应激状态下抑制肌肉蛋白降解，进而有利于维持肉鸡体重。

第四节　综合应用

一、生态作用

连翘在生态保护中发挥着一定作用，能够适应多种环境，对于保持水土、维护生态平衡、推动生态农业有着积极意义。

连翘在增加生物多样性方面发挥着重要作用。连翘在春季盛开的黄色花朵能够吸引大量的昆虫，维持生态平衡，促进生物多样性；昆虫为连翘提供授粉服务，还为生态系统的健康运行做出贡献。此外，连翘的密集叶片为小型动物提供了栖息和遮蔽的地方，增加了园林的生物栖息空间。连翘的根系结构对于改善土壤质量和防止水土流失同样具有重要意义。连翘在生长过程中能够改善土壤的结构，增加土壤中的有机质含量，有助于提升土壤的肥力；同时连翘根系能够牢固地固定土壤，减少雨水冲刷对土壤的侵蚀。连翘在城市绿化中还有助于改善微气候，其叶片能够在夏季为人们提供阴凉，降低地面温度，减轻城市热岛效应，同时通过光合作用吸收二氧化碳，释放氧气，减少空气污染和提升城市空气质量。

连翘可用于生态修复。作为自然抗逆性强的植物，连翘在不同的环境条件下均能良好生长，这种能力使得连翘成为城市和郊区生态修复项目中的理想选择，特别是在需要快速覆盖裸露土地、改善土壤质量的场合。连翘在提升环境质量方面发挥着关键作用。连翘能够适应各种土壤条件（如贫瘠、酸性、碱性以及受污染的土壤），不仅能在恶劣条件下存活，还能通过其根系改善土壤质量，促进有机质的积累，对于恢复土壤生态功能至关重要。在工业遗址的生态恢复中，连翘的应用有助于重建自然生态系统。这些区域土壤受到重金属和其他有害物质的污染，而连翘的快速生长有助于快速覆盖裸露的土地，减少土壤侵蚀，同时为其他植物种类的引入创造有利条件。连翘能够促进生态系统的多样性，为后续更多种类动植物的生长栖息提供条件。在城市河流和湖泊周围地区的生态修复中，连翘的根系有助于稳定河岸，减少水土流失，同时能够吸收一定量的水体中的污染物，对改善水质也有贡献；其花朵和叶片能够吸引各种昆虫，包括蜜蜂、蝴蝶等，不仅可以增加生物多样性，也有助于维护生态平衡。这种生物多样性的提升对于维持健康的城市生态系统非常重要。城市中如公园、街道绿化带等绿色空间，可以通过种植连翘等植物成为城市生物多样性的重要支撑点。

二、景观作用

连翘因其独特的美学特征而具有极高的观赏价值。春季，连翘的枝条绽放黄色花朵，鲜艳的花朵为春日的园林带来了活力。连翘的花期虽然相对短暂，通常在春季的 2~3 周内，但花朵数量众多，开放时覆盖整个枝条。这种壮观的花海景观，使连翘成为春季园林设计中不可或缺的元素。连翘的枝条形态也增添了其观赏价值。枝条呈现优美的弧形，即使在没有花朵的季节，也构成了园林中的独特风景。夏季至秋季，连翘的叶片由翠绿逐渐转变为金黄色，为园林带来了季节变化的感觉。随季节变化的叶色变化，可以丰富园林的色彩层次，反映了自然界的美感。连翘可以被修剪成各种形状，修剪灵活使得连翘能够适应各种园林风格和设计要求，所以从传统园林到现代风格的公园都能见到其身影。通过修剪和造型，园林设计师可以利用连翘创造出多样化的视觉效果，满足不同的美学需求。

连翘在城市绿化中的维护管理相对容易，修剪管理工作简单，能够适应城市园林的需求。

连翘具有文化价值。在具有特殊文化背景的城市中，连翘的种植更具有象征意义，成为连接过去和现在的纽带。连翘在城市绿化中的应用模式体现了其在维护管理以及文化价值方面的综合优势。通过合理运用连翘，城市绿化不仅能够美化环境，还能促进生态的多样性，提升城市居民的生活质量，并传递丰富的文化信息。

三、其他作用

连翘的种植和相关产业为许多地区带来了可观的收益。大规模的连翘种植不仅促进了农业的多元化发展，还带动了就业，推动了地方经济的增长。

连翘种子的油脂含量较高，经过压榨和提炼后，可以得到连翘油，这是质量上乘的植物油。因连翘油具有愈合伤口的特性，可被用于制备外用药膏；同时，因其具有保湿性，可作为护肤品和美容产品的重要成分，被广泛应用于化妆品行业。连翘油富含多种不饱和脂肪酸和其他活性成分，因其独特的化学成分和良好的稳定性，在工业上可用作润滑油。

连翘的经济价值还体现在其对养蜂产业的贡献上。连翘的花朵是春季早期的优良蜜源，可为蜜蜂提供丰富的花蜜花粉。在春季，当其他许多植物还未开花时，连翘花的盛开成了蜜蜂重要的食物来源，有助于蜂群的早期发展和壮大。因此，在养蜂场附近种植连翘对于提高蜂蜜产量具有积极作用。连翘花蜜制成的蜂蜜清香可口，具有一定的药用价值，市场需求较大，这为养蜂者带来了可观的经济效益。

连翘精油还可制备复合膜。壳聚糖 – 连翘精油复合可食膜可以避免普通塑料包装材料透湿性较大、热封性较差的缺点，缓解包装材料难以生物降解从而形成的较为严重的生态环境问题。同时，连翘精油制备的复合膜用于草莓保鲜时，能够降低草莓的腐烂率、失重率，延缓有机酸、维生素 C 和可溶性固形物含量的降低，保持较佳的感官品质。

参考文献

［1］王涛. 连翘治疗胆汁淤积性肝病的潜力挖掘及青翘、老翘应用效果比较研究［D］. 山西大学，2024.

［2］国家药典委员会. 中国药典［M］. 北京：中国医药科技出版社，2020.

［3］潘雅琼. 连翘叶茶的功效及制作工艺研究进展［J］. 现代食品，2022，28（8）：44–46.

［4］刘绪绎.“川黄 1 号”夏秋季鲜叶加工黄小茶的工艺及其品质研究［D］. 四川农业大学，2023.

［5］赵静丽，殷兆晴，彭晓晓，等. 连翘茶的加工工艺及其对品质的影响［J］. 食品安全导刊，2024（8）：115–117.

［6］吴素青. 武夷水仙茶不同加工工艺对品质影响的研究［J］. 福建茶叶，2023，45（3）：14–16.

［7］刘静. 连翘叶茶抗氧化抗衰老及保肝作用的实验研究［D］. 陕西师范大学，

2004.

[8] 杨建雄, 刘静, 李发荣, 等. 连翘叶茶抗氧化抗衰老作用的实验研究 [J]. 营养学报, 2004 (1): 65-67.

[9] 朱淑云. 连翘叶茶提取物抗氧化活性的研究 [D]. 陕西师范大学, 2004.

[10] 李敬, 尤颖, 赵庆生, 等. 连翘叶成分及生物活性研究进展 [J]. 食品工业科技, 2020, 41 (18): 344-352.

[11] 牛丹, 李娜, 杨莹莹. 高效液相色谱法测定连翘叶茶中连翘苷的不确定度评定 [J]. 山西科技, 2019, 34 (4): 33-35.

[12] 杨棣华, 黄兰, 郑显辉. 不同产地连翘叶中连翘苷和连翘酯苷 A 的含量测定 [J]. 临床医学工程, 2013, 20 (3): 288-289.

[13] 白美美. 连翘叶茶保肝作用研究 [D]. 山西大学, 2019.

[14] 杨建雄, 朱淑云, 李发荣. 连翘叶茶的体外抗氧化活性 [J]. 食品科学, 2002 (12): 120-123.

[15] 张靖娟, 曹雯. 连翘叶茶治疗代谢相关脂肪性肝病合并糖尿病前期的临床研究 [J]. 深圳中西医结合杂志, 2022, 32 (23): 5-8.

[16] 王晓燕, 杨莹莹, 叶松华, 等. 有机连翘叶茶中核心营养素及功效成分的测定 [J]. 农产品加工, 2016 (13): 55-56+58.

[17] 侯改霞, 杨建雄. 连翘叶茶提取物对高脂血症小鼠体重增长和心脏脂质过氧化的影响 [J]. 中药药理与临床, 2005 (4): 51-52.

[18] 侯改霞, 杨建雄. 连翘叶茶提取物对力竭运动及恢复期小鼠心肌抗氧化酶和 LDH 同工酶活性的影响 [J]. 中国运动医学杂志, 2006 (1): 90-92.

[19] 杨建雄, 刘静. 连翘叶茶保肝作用的实验研究 [J]. 陕西师范大学学报 (自然科学版), 2005 (3): 82-85.

[20] 滕文龙, 吴永娜, 王德富, 等. 连翘叶茶对肝癌细胞增殖和迁移功能的影响及其作用机制 [J]. 生物技术通报, 2024, 40 (4): 287-296.

[21] 刘静, 杨建雄. 连翘叶茶对小鼠非特异性免疫及应激作用的实验研究 [J]. 榆林学院学报, 2006 (2): 45-47.

[22] 田真, 王紫玉, 渠鹏霞, 等. 连翘叶改善肥胖大鼠炎症因子水平及肠道菌群结构的作用 [J]. 海南医学院学报, 2024, 30 (13): 970-981.

[23] 马文兵, 李红鹏. 连翘叶体外抑菌作用的实验研究 [J]. 时珍国医国药, 2013, 24 (2): 379-380.

[24] 麻景梅, 王迎春, 李琛, 等. 不同干燥条件连翘叶茶有效成分含量比较 [J]. 中国中医药信息杂志, 2017, 24 (0): 76-79.

[25] 李蒙蒙. 连翘和连翘叶的采收加工与质量相关性研究 [D]. 河南大学, 2019.

[26] 汪青波. 连翘叶中连翘脂素的制备工艺研究 [D]. 山西大学, 2019.

［27］刘殿宇，陈丽. 影响速溶茶粉色泽的几个因素［J］. 饮料工业，2011，14（2）：20-21.

［28］张相胜，汪谦，潘丰. 基于WinCC的速溶茶粉生产过程监控系统设计［J］. 仪表技术与传感器，2016（8）：48-51+59.

［29］尤颖. 连翘叶速溶茶制备及生物活性评价［D］. 河北经贸大学 2021.

［30］杨钰昆，杨岚清，梁小祥，等. 连翘叶风味爆珠的制备工艺研究［J］. 食品科技，2022，47（1）：286-292.

［31］杨莹莹，张璐. 连翘叶绿茶漱口水的制备工艺研究［J］. 农产品加工，2023（16）：49-52.

［32］Wang L, Piao XL, Kim SW, et al. Effects of *Forsythia suspensa* extract on growth performance, nutrient digestibility, and antioxidant activities in broiler chickens under high ambient temperature［J］. Poultry Science, 2008, 87（7）：1287-1294.

［33］Han X, Piao XS, Zhang HY, et al. *Forsythia suspensa* extract has the potential to substitute antibiotic in broiler chicken［J］. Asian-Australasian Journal of Animal Sciences, 2012, 25（4）：569-576.

［34］Zhao P, Piao X, Zeng Z, et al. Effect of *Forsythia suspensa* extract and chito-oligosaccharide alone or in combination on performance, intestinal barrier function, antioxidant capacity and immune characteristics of weaned piglets［J］. Animal Science Journal, 2017, 88（6）：854-862.

［35］史东辉，陈颖. 连翘提取物对断奶仔猪抗氧化能力的影响［J］. 猪业科学，2012，29（3）：48-50.

［36］Berchieri-Ronchi CB, Kim SW, Zhao Y, et al. Oxidative stress status of highly prolific sows during gestation and lactation［J］. Animal, 2011, 5（11）：1774-1779.

［37］Yin J, Ren W, Liu G, et al. Birth oxidative stress and the development of an antioxidant system in newborn piglets［J］. Free Radical Research, 2013, 47（12）：1027-1035.

［38］Devillers N, Le Dividich J, Prunier A. Influence of colostrum intake on piglet survival and immunity［J］. Animal, 2011, 5（10）：1605-1612.

［39］Kim JC, Hansen CF, Mullan BP, et al. Nutrition and pathology of weaner pigs：Nutritional strategies to support barrier function in the gastrointestinal tract［J］. Animal Feed Science and Technology, 2012, 173（1-2）：3-16.

［40］池圣清，吴丽云，吴家荣，等. 植物提取物"泌乳"对哺乳母猪生产性能、激素和免疫指标的影响［J］. 家畜生态学报，2018，39（2）：34-38.

［41］龙沈飞，王文涛，朴香淑. 连翘的作用机制及其在猪和鸡生产中的应用［J］. 动物营养学报，2019，31（4）：1499-1510.

［42］赵泮峰. 连翘提取物缓解不同应激原诱导的肉仔鸡生长抑制及氧化损伤的研究［D］. 中国农业大学，2016.

［43］刘立波，邓洁，刘雅兰. 连翘在园林绿化中的应用模式研究［J］. 现代农业研究，2024，30（4）：64-66.

［44］杨虹，刘科伟. 热带花木假连翘在南京地区的引种栽培及园林应用［J］. 南方农业，2019，13（28）：7-9.

［45］李学峰，孙浩丁，吴晓晗，等. 贯叶连翘不定根总黄酮闪式提取工艺优化［J］. 延边大学农学学报，2022，44（2）：7-12.

［46］苏庆，刘洪勇，徐庆，等. 低产低效林改造黄连木、连翘混交林抗旱配套造林技术试验［J］. 吉林林业科技，2023，52（5）：10-13.

［47］唐森，付美杨，韦巧艳，等. 壳聚糖-连翘精油复合可食膜的制备及其在草莓中保鲜应用［J］. 食品研究与开发，2023，44（21）：98-105.